高职高专财经类能力本位型规划教材

网络营销及案例分析

主　编　谢　刚
副主编　吴　瑰　李晶晶　魏亚萍　黎　军

WUHAN UNIVERSITY PRESS
武汉大学出版社

图书在版编目(CIP)数据

网络营销及案例分析/谢刚主编．—武汉：武汉大学出版社，2012.4
高职高专财经类能力本位型规划教材
ISBN 978-7-307-09672-1

Ⅰ．网…　Ⅱ．谢…　Ⅲ．网络营销—高等职业教育—教材　Ⅳ．F713.36

中国版本图书馆 CIP 数据核字(2012)第 054035 号

责任编辑：胡　艳　　责任校对：刘　欣　　版式设计：马　佳

出版发行：**武汉大学出版社**　(430072　武昌　珞珈山)
(电子邮件：cbs22@ whu. edu. cn 网址：www. wdp. com. cn)
印刷：湖北金海印务有限公司
开本：787×1092　1/16　印张：17.25　字数：406 千字　插页：1
版次：2012 年 4 月第 1 版　　2012 年 4 月第 1 次印刷
ISBN 978-7-307-09672-1/F·1659　　定价：29.00 元

前　言

电子商务是未来互联网的最大应用，所有企业都在不同程度地应用网络营销，新的网络营销理念和应用不断涌现，其进展可谓日新月异。为适应电子商务和营销的发展，满足电子商务、市场营销、国际商务、物流管理等专业教学的需要，满足相关从业者工作、生活和学习的需要，培养学生网络营销策划、借助网络各类工具开展营销和销售的能力，本书基于工作任务导向，既对基本知识和内涵进行了系统、简要、清晰的论述，又及时总结了网络营销前沿的发展成果和方向，并配以实践内容，使读者在获得和巩固基础知识的同时，通过实践活跃思维，培养应用及创新技能。

本书坚持“做中学、学中做”，采取“真题真做”和“真题假做”相结合，以网络营销职业能力培养为目标，每章除辅以真实案例和操作外，以贯穿整本书的真实项目“91 特价网”的网络营销工作任务为主线，通过第 2 章的营销策划、第 3 ~ 13 章的网络营销工具的具体应用，引导学生在完成该网站网络营销的同时，学习到相关知识和技能。整本书类似一个产品（或服务）的网络营销方案，这个方案（教材）共采用 11 种营销方式（分别为第 3 ~ 13 章），每个营销方式（章）通过工具、平台的使用，完成对应的营销活动。

为更好地服务教与学，遵循“学中做、做中学”的主旨，以实现教学做一体化的思想，本书还配备了辅助教学的专题网站 http：//wlyx. 91tejia. net，提供电子课件、课程资料和题库等资源，提供网络交流、在线作业管理、在线测试等。

因本书内容涉及面较广，各院校可根据专业定位、课程教学目标及学生的具体情况对本书进行内容选取，结合实习实训条件组织教学。

本书由武汉铁路职业技术学院谢刚担任主编，长江职业学院吴瑰、湖北经济学院李晶晶、廊坊职业技术学院魏亚萍、武汉工业职业技术学院黎军担任副主编。具体分工如下：黎军编写第 1 章，谢刚编写第 2 章、参编第 10 章和部分案例，鄂东职业技术学院刘智雄编写第 3 章，长江职业学院张栋梁编写第 4 章，黄冈职业技术学院王玉红编写第 5 章，荆州职业技术学院王旭编写第 6、12 章，武汉大学珞珈学院姚春蓉编写第 7 章，吴瑰编写第 8 章，魏亚萍编写第 9 章，广东松山职业技术学院杨浩编写第 10 章，湖北经济学院朱剑锋编写第 11 章，李晶晶编写第 13 章，武汉商贸职业学院王圆圆协助完成了教材目录及统稿工作，并参编了部分案例。

在本书的撰写过程中，我们参阅了大量的网上及网下资源，访问了一些专家和学者，考察了一些企事业单位，在此一并表示最诚挚的谢意。由于网络信息的变更，部分网上参考文献来源无法标出，也无法与原作者取得联系，对此，我们除了对原作者表示衷心感谢之外，还希望能获得他们的谅解。

由于编者水平有限，加之时间仓促，且涉及内容较多，书中难免有错误或不当之处，敬请读者来电、来函或登录网站对我们进行批评指正，以便我们在下一版本中加以修正。联系邮箱 429727030@ qq. com。

编　者

2012 年 3 月

目　录

第1章　网络营销概述

☞知识目标

（1）通过本章的学习，理解网络营销的概念。

（2）掌握网络营销的地位和特点。

（3）领会网络营销的内容体系。

（4）了解网络营销的功能及应用。

（5）了解网络营销与电子商务的关系。

（6）了解 Web 2.0 与网络营销。

☞技能目标

（1）熟悉网络营销网站的基本特点。

（2）了解商业网站的网络营销基本手段。

☞案例导入

营销员背着皮包行万里路、进千道门、访百家客的传统销售方式正在悄然发生变化。随着现代信息技术的日益普及，越来越多的企业和营销员正在加入到网络营销的行列，实现着足不出户，生意做遍全国直至全世界的构想。

捷足先登早得益。新港镇，一个江苏水乡常见的乡镇，在十二万七千人口中，竟拥有三千多在网络上进行产品销售的营销人员，享受着现代新型营销方式的快捷和高产出。

王卫国先生，从事针织品销售。十年前，他就购置了电脑加入到“网上冲浪”行列。如今，他可以轻松地坐在办公室，结交国内外的贸易伙伴，每年出口一千多箱针织品，品尝着网络商务给他带来的甜蜜。

戴永东先生，经营着自己的服装公司，以新型的网络销售方式走着快速发展的道路。他把公司的产品推向网络世界后，来自日本、韩国、新加坡、马来西亚等国家客户的订货电话连绵不断，产销量与日俱增。

网络商务，不仅仅是工业品营销的远程工具，而且还为农产品拓宽了销售渠道。

朱建新先生通过网络信息，向上海、南京市场销售新鲜蔬菜一万二千公斤，一天之内取得经济效益一万五千元。

周剑想先生热衷于经济作物栽培，他利用网络上的技术信息，开辟了花卉苗木的栽培基地，如今已经发展到三百多亩，年产各类花木数十万株，成为远近闻名的"花木大王"。现在新港镇的草莓、葡萄、西瓜、特种蔬菜、花卉苗木等近百种农产品，也正在通过网络销往国内外市场，其中，巧克力草莓已经成为欧美市场的抢手货。

通过阅读上述案例，我们可以体会到，随着网络时代的到来，网络商务的普及将是必然趋势。网络以其成本低、效率高、便利多、空间大的诸多优势，改变了传统营销双方面对面的交流方式，打破了旧有营销的工作模式，通过网络，使企业和产品面对整个世界，为客户提供每周七天，每天二十四小时的全天候服务，从而成为客户购销商品的首选途径。

（资料来源：http：//china. cycbiz. com/MessageNew5Files/2009-4-20/2908. htm）

1.1 网络营销的诞生和发展状况

1.1.1 网络营销的诞生及其演变

1969年，为了能在爆发核战争时保障通信联络，美国国防部高级研究计划署ARPA资助建立了世界上第一个分组交换试验网ARPANET，连接美国四个大学，ARPANET的建成和不断发展标志着计算机网络发展的新纪元，从某种意义来说，互联网是"冷战"的产物。

1985年，在美国政府的帮助下，美国国家科学基金（NSF）组建了第一个网，命名为NFSNET，伴着TCP/IP协议的成长，NSFNET在1986年建成后取代ARPANET成为Internet的主干网。使用TCP/IP支持的NFSNET网叫做Internet网，即当今世界最大的计算机互联网。

网络营销是以现代电子技术和通信技术的应用与发展为基础，与市场的变革、竞争及营销观念的转变密切相关的一门新学科。20世纪90年代初，Internet的飞速发展在全球范围内掀起了互联网应用热潮，世界各大公司纷纷利用互联网提供信息服务和拓展业务范围，并且按照互联网的特点积极改组企业内部结构和探索新的营销管理方法，网络营销由此诞生。

1. 互联网的发展是网络营销产生的技术基础

互联网在中国的发展历程可以大略地划分为三个阶段：第一阶段为1986—1993年，是研究试验阶段；第二阶段为1994—1996年，是起步阶段；第三阶段从1997年至今，是快速增长阶段。

2. 消费者观念及消费方式的变化是网络营销产生的观念基础

随着科技的发展、社会的进步、文明程度的提高，消费者的观念及消费方式也在不断地变化，主要表现在以下几个方面：

（1）网上消费主体由年轻群体向社会各个年龄层扩展。

（2）购物对象由熟悉网络的大、中学生向各个社会群体蔓延。

（3）更多的人追求购物的便捷性和价格的低廉。

（4）办公及生活方式的变化促进了网络营销的发展。

3. 电子商务由 IT 企业向传统企业发展，激烈的竞争是网络营销产生的现实基础

今天，每个企业都感受到互联网上网络营销的威力，网络传播的快速便捷不仅可以让一个企业一夜成名，也可以让一个企业一夜破产。建立在互联网基础上的网络销售及网上营销更是对企业的经营有极大的影响，目前，互联网上无数的网店以及商品每天在吞噬着传统的商业领域的市场份额。如果现在一个企业还没有考虑电子商务，没有在网上推广自己的产品，通过网络营销手段扩大影响以及增加市场份额的话，将来真的有一天会发现自己的公司已经"无商可务"了。

1.1.2　我国网络营销发展现状

网络营销是 21 世纪最有代表性的一种低成本、高效率的全新商业形式，是以互联网为核心平台，以网络用户为中心，以市场需求和认知为导向，利用各种网络应用手段去实现企业营销目的一系列行为。虽然网络营销以互联网为核心平台，但也可以整合其他的资源形成整合营销，比如销售渠道促销、传统媒体广告、地面活动等。互联网拥有其他任何媒体都不具备的综合营销能力，网络营销可进行从品牌推广，到销售，到服务，到市场调研等一系列的工作，包括电子商务、企业展示、企业公关、品牌推广、产品推广、产品促销、活动推广、挖掘细分市场、项目招商等方面。这里所指的网络，不仅包括互联网（Internet），还应该包括外联网（Extranet）以及内联网（Intranet），即应用互联网技术和标准建立的企业内部信息管理和交换平台。

目前，与发达国家相比，我国网络营销发展的总体水平还较低，主要表现在：

1. 消费者方面

网络营销提供的是一个虚拟的市场，它的前提条件是供需双方互相信任。目前，我国有些消费者对网络营销认识不足，主体空位，市场难以定位。部分企业认为网络营销只是建立一个企业网站发布信息，忽视了其在营销、调研、客户分析、产品开发、销售策略、信息反馈、售后服务等方面的作用。当企业信用不足时，消费附加费用较高的网络营销对消费者而言是一种高消费行为。由于网络表现产品的直观性较差，消费者担心网上购物的风险、售后服务的保障等因素，结果造成市场形成不了规模。

2. 企业方面

信誉是一个企业的形象，在正常的实物商品交易市场中，不讲信用、失信顾客的事件屡有发生，假冒伪劣产品更是层出不穷，于是，在人们看不到、摸不着的网上虚拟市场中购物，大多数消费者难免过分理智化或带有一种不信任感。网络营销的前提之一是商家有良好的信誉，除此之外，企业计算机应用水平落后、管理水平落后、经营方式陈旧也是限制网络营销发展的因素。浏览的客户量少，网络给企业创造的效益就少，从而形成恶性循环；企业的组织结构没有调整为开展网络营销所必需的结构，这也很不利于网络营销活动的开展。

3. 政府方面

网络营销的全球性要求必须建立一个全球化的标准和规则，以保证网络营销活动的实施，所以政府对网络营销活动不宜过多干预，而应遵循电子商务的国际准则，尽量放权于企业，政府所起的作用应该是扶持和服务。如何建立一个国家的权威机构，来确认网络营销中参与各方的身份，维护交易活动的安全，并确保其权威性和公正性，是我国开展网络营销所面临的一个重要课题。

4. 物流方面

网络营销虽然缩小了企业之间信息虚拟市场上的竞争差距，但对企业的物流水平与能力提出了更高的要求，而目前，我国拥有全国物流能力的企业寥寥无几，特别是广大中小型企业，物流能力不强、效率不高、不能及时与网络用户进行实物交割，已成为阻碍其网络营销发展的主要因素。

5. 人才方面

人才是网络经济中最重要的资源，目前，绝大多数企业缺乏懂得计算机和网络技术的营销人才，还不了解网络营销的处理方式，不懂得如何应用电子手段来改进企业经营。为此，企业必须要充分利用各种途径、手段，培养、引进素质较高、层次合理、专业配套的网络及经营管理等方面的专业人才，为企业网络营销的发展提供人才保障。

1.2 网络营销的基本概念

1.2.1 网络营销内涵

网络营销的产生是科技发展、消费者价值变革、商业竞争等综合因素共同促成的。进入21世纪，互联网受到各行各业和全社会的青睐。随着全球经济一体化趋势的日趋显著以及企业网络化、信息化发展进程的加速，企业网络营销日渐走向成熟，成为企业借助于网络技术和信息技术实现营销目标的一种新的营销方式。

1.2.2 网络营销的概念

网络营销（On-line Marketing或Cyber Marketing）是21世纪企业营销的主流网络营销，全称是网络直复营销，属于直复营销的一种形式，是企业营销实践与现代信息通信技术、计算机网络技术相结合的产物，是指企业以电子信息技术为基础，以计算机网络为媒介和手段而进行的各种营销活动（包括网络调研、网络新产品开发、网络促销、网络分销、网络服务等）的总称。网络营销根据其实现的方式有广义和狭义之分，广义的网络营销是指企业利用一切计算机网络（包括Intranet企业内部网、EDI行业系统专线网及Internet国际互联网）进行的营销活动；而狭义的网络营销专指国际互联网络营销。

从营销的角度出发，我们定义：网络营销是企业整体营销战略的一个组成部分，是以互联网为物质基础，借助于互联网技术，通过虚拟市场，完成商品交易全过程，进而满足顾客的需求和欲望，实现企业营销目标的一种手段。

1.2.3 网络营销产生的基础

20世纪90年代，随着互联网络的飞速发展，世界各国企业纷纷利用这一机遇拓展业务范围和对传统企业进行改造，实现营销手段的创新。经济、社会、科技的发展改变了信息传播和分配方式，信息沟通更倾向于双向信息交流模式，人们工作学习以及消费观念的变化也要求企业积极利用网络手段适应这些需求。同时，由于社会的发展，商品市场也由卖方市场向买方市场转变，市场竞争越来越激烈。网络营销为企业提供了摆脱困境和获取竞争优胜的手段和技术，是现代营销理念和营销策略的具体体现。

网络营销是随互联网进入商业应用而逐渐扩展开来的，尤其是万维网（WWW）、E-mail、搜索引擎等得到广泛应用之后，网络营销的作用才越来越明显。E-mail虽然早在1971年就已经出现，但在互联网普及应用之前，并没有被应用到营销领域；1993年才出现基于互联网的搜索引擎；1994年10月网络广告出现；1995年7月全球最大的网上商店亚马逊成立。1994年被认为是网络营销发展的重要一年，因为网络广告出现的同时，基于互联网的知名搜索引擎Yahoo、Webcrawler、Infoseek等也相继在1994年出现，可以认为，网络营销诞生于1994年。

现在，网络营销的范围已经远远超出最初的一些网络工具（如万维网、电子邮箱等），一些新的即时通信工具在网络营销中越来具有重要的地位，如QQ以及淘宝旺旺，基本上，现在每个网上消费者及交易者都离不开它们了；原来一些经典的网络工具的功能也得到了发展和增强，如百度的业务范围已经远远超出了搜索功能，其百度竞价等拓展工具成为网络营销中又一利器。

1.2.4 传统营销与网络营销的比较

1. 传统营销的运作模式

在传统的市场营销理念中，企业所遵循的是市场导向。由于地域范围及时间和精力的限制，企业无法了解其所面临的市场中的每一位消费者的实际需求，也无法针对每一位消费者来设计其独特的产品，更不太可能了解各个地方的消费者的需要，因此企业传统的营销做法是将所面临的目标市场在很大程度上看成是同质性市场，即认为市场中的消费者有着相类似的需求特征，在通过市场调查之后，便根据统计结果中出现频次最高的需求特征来设计产品，最终将这些产品通过广泛的销售渠道推向市场，消费者的个性化需求难以得到满足。传统营销网络运作模式如下：

组织货源，找到适销对路、质量高的产品→提供商店或销售部→采用一定的市场营销策略→顾客到实体店选择商品→支付货款（现金、支票、转账）→顾客取走商品，完成交易。这种交易模式本质还是一种拉销的模式，商家主动权较少。

2. 网络营销运作模式

网络营销克服了过去公司和企业为了商品信息需要付出高昂代价和极为不便的缺点，互联网为营销提供了一种成本低廉的获得信息与交流信息的渠道，使采购、销售、拍卖、招标和股票交易都可在网上快速进行，从而大大提高了运作的效率，并降低了成本。现代网络营销运作模式如下：

企业将商品信息放在网上，客户可通过浏览器访问企业的网站（或商城）→客户在网上选择自己需要的商品，填写订单→企业通过订单确认客户，同时通知企业的应用系统组织货源→客户通过电子结算系统付款→确认资金转移结果，企业通过物流服务将货物送到客户手中。

1.2.5 网络营销的优势

1. 跨越时空

无论是传统营销还是网络营销，最终目的是占有市场份额，基于互联网平台的网络营销，能超越时间约束和空间限制进行商品信息的交换，因此企业可有更多时间和更大的空间利用各种手段进行营销，可每周 7 天、每天 24 小时随时随地提供全球性营销服务。

2. 多种媒体、多种手段

互联网被设计成可以传输多种媒体的信息，如文字、声音、图像等信息，使得为达成交易进行的信息交换能以多种形式存在，可以充分发挥营销人员的创造性和能动性。

3. 交互式和个性化

互联网通过展示商品图像，商品信息资料库提供有关的查询，来实现供需互动与双向沟通；还可以进行产品测试与消费者满意调查等活动。互联网为产品联合设计、商品信息发布以及各项技术服务提供了最佳工具。

4. 个性化和发展性

互联网上的促销是一对一的、理性的、消费者主导的、非强迫性的、循序渐进式的，而且是一种低成本与人性化的促销，避免了推销员强势推销的干扰，并通过信息提供与交互式交谈，与消费者建立长期良好的关系。

5. 售前、售中、售后一体化

互联网上的营销可由商品信息至收款、售后服务一气呵成，因此也是一种全程的营销渠道。一方面，企业可以灵活全面地为客户提供各种服务；另一方面，客户也能从网上便捷地得到所需要的服务，最典型的莫过于 FAQS（常见问题解答）及网上服务下载区，企业节省了售后服务的电话成本，客户也能利用网上交互的灵活的自助服务得到相应的帮助。

6. 高效性和经济性

互联网可储存大量的信息，查询速度快，反馈信息量大且详细，因此能灵活地适应市场需求，因此能帮助企业及时有效了解并满足顾客的需求。通过互联网进行信息交换，代替以前的实物交换，可以减少印刷与邮递成本；可以无店面销售，免交租金，节约企业成本。

1.2.6　我国网络营销发展中存在的主要问题

凡事有利也有弊，网络营销也不例外。与传统的营销相比，网络营销存在问题主要体现在以下几个方面：

1. 观念问题

从企业管理层面来看，大多数企业领导对网络营销的重要性还没有认识到，甚至不能正确理解什么是网络营销，认为网络营销就是网上销售，而目睹网络商店亏损累累的现象后，更失去了网络营销的动力。实际上，网上销售是网络营销发展到一定阶段的结果，企业通过网络提升企业的品牌价值、加强与客户之间的沟通、对外发布信息等，都属于网络营销。在全国的企业中，开展网络营销的企业所占的比例不大，且集中分布在北京、广州、上海等几个发达大城市。

从消费者层面来看，很多人的消费观念和消费习惯一时难以转变。在传统商业中，消费者通过看、闻、摸等多种感觉来判断与选择商品；而在网上购物，只能看，加之存在不规范的市场行为，都会使人们对网上购物产生疑惑，对产品质量产生怀疑。

另外，消费者对上网购物所持的态度也会因人而异，有些人认为上网购物是一种休闲，而仍有相当一部分人觉得在网上购物失去了上街闲逛购物的乐趣。

2. 安全问题

安全问题是企业和消费者在网络营销中最担心的问题，如何保障网络营销的安全，将一直是网络营销的核心研究领域。作为一个安全的网络营销系统，首先必须具备一个安全、可靠的通信网络，以保证交易信息安全、迅速地传递；其次必须保证数据库服务器绝对安全，防止黑客闯入网络盗取信息。对于我国来说，网络产品几乎都是“舶来品”，本身就隐藏着安全隐患，加之受技术、人为等因素的影响，不安全因素更显突出。

（1）技术安全问题。目前企业对网上交易最担心的问题之一是支付的安全，这主要是因为目前缺乏满足网络营销所要求的交易费用支付和结算手段，银行的电子化水平不高，安全性差，银行之间相对封闭。虽然已经有中国银行、招商银行等先行者，但远不能满足全面网络营销的要求。消费者面临网上欺诈的危险，害怕自己的信用卡号码被盗用，担心个人隐私被泄露。而企业与企业之间安全、快捷的资金结算更有很长的一段路要走。因此，建立一个安全的交易环境将是网络营销亟待解决的问题之一。

（2）信用安全问题。我国的信用体系还不健全，假冒伪劣商品屡禁不止，坑蒙、欺诈时有发生，市场行为缺乏必要的自律和严厉的社会监督。因此，要发展网络营销，必须加速培育市场，创造比较成熟和规范的社会信用环境。这就需要建立并完善相应的法律法规和认证制度，如电子合同、电子签名的法律效力问题，网上交易的经济纠纷问题，计算机犯罪问题等，目前我国的《经济合同法》不承认电子合同，《票据法》不承认电子签名，当然更谈不上保护，网上交易需要新的立法对消费者权益和经营者权益进行保护。

3. 人才问题

人才是网络经济中最重要的资源。目前企业广泛开展网络营销活动，却缺乏懂得计算机和网络技术的营销人才，绝大多数企业还不了解网络营销的处理方式，不懂得如何应用电子手段来改进企业经营。

有的企业即使配置了最先进的电脑，但整个企业只有一两个人会使用电脑，有的还是一知半解，面对网络提供的种种机会，只能“望网兴叹”。

4. 配送问题

目前，网络营销配送需求尚没有达到物流企业所需的最低规模化运作要求，加之互联网的无边界性特点导致了网络营销客户区域的分散与不确定性，少量的供给和过于分散的配送网络使物流企业无法分摊较高的固定成本而难以降低服务价格。顾客支付的除商品价格外，还需支付运费，这有可能使网上企业失去由于成本降低而带来的价格优势。更不方便的是，顾客有可能需要等待很长时间才能获得商品，于是网上购物的方便性、快捷性便无从体现。

5. 支付问题

网络营销的核心内容是信息的互相沟通和交流，交易双方通过互联网进行交流、洽谈和确认，最后才能发生交易。而对于通过网络经营手段进行交易的双方来说，只有银行等金融机构的结算介入才能最终完成交易，这就需要有银行的信用卡、电子货币等各种电子支付方式。

1.2.7　网络营销的内容

网络营销是直销的新形式，是以网络为依托的新的商品销售活动，它包括以下主要内容：

1. 网上市场调查和消费者行为分析

网上市场调查是指企业利用 Internet 的交互式信息沟通渠道来实施市场调查活动。调查内容为消费者、竞争对手和整个市场情况的及时报道和准确分析，由于网上市场调查成本低、信息量大，因此可以深入调查了解网上用户群体的需求特征、购买动机和购买行为模式，并且对传统细分目标市场做更加深入的重新细分。

2. 网上产品和服务策略

在网上进行产品和服务营销时，必须考虑网络特点，重新研究产品设计、开发、包装和品牌的产品策略，因为传统优势品牌在网络市场上并不一定是优势品牌。

3. 网络公共关系

通过网络渠道开展网络公共关系，其目的是树立企业和产品形象、提高企业和产品知名度，同时，交易双方可直接互动，建立网上直销的销售模式，改变传统渠道中多层次选择和管理与控制的问题，最大限度降低营销渠道中的营销费用，增加产品对消费者的吸引力。

4. 网络广告与网络促销

网络广告的最大特点是具有交互性和直接性，使沟通双方突破时空限制而进行直接交流，且操作简便、高效、费用低廉。网络广告具有报纸、杂志、广播、电视等传统媒体无法比拟的优势。网络广告是进行网络营销最重要的促销工具，是网络营销的最主要内容。

5. 网络营销管理与控制

开展网络营销活动将遇到传统营销没有遇到的许多问题，如网络产品质量保证问题，直接分销渠道、间接分销渠道、信息安全问题以及隐私保护问题等，这都是网络营销必须进行管理与控制的问题。

1.2.8　网络营销的未来发展

网络营销不等于网上销售，更不是简单地建立企业网站或者利用网络做一个广告。

1. 搜索引擎仍然是第一网络营销工具

搜索引擎营销的发展势不可挡，并且随着多种专业搜索引擎和新型搜索引擎的发展，搜索引擎在网络营销中的作用更为突出，搜索引擎营销的模式也在不断发展演变，除了常规的搜索引擎优化和搜索引擎关键词广告、网页内容定位广告等基本方式之外，专业搜索引擎（如博客搜索引擎）、本地化搜索引擎推广等，也将促进搜索引擎营销方法体系的进一步扩大和完善。

2. Web 2.0 网络营销模式的深度发展

博客营销已经取得了快速发展，有望成为主流网络营销方法，企业博客引领网络营销进入全员营销时代。与此同时，更多 Web2.0 网络营销模式将获得不同层次的发展，如 RSS 营销、网摘营销、播客营销、基于 SNS 网络社区的各种营销模式等。

3. 企业网站的网络营销价值将得到提高

随着 IE7 和火狐浏览器用户数量的增加，那些不符合 Web 标准的网站将无法获得正常浏览效果，这将在一定程度上促进网站建设采用 Web 标准的进程。中国互联网协会企业网站建设指导规范是基于国际认可的 Web 标准和新竞争力网站优化思想并且经过大量调查研究而制定的，这一规范对于提高网站建设服务商以及企业网站建设的专业水平发挥了积极作用，当越来越多的企业网站建设符合网络营销导向，企业网站的网络营销价值将得到明显提升。

4. 视频网络广告将成为新的竞争热点

受到 YouTube 等视频网站成功的刺激，将有大量视频类网站爆发性发展，而传统门户网站和搜索引擎等，也将视频网络广告作为未来发展的方向之一。

5. 更多适用于中小企业的网络广告形式

传统的展示类 Banner 网络广告和 RichMedia 广告由于广告制作复杂，播出价格高昂，至今仍然只是大企业展示品牌形象的手段，难以走进中小企业。不过，随着更多分类信息、本地化服务网站等网络媒体的发展，以及不同形式的 PPA 付费广告模式的出现，将出现更多成本较低的网络广告，为中小企业扩大信息传播渠道提供了机会。

6. 插件类网络推广产品市场的演变

随着反流氓软件的进一步深化，与用户决定营销规则不相符的插件类网络推广产品在网络营销服务市场的地位将进一步降低，甚至存在快速边缘化的可能。同时，Pumashoes 也推出了基于用户许可的客户端插件的网络推广产品，并且将成为插件类网络营销的主流发展方向。

7. 网站运营注重用户体验改善

网站运营进入精细化管理阶段，即体现出网络营销细节制胜理念。尽管很难详尽罗列用户体验的各项因素，也很难为用户体验下一个准确的定义，甚至对同一现象的用户体验没有统一的解决方案。让用户可以方便地获取有价值的信息和服务，才是网络营销的精髓，这是用户体验的基本思想。

8. 系统的用户行为研究将受到重视

互联网用户行为研究是网站运营管理必不可少的内容，同时也是网站运营中用户体验研究的基础，因此系统的用户行为研究将成为网络营销的重要研究领域。

以上仅仅是未来网络营销发展中比较典型的几个方面，此外还有更多值得关注的领域，包括成熟的传统网络营销方法在新的网络营销环境中的发展演变、网络营销效果分析管理、网络营销与企业经营策略等。总之，网络营销不仅仅是网站建设和网站推广等常规内容，其关注点也不仅仅是访问量的增长和短期收益，而是关系到企业营销竞争力的全局性的策略。

1.3　网络营销的职能和内容体系

1.3.1　网络营销的种类

按照不同的标准，网络营销可划分为不同的类型。

(1) 按照商业活动的运作方式分类，网络营销可分为完全网络营销和非完全网络营销。

完全网络营销是指完全可以通过网络营销方式实现和完成完整交易的交易行为和过程。换句话说，完全网络营销是商品或者服务的完整过程是在信息网络中实现的一种网络营销方式。

非完全网络营销是指不能完全依靠网络营销方式实现和完成完整交易的交易行为和过程。非完全网络营销要依靠一些外部因素，如运输系统的效率等。

(2) 按照开展网络交易的范围分类，网络营销可分为本地网络营销、远程国内网络营销和全球网络营销。

本地网络营销通常是指利用本城市或者本地区的信息网络实现的网络营销活动，网络交易的范围较小。远程国内网络营销是指在本国范围内进行的网络交易活动，其交易的地域范围较大。全球网络营销是指在全世界范围内进行网络交易活动。

(3) 按照商品属性分类，网络营销可分为间接网络营销和直接网络营销。

间接网络营销是指有形货物的电子订货与付款等活动，它依然需要利用传统渠道送货。直接网络营销是指无形货物或者服务的订货与付款等活动，如某些计算机软件和娱乐内容的联机订购、付款和交付，或者是全球规模的信息服务。

1.3.2　网络营销的职能

网络营销的职能不仅表明了网络营销的作用和网络营销工作的主要内容，同时也说明了网络营销所应该实现的效果。

1. 建立和推广网络品牌

建立和推广网络品牌是网络营销的重要任务之一，它是指在互联网上建立并推广企业的品牌。知名企业的网下品牌可以在网上得以延伸；一般企业则可以通过互联网快速树立品牌形象，并提升企业整体形象。网络品牌建设是以企业网站建设为基础，通过一系列的推广措施，达到顾客和公众对企业的认知和认可。从一定程度上说，网络品牌的价值甚至高于通过网络获得的直接收益。

2. 网址推广

网址推广是网络营销最基本的职能之一，网站所有功能的发挥都要以一定的访问量为基础，所以，网址推广是网络营销的核心工作。

3. 发布和搜索信息

网络营销可以把信息发布到全球任何一个地点，既可以实现信息的广泛覆盖，又可以形成地毯式的信息发布链；既可以创造信息的轰动效应，又可以发布隐含信息。在网络营销中，企业可以利用多种搜索方式主动积极地获取有用的信息或商机；可以主动地进行价格比较，主动地了解对手的竞争态势，主动地通过搜索获取商业情报，进行决策研究。搜索功能已成为营销主体能动性的一种表现，是一种提升网络经营能力的手段。

4. 服务顾客，建立良好顾客关系

互联网提供了更加方便的在线顾客服务手段，包括形式最简单的FAQ（常见问题解答）、邮件列表、BBS及聊天室等各种即时信息服务，还可获取在线收听、收视、订购及交款等选择性服务，还有无假日的紧急需要服务和信息跟踪、信息定制、智能化的信息转移、手机接听服务、网上选购及送货到家的上门服务等。

5. 网上调研与商情调查

通过在线调查表或者电子邮件等方式，可以完成网上市场调研。相对传统市场调研，网上调研具有高效率、低成本的特点。在激烈的市场竞争条件下，主动地了解商情、研究趋势、分析顾客心理、窥探竞争对手的动态是企业确定竞争战略的基础和前提。通过在线调查或者电子询问调查表等方式，不仅可以省去大量的人力、物力，还可以在线形成网上市场调研分析报告、趋势分析图表和综合调查报告等。

6. 经济效益增值功能

网络营销会极大地提高营销者的获利能力，使营销主体获取增值效益，这种增值效益的获得，不仅在于网络营销效率的提高、营销成本的下降、商业机会的增多，更在于在网络营销中，新信息量的增加会使原有信息量的价值实现增值或提升，这种无形资产能促成价值增值的前瞻性观念变得更显著的效果。

1.3.3 网络营销的内容体系

1. 网络营销基础知识

网络营销是伴随网络虚拟市场而诞生的带有很强实践性的新学科，它针对新兴的网络虚拟市场，以新的思维方式，使网络营销理论在发展中创新，在创新中指导实践。学好网络营销的基础知识是开展网络营销活动的首要条件，尤其要掌握网络营销的流程和网络营销方法。

2. 网络营销导向型企业网站的建设与推广

（1）网络营销导向企业网站的特征。

①在网站基本指导思想上表现为具有明确的目的性。

②在网站功能方面，不仅要保证在技术上实现网站的基本功能，同时还要具有网站的网络营销功能。

③在网站优化设计方面，不仅要适合搜索引擎的检索，更要适合用户通过网站获取信息和服务，并且方便网络管理员维护。

（2）网络营销导向型企业网站建设的原则。

企业网站是企业在互联网上的经营场所，应该为用户提供完整的信息和服务：网站的基本要素合理、完整；网站的内容全面、有效；网站的服务和功能适用、方便；网站建设与网站运营维护衔接，并提供支持。

（3）网络营销导向型企业网站类型。

①信息型网站：信息发布型属于初级形态的企业网站，不需要太复杂的技术，而是将网站作为一种信息载体，主要功能定位于企业信息发布，包括公司新闻、产品信息、采购信息等用户、销售商和供应商所关心的内容，多用于品牌推广以及沟通，网站本身并不具备完善的网上订单跟踪处理功能。

②广告型网站：主要面向客户或者企业产品（服务）的消费群体，以宣传企业的核心品牌形象或者主要产品（服务）为主。无论是目的上还是实际表现手法上，相对于普通网站而言，这种网站更像一个平面广告或者电视广告。

③信息订阅型网站：在其他的媒体当中，订阅型模式已经相当完善了，因为它已经完全为出版商和订阅者所接受。而在互联网上，订阅机制仍没有广泛地为消费者所接受。在那些接受了这种模式的消费者当中，订阅机制也仅仅是迎合了某些特定会员用户的特定需要，这些站点提供的往往是一些专业内容和定期的消息。

④在线销售型网站：在发布企业基本信息的基础上，增加网上接受订单和支付的功能后，网站就具备了网上销售的条件。网上直销型企业网站的价值在于企业基于网站直接面向用户提供产品销售或服务，改变传统的分销渠道，减少中间流通环节，从而降低总成本、增强竞争力。

3. 软文营销

（1）软文营销的概念。所谓软文，是指通过特定的概念诉求，以摆事实讲道理的方式使消费者走进企业设定的“思维圈”，以强有力的针对性心理攻击迅速实现产品销售的文字模式和口头传播，比如新闻、第三方评论、访谈、采访、口碑等。软文是基于特定产品的概念诉求与问题分析，对消费者进行针对性心理引导的一种文字模式，从本质上来说，它是企业软性渗透的商业策略在广告形式上的实现，通常借助文字表达与舆论传播使消费者认同某种概念、观点和分析思路，从而达到企业品牌宣传、产品销售的目的。

(2) 软文营销的意义。在传统媒体行业，软文之所以备受推崇，第一大原因就是各种媒体抢占眼球竞争激烈，人们对电视、报纸的硬广告关注度下降，广告的实际效果不再明显；第二大原因就是媒体对软文的收费比硬广告要低得多，在资金不是很雄厚的情况下，软文的投入产出比较科学合理。所以企业从各个角度出发，愿意以软文试水，以便使市场快速启动。

软文炒作是生命力最强的一种广告形式，也是很有技巧性的广告形式。软文是相对于硬性广告而言的，由企业的市场策划人员或广告公司的文案人员来负责撰写的文字广告。与硬广告相比，软文的精妙之处就在于一个“软”字，好似绵里藏针，收而不露，克敌于无形。

4. 论坛营销

(1) 论坛营销的概念。论坛营销就是企业利用论坛这种网络交流的平台，通过文字、图片、视频等方式发布企业的产品和服务的信息，从而让目标客户更加深刻地了解企业的产品和服务，最终达到企业宣传企业的品牌、加深市场认知度的网络营销活动。

(2) 论坛营销的意义。论坛是互联网诞生之初就存在的形式，历经多年洗礼，论坛作为一种网络平台，不仅没有消失，反而越来越焕发出它巨大的活力。其实人们早就开始利用论坛进行各种各样的企业营销活动，当论坛成为新兴媒体出现时，就有企业在论坛里发布企业产品的信息了。论坛营销可以成为支持整个网站推广的主要渠道，尤其是在网站刚开始的时候，论坛是个很好的推广方法。利用论坛的超高人气，可以有效地为企业提供营销传播服务。而由于论坛话题的开放性，几乎企业所有的营销诉求都可以通过论坛传播得到有效的实现。论坛营销以论坛为媒介，企业参与论坛讨论，建立自己的知名度和权威度，并顺带着推广自己的产品或服务。运用得好的话，论坛营销可以是非常有效果的网络营销手段。

5. 博客营销

(1) 博客营销的概念。博客营销是通过博客网站或博客论坛接触博客作者和浏览者，利用博客作者个人的知识、兴趣和生活体验等传播商品信息的营销活动。

(2) 博客营销的意义。博客这种网络日记的内容通常是公开的，人们可以发表自己的网络日记，也可以阅读别人的网络日记，因此，博客可以理解为一种个人思想、观点、知识等在互联网上的共享。由此可见，博客具有知识性、自主性、共享性等基本特征，正是博客这种性质决定了博客营销是一种基于包括思想、体验等表现形式的个人知识资源，它通过网络形式传递信息。公司、企业或者个人利用博客这种网络交互性平台，发布并更新企业、公司或个人的相关概况及信息，并且密切关注并及时回复平台上客户对于企业或个人的相关疑问以及咨询，并通过较强的博客平台帮助企业或公司零成本获得搜索引擎的较前排位，以达到宣传目的。

在国外，利用博客营销已经相当多了，IBM、Oracle、微软、奥迪、惠普等一些著名的公司都先后开设了自己的博客网站，利用不同的模式进行企业博客营销。

6. 病毒式营销

(1) 病毒式营销的概念。病毒式营销（Viral Marketing，也可称为病毒性营销）是一种常用的网络营销方法，常用于进行网站推广、品牌推广等，利用的是用户口碑传播的原理，在互联网上，这种口碑传播更为方便，可以像病毒一样迅速蔓延，因此，病毒式营销（病毒性营销）成为一种高效的信息传播方式，而且，由于这种传播是用户之间自发进行的，因此几乎是不需要费用的网络营销手段。

(2) 病毒式营销的意义。除互联网之外，病毒式营销被用来指“口碑”、“制造热点”、“整合媒体”、“网络营销”，但是在网络上，不论好坏，它一致被称为“病毒式营销，”是指发起人发出产品的最初信息到用户，再依靠用户自发的口碑宣传，是网络营销中的一种常见而又非常有效的方法。它描述的是一种信息传递战略，这种战略像病毒一样，利用快速复制的方式将信息传向数以千计、数以百万计的受众，也就是说，通过提供有价值的产品或服务，“让大家告诉大家”，通过别人为你宣传，实现“营销杠杆”的作用。例如，我们每个店铺的留言板和友情链接，我为别人宣传，别人也为我宣传。

7. 数据库营销

(1) 数据库营销的概念。所谓数据库营销，是指企业通过收集和积累会员（用户或消费者）信息，经过分析筛选后，有针对性地使用电子邮件、短信、电话、信件等方式进行客户深度挖掘与关系维护的营销方式。数据库营销就是以与顾客建立一对一的互动沟通关系为目标，并依赖庞大的顾客信息库进行长期促销活动的一种全新的销售手段，是一套内容涵盖现有顾客和潜在顾客、可以随时更新的动态数据库管理系统。数据库营销的核心是数据挖掘。

(2) 数据库营销的意义。数据库营销在欧美已经得到了广泛的应用。在我国，也已出现包括 DM（Direct Mail，定向直邮），EDM（Email DM，电子邮件营销），E-Fax（网络传真营销）和 SMS（Short Message Server，短消息服务）等在内的多种形式的数据库营销手段，并得到了越来越多的中国企业的青睐。其中，EDM 由于其投资的回报率高，被国内外企业广泛应用，如今 EDMSOFT 已被国内中小型公司等广泛使用，部分得到初步发展的企业已开始自建 EDMSYS 平台，而第三方的营销平台也在蓬勃发展。此外，回头客忠诚度营销系统将电子优惠券、RFM 数据营销也加入到这些传统的数据营销中，大大提高了营销的功能性。可以说，数据库营销迎来了一个黄金发展时期。

8. 网络事件营销

(1) 网络事件营销的概念。网络事件营销是指企业、组织主要以网络为传播平台，通过精心策划、实施可以让公众直接参与并享受乐趣的事件，并通过这样的事件达到吸引或转移公众注意力，改善、增进与公众的关系，塑造企业、组织良好的形象，以谋求企业的长久、持续发展的营销传播活动。

(2) 网络事件营销的意义。事件营销已经是国内外企业在品牌行销过程中经常采用的一种公关传播与市场营销推广的手段了。互联网时代的事件营销则自然过渡到网络事件营销阶段，然而对于“网络事件营销”这个行业和职业进行研究的，在国内并不多，其实企业只要适时地抓住那些广受社会关注的时事新闻事件及人物的明星效应，结合企业和产品在传播上的最终目的，就可以策划出创造性的活动和事件。

9. 搜索引擎优化营销

(1) 搜索引擎优化营销的概念。搜索引擎优化（Search Engine Optimization, SEO）是指一种利用搜索引擎的搜索规则来提高目的网站在有关搜索引擎内的排名的方式。具体来讲，是针对搜索引擎对网页的检索特点，让网站建设各项基本要素适合搜索引擎的检索原则，从而使搜索引擎收录尽可能多的网页，并在搜索引擎自然检索结果中排名靠前，最终达到网站推广的目的。

(2) 搜索引擎优化营销的意义。搜索引擎优化是在实施过程中，通过了解各类搜索引擎如何抓取互联网页面、如何进行索引以及如何确定其对某一特定关键词的搜索结果排名等技术，来对网页内容进行相关的优化，使其符合用户浏览习惯，在不损害用户体验的情况下提高搜索引擎排名，从而提高网站访问量，最终提升网站的销售能力或宣传能力的技术。

1.4 网络营销信息传递及一般原则

1.4.1 网络营销的信息传递

信息传递是指人们通过声音、文字或图像相互沟通消息。信息传递研究的是什么人向谁说什么，用什么方式说，通过什么途径说，达到什么目的。在销售管理中传达商品信息，就是用特定的方式去影响人们的购买行为，使它在市场上产生反应（见图 1.1）。

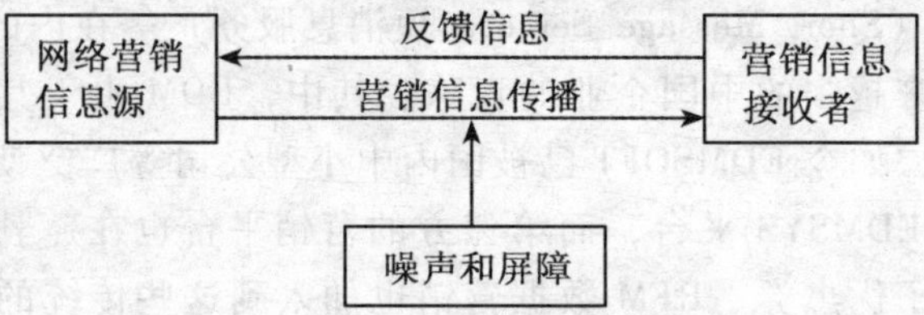

图 1.1 网络营销信息传播过程

在网络营销中，营销信息及其传递主要表现为下列特点：

1. 网络营销信息传递效率高

网络营销信源主要表现为企业网站上的各种文字、图片、多媒体信息、网络广告信息、搜索引擎信息等，由于这些信息本身已经是数字化，通过 TCP/IP、E-mail 等方式可以直接作为信号来传输，因此不需要编码和译码的过程，减少了信息传递的中间环节，使得信息传递更为直接，信息接收者与发送者之间甚至可以进行直接的交流，这也使得网络营销的信息传递效率大为提高。

2. 网络营销信息传递方式多样化

在网络营销中，信息传递有多种方式，从信息发送和接收的主动与被动关系来看，有通过电子邮件等方式向用户发送信息的主动传递方式，或者将信息发布在企业网站上等待用户来获取信息的被动传递方式；从信息发送者和接收者之间的对应关系看，可以是一对一的信息传递，也可以是一对多的信息传递。

3. 网络营销信息传递渠道多样化

网络营销信息传递方式多样化决定了网络营销信息传递渠道的多样化。网络营销信息的传递具有多种渠道，如企业网站、搜索引擎、供求信息平台、电子邮件、即时信息等，不同渠道传递信息的方式有所区别，因此只有在充分了解各种网络营销信息传递渠道特性的基础上，才能有效地应用各种网络营销策略。

4. 网络营销中的信息传递是双向的

与一般的信息只能从信息发送者向接收者传递不同，网络营销信息可以是双向传递的，或者说具有交互性，这种交互性对于企业和用户双方都是有利的，企业将正确的信息传递给了正确的用户，用户则得到了自己需要的有助于购买决策或者正确的产品使用的信息。

5. 网络营销信息传递中的噪声

在网络营销信息传递过程中，存在噪声的影响，主要表现为对信息传递的各种障碍，尤其在信息直接传递时，这种现象更为明显，可能是由于企业的信息发布准备工作不力，也可能是传播渠道的技术问题，或者信息接收者为避免打扰人为设置的障碍等。

1.4.2　网络营销信息传递的一般原则

1. 提供尽可能详尽而有效的网络营销信息源

无论是企业通过各种手段直接向用户所传递的信息，还是用户主动获取的信息，归根结底来源于企业所提供的信息源，只有当有效信息尽可能丰富，才能为网络营销信息有效传递奠定基础。

2. 建立尽可能多的网络营销信息传递渠道

在信息传播渠道建设上，应采取完整信息与部分信息传递相结合、主动性和被动性信息传递相结合的策略，通过多渠道发布和传递信息，才能创造尽可能多的被用户发现这些信息的机会。

3. 尽可能缩短信息传递渠道

在创建多个信息传递渠道的基础上，还应创建尽可能短的信息传递渠道，因为信息渠道越短，信息传递越快，受到噪声的干扰也就越小，信息也就更容易被用户接收。这也从根本上解释了为什么搜索引擎检索结果中靠前排列的信息更容易得到用户点击，而用户自愿订阅的邮件列表营销效果更胜一筹等。

4. 保持信息传递的交互性

交互性的实质是营造企业与用户之间互相传递信息变得更加方便的环境，除了上述建立尽可能多而且短的信息传递渠道之外，还应建立多种信息反馈渠道，如论坛、电子邮件、在线表单、即时信息等，以保证信息传递交互性的发挥。

1.5 网络营销环境及其影响因素分析

1.5.1 网络营销环境的构成：外部环境和内部环境

1. 外部环境

外部环境为开展网络营销提供了潜在用户以及向用户传递营销信息的各种手段和渠道。根据统计，截至 2010 年 7 月份，中国网民人数已经 4.2 亿，随着我国上网人数的逐年激增以及网络渗透力的增强，互联网将在更多领域扮演越来越重要的角色，通过互联网获取信息、进行消费前预判断、甚至直接进行网络购物和采购也将成为主流商业形式。网络时代大大加速了信息的传播速度和范围，网络营销给企业带来了前所未有的产品宣传和市场推广机遇。好的网络营销能让企业产品和品牌一夜之间传遍全国甚至全世界，随之而来的是大量的商业机会和销售机会。

2. 内部环境

内部环境为有效地营造网上经营环境奠定了基础。内部环境因素包括企业、供应商、营销中介、顾客、竞争者和公众等。营销部门的工作就是通过创造顾客价值和满意来吸引顾客，并建立与顾客的联系。要实现这一任务，企业就必须把各因素联系起来，形成基本的营销系统。

1.5.2 影响网络营销外部环境的主要因素

1. 网上人口环境

从企业营销的角度看，市场是有现实或潜在需求且有支付能力的消费者群。网络营销企业可以一方面直接收集一手资料，通过网民数量、结构等内容的分析发现营销机会；另一方面，也可以收集二手资料，了解网络营销人口环境，从而制定行之有效的营销策略。

2. 法律和政策环境

网络营销、电子商务的法律环境一直是人们关注的焦点。一方面，网络营销的各个环节与问题需要相关的法律法规加以规范；另一方面，政策法律的每一措施也都左右着网络营销、电子商务的发展前程。

3. 第三方认证环境

数字证书机制已在国内网上银行领域普及化，主要是通过数字证书来完成交易实体的身份鉴别，以 PKI 技术为基础的信息安全机制可使用户利用 PKI 平台提供的服务进行安全通信。

4. 电子支付环境

互联网还给营销带来了全新的资金流转环境，这就是电子支付。所谓电子支付，是指网上交易的当事人，包括消费者、厂商和金融机构，使用安全电子支付手段通过互联网进行货币支付或资金流转。

5. 虚拟营销环境

互联网所提供的网络信息服务基本上可以分为三类：固定信息服务，包括电子邮件、新闻组和文件传输服务等；在线实时通信，包括远程登录、网上聊天室、在线交谈、多人在线实时交谈系统和视频会议、网络电话等；检索服务，包括互联网、使用者查询等。

1.5.3　影响网络营销内部环境的主要因素分析

影响网络营销内部环境的主要因素可从以下几方面来进行分析：

1. 行业

行业主要的经济特性是怎样的？行业中的变革驱动因素是什么？它们的影响如何？决定在行业环境中取得竞争成功的关键因素是什么？行业是否具有吸引力？取得超过年平均水平的盈利前景如何？行业中发挥作用的竞争力量有哪些？它们有多强大？

2. 竞争者

有哪些主要的竞争者？他们的目标和战略是什么？他们的优势和劣势何在？他们的规模和市场份额是多少？

3. 分销渠道和经销商

公司的产品主要通过哪些渠道传送给客户？各种渠道的效率和成长潜力如何？

4. 供应商

生产所需的关键物料的前景怎样？各供应商的实力如何？公司与各供应商的关系如何？公司如何评价供应商的表现？供应商的行销策略有什么变化？

5. 市场后勤

运输服务和成本及前景如何？仓储设备的成本及前景如何？

1.5.4 网络营销环境与策略的协调

1. 对于外部环境的适应和选择

外部环境一般来说很难改变，所以对于一般的电子商务企业来说，只有适应它，并从中找到商机，对于一个优秀的电子商务企业来说，不仅要善于发现商机，而且还要有一定的前瞻眼光，提前布局，这样就等于创造了商机。著名的即时通信软件——腾讯 QQ 现在业务遍布整个互联网，成为中国互联网企业中老大，可是在 1999 年大家免费注册 QQ 来聊天时，谁又能想到一个小小的聊天工具现在这样火呢，等后者如 UC 等发现商机再奋起直追时，已经无法撼动腾讯 QQ 在即时通信及衍生业务领域的老大地位了。腾讯 QQ 可以说是发现甚至引导了客户需求的最典型的网络营销案例。

2. 对于内部环境的创造和利用

网络营销的内部环境主要是在行业内部，过去网上很多人抱怨物流太慢，不能及时准确地把货物送到客户手中，以至失去客户的信任。但现在这种情况已经有了很大的改变。

事在人为，在同样的环境中，能否做好网络营销，关键在于是否有一颗真诚为客户服务的心，能不能对环境善于加以创造和利用。

1.6 网络营销与电子商务

1.6.1 电子商务与网络营销的关系

电子商务外包服务是针对企业对电子商务的需求开展的一种商业服务。企业电子商务涉及战略规划、目标设定、人力资源、市场营销、供应链管理、客户关系管理、产品开发、物流管理、业务流程重组、网络支付（财务管理）、网络销售渠道建设和规范管理、ERP 系统与电子商务整合改造、网络打假、电子商务技术开发、电子商务运营管理、网络营销推广、品牌整合营销、线上线下销售体系整合等方面的企业电子商务整体解决方案。

电子商务需要技术和市场营销的双重支持，在互联网日渐重要的当今社会，中小企业迫切希望能通过网络开展电子商务，但同时受到经验少、专业人才缺乏和成本高的限制。以“必卖”为代表的电子商务外包服务企业，是传统品牌企业以合同的方式委托专业电子商务服务商为企业提供部分或全部的信息技术或网络营销服务功能，从企业在互联网上的“包装”、“宣传”和“销售”三个要点出发，为企业提供以战略咨询、电子商务策划、电子商务网站建设、网站运营推广、网上贸易和网上销售、网络销售渠道建设和规范管理为核心的一系列外包服务。电子商务外包服务可以帮助企业有效降低成本，获得更专业的服务，提高工作效率，满足企业对拓展电子商务战略的需求。

1.6.2　电子商务外包是电子商务发展趋势

鉴于我国电子商务的飞速发展，未来我国传统企业都想进军电子商务，但是许多企业都不知道该怎么做，所以自然就会寻找专业的电子商务外包公司来提供整体的解决方案，所以“电子商务外包”必将成为主流趋势，是企业进军电子商务的首选渠道。

有一种流行的“非常 6+1”电子商务外包模式，涉及企业进军电子商务的全业务流程，具体包括电子商务咨询、电子商务策划、电子商务技术、电子商务运营、电子商务管理、电子商务推广、网络分销七大业务模块，包括市场调研、销售、客服、网站推广与运营、产品开发、网站建设、仓储、包装、物流、发货、财务监控所有环节。可在网站建设、推广、产品规划、商品上传等结构完成整个网络营销的数据流。可在财务、采购、销售等部门完成整个现金流的整合。如此规模的组织需要通过 ERP 与其他部门数据进行交互、进行协调作战，帮助企业进行企业电子商务战略规划、基于企业电子商务流程再造、电子商务模式的选择，以及配合电子商务的业务流程战略，比如产品战略、市场战略、组织战略、供应链战略、营销战略、物流战略、财务战略、人力资源战略。

1.6.3　网络营销的特点及未来趋势

简单地说，网络营销就是以互联网为主要手段进行的，为达到一定营销目的的营销活动，是以互联网络为基础，利用数字化的信息和网络媒体的交互性来辅助营销目标实现的一种新型的市场营销方式。通过互联网进行信息交换，代替以前的实物交换，一方面可以减少印刷与邮递成本，可以无店面销售，免交租金，节约水电与人工成本；另一方面可以减少由于多次交换带来的损耗。其最显著的特点是传播快、成本低、互动性强、资源的整合性强、方便数据检测统筹。互联网是一种功能最强大的营销工具，它同时兼具渠道、促销、网络交易、互动顾客服务以及市场信息分析与提供的多种功能，它所具备的一对一营销能力正符合定制营销与直复营销的未来趋势，还有就是虚拟服务“现实”化的趋势。

1.7　Web 2.0 与网络营销

1.7.1　Web 2.0

Web 2.0 是相对 Web 1.0 的新的一类互联网应用的统称。Web 1.0 的主要特点在于用户通过浏览器获取信息；Web 2.0 则更注重用户的交互作用，用户既是网站内容的浏览者，也是网站内容的制造者。所谓网站内容的制造者，是说互联网上的每一个用户不再仅仅是互联网的读者，同时也成为互联网的作者；不再仅仅是在互联网上冲浪，同时也成为波浪制造者；在模式上由单纯的“读”向“写”以及“共同建设”发展；由被动地接收互联网信息向主动创造互联网信息发展，从而更加人性化。

Web 1.0，是以编辑为特征，网站提供给用户的内容是网站编辑处理后的，代表站点新浪、搜狐、网易。Web 2.0 是网站内容基于用户提供，网站的诸多功能也由用户参与建设，实现了网站与用户双向的交流与参与、Web 2.0 不同于 Web 1.0 的最大之处在于它的交互性，用户在网站系统内拥有自己的数据，完全基于 Web，所有功能都能通过浏览器完成。

Web 2.0 的特征如下：

(1) 多人参与。在 Web 1.0 里，互联网内容是由少数编辑人员（或站长）定制的，比如各门户网站；而在 Web 2.0 里，每个人都是内容的供稿者。

(2) 人是灵魂。在互联网的新时代，信息是由每个人贡献出来的，各个人共同组成互联网信息源。Web 2.0 的灵魂是人。

(3) 可读可写互联网。Web 1.0 是“阅读式互联网”，而 Web 2.0 是“可写可读互联网”。虽然每个人都参与信息供稿，但在大范围里看，贡献大部分内容的是小部分的人。

(4) Web 2.0 的元素。Web 2.0 包含了我们经常使用到的服务，如博客、播客、维基、P2P 下载、社区、分享服务等。博客是 Web2.0 里十分重要的元素，因为它打破了门户网站的信息垄断，在未来，博客的地位将更为重要。

(5) 个人看法。Web 2.0 实际上是对 Web1.0 的信息源进行扩展，使其多样化和个性化。

Web 2.0 现有的产品有百度百科、Wiki 百科、Wallop、Yahoo360、Openbc、Cyworld、43things、Flickr、Del. icio. us、Cragslist、Glob、客齐集、Friendster、Linkin、UU 通、优友、天际网、爱米网、Linkist、新浪点点通、Skype、亿友、Cyworld、新浪名博、土豆网、猪八戒威客网等。

1.7.2 Web 2.0 与网络营销

如果说 Web 1.0 是公路，Web 2.0 则是高速路，企业网站如何利用 Web 2.0 发挥品牌营销的作用，完成从 Web 1.0 到 Web 2.0 的升级呢？

传统企业网站吸引用户主要是通过网站推广，使用搜索引擎、门户网站、B2B 网站等手段来实现。网站推广只是强调如何把客户吸引来，但忽视了如何留住客户，吸引他的再次访问，并成为潜在客户。

Web 2.0 式的企业网站以营销为中心，把推广作为一个手段，并具有很强的信息扩散能力，它具备更强的准确性，更能抓住潜在客户，这些应用包括博客、Wiki、RSS，将向主流商业网站应用中渗透。

1. RSS 考虑用户体验

RSS 是英文“Really Simple Syndication”（简易聚合体）或“Rich Site Summary”（网站内容摘要）的缩写，它是一种描述和同步网站内容的格式，RSS 是站点用来和其他站点之间共享内容的一种简易方式（也叫聚合内容），通常被用于新闻和其他按顺序排列的网站。

RSS 最主要的应用就是用户可以在不打开企业网站内容页面的情况下阅读内容。

因此，从网站的角度出发，要向目标受众发布信息，除了使用电子邮件，还可以利用 RSS 的发送渠道，即在网站上向用户提供由 XML 语言编写的 RSS Feed（RSS 订阅文件），由访问者订阅加入到自己的 RSS 新闻读取工具里面。

在人们为垃圾邮件和弹出广告烦恼的今天，RSS 无疑为广告的利益各方带来了福音，对于消费者而言，能够更精确地获取所需的信息而不排斥该广告；对广告本身而言，也会成为体现网站人性化设计的一个亮点。

RSS 也可以引入到企业电子商务中去，如果顾客可以通过 RSS 阅读软件随时了解企业网站最新更新的信息、产品和服务等内容，这样节约了时间，提供了方便，对企业来说，也几乎是零成本的推广。

现在很多企业网站都在思考一个现实的问题，就是“用户的黏性”，用户会停留多久，用户是否会经常访问。

而一旦用户添加了企业网站 RSS，每当用户打开了 RSS 阅读软件，企业网站的信息就会被访问，这样经常性的访问，也会潜在地把 RSS 用户转变为客户。

对企业来说，这并不是有难度的工作，任何企业都有自己的营销活动，如一些最新的产品价格信息、促销活动，有奖调查、客户反馈等，都可以加入 RSS 文件供用户阅读，让用户有阅读的兴趣，又能达到企业宣传推广的目的。

要想为企业网站创建 RSS，首先必须对 RSS 进行一些了解，RSS 是基于 XML（可扩展标志语言）的一种形式，并且所有的 RSS 文件都要遵守万维网联盟（W3C）站点发布的 XML 1.0 规范。

如果网站更新的信息量比较大，依靠手工编写 RSS 文件就有可能出错，这时可以在网上下载 RSS 生成器来辅助工作。

2. Wiki 注重协作办公

现在企业很重视员工的团队精神和协同工作方式，在实际的工作中，如何利用已有的技术帮助员工之间的协作，这是作为企业 CIO 需要考虑的。例如，在日常工作中，员工之间需要将某一文档资料进行共享并互相补充和修改，或者某一程序需要同事的合作开发和测试等，类似这些工作，如果在 Wiki 环境下，不仅会方便很多，而且重要的是，提高了团队的工作效率。

Wiki 是一种多人协作的写作工具，来源于夏威夷语的“wee kee wee kee”，原本是“快点快点”的意思，有人将 Wiki 翻译为“维客”。

Wiki 和博客一样，建站非常容易，都是自由软件，体现了自由、平等、共享的文化精神。与博客不同，Wiki 是一种多人协作的写作工具，Wiki 站点可以有多人维护，每个人都可以发表自己的意见或者对共同的主题进行扩展或者探讨。开放、合作、平等、共创、共享是 Wiki 的精髓。

Wiki 站点一般都有着一个严格的、共同关注的主体，Wiki 的主体是明确、坚定的。Wiki 站点的内容要求着高度相关性，任何写作者和参与者都应当严肃地遵从。

Wiki 可以集中各类企业数据，如电子报表、Word 文档、PowerPoint 幻灯片、PDF 等任何可以在浏览器中显示的内容，还可以嵌入标准的通信媒体，如电子邮件和 IM。

Wiki 还可以直接与公司数据库连接，将音频和图像文件输入到数据库中。Wiki 的功能仅仅受到实现它的人员的编程技能的限制。

在我国，Wiki 作为一个新生事物，还不够完善，大部分的 Wiki 系统都有自己的语法体系，一般用户记住这些语法可能难度很大，即使勉强记住了，要灵活运用、写出图文并茂的文章来，也有不少的难度，这在一定程度上影响了 Wiki 的推广，所以引入“所见即所得”的编辑器是大势所趋。

任何新的技术一开始都不是一应俱全的，Wiki 系统目前的一些不足不能掩饰住其发展前景及商业价值，对于企业而言，Wiki 不仅会是构筑企业文化和促进企业管理的有效手段，而且还有可能演进成企业一种新的商业模式。

☞知识拓展

微博：不可或缺的营销平台

企业一直在寻找有效的营销方法，微博营销的出现改变了高成本营销的状态。

口碑传播，是信任度较高、成本较低的传播方式。微博通过“互相成为粉丝”的方式，让彼此成为“熟人”，企业通过搜索锁定目标消费群，直接传播：个人通过关注，快速了解到自己想要的信息，生意就这样“不知不觉”地做成了。然后，通过“转发”，让更多的消费者知道这一信息，企业及产品就被推销出去了。

微博将营销模式变成了熟人营销。很多企业洞察到这一先机，开始在微博上安营扎寨。全球知名的戴尔公司是最早利用微博进行营销的企业之一。当戴尔公司发现在传统媒体发布信息的频率和更新速度难以满足消费者需求，并且花费大量人力和资金成本的时候，它很有远见地把目标对准了国外最大的微博网站 Twitter。戴尔在 Twitter 上注册多个账号，每个账号对应专门的内容，如产品信息的账号只发产品信息，促销信息账号只发促销信息，这样关注某一方面信息的粉丝就可以方便快捷地在对应账号得到所需的信息。通过 Twitter，戴尔在全球已经创造了 700 多万美元的营业额。

国内同样有一家企业利用微博营销获得了良好的口碑。2010 年 5 月 31 日，中国东方航空股份有限公司（China Eastern Airlines Corporation Limited）简称东航正式启动了一项活动“凌燕带你游世博”。这一活动的主要平台就是微博，活动通过新浪微博平台选取 10 名东方万里行的幸运网友参加由东航组织的由 10 名东航空中志愿者提供一对一园区导游的世博游活动，活动全程的交通食宿、世博会门票等全部由东航提供。这一互动活动在微博的年轻用户中引起了极大反响。活动一周内，10 位“凌燕”发布的召集帖总计获得了 6000 多次的转发，5000 多人次评论，在整个活动过程中贯穿对“凌燕”这一高端服务品牌的优质服务等信息，实现了高曝光率，大大提升了品牌形象。

6 月 11 日线下活动当天，10 位“凌燕”统一着空姐制服陪同 10 位幸运网友游览世博园，并通过微博同步直播，发出图文形式世博园游览信息近百条，转发数超过 2000 次，实际覆盖新浪微博受众超过 10 万人，并受到全国数十家平面和网络媒体的针对性报道。

东航“凌燕”的微博营销成为了 2010 年网络互动营销的经典案例之一，不仅将“凌燕”这一高端品牌成功推广，更为国内企业利用微博平台进行推广和扩张提供了一条良好经验。

从国内外这两个案例中可以看出，微博营销的成功离不开大量转发。如何获得更多的转发，以下几个因素必不可少："标签"贴好很重要；内容要幽默有趣、吸引人；善于利用社会热点做宣传。

微博已经成为了一种不可或缺的传播平台，改变了企业宣传推广和营销固有模式。微博是匹"黑马"，其营销价值还有待进一步开发。但过早地商业化，让微博成为传销的工具，不是明智之举。毕竟，利用微博这种新的传播平台还是一个循序渐进的过程。

（资料来源：艾瑞咨询：http：//web2. iresearch. cn/87/20110420/137704. shtml）

☞实训与思考

◎实训内容

1. 进入东方财富网，体会博客营销的概念以及基本手段。
2. 进入网络交易平台提供商（如中国化工网），了解其服务内容与特点，并进行模拟交易。
3. 进入可口可乐中国网站，了解其网络营销手段。
4. 进入海尔网上商城，了解网上商品如何进行网络营销。

◎思考题

1. 网络营销与传统营销有哪些区别与联系？
2. 传统企业如何开展网络营销？

第2章 网络营销策划

☞工作项目

（1）制定91特价网网络营销策划书。

（2）结合具体企业、产品开展SWOT分析。

☞知识目标

（1）SWOT分析方法。

（2）网络营销策划的方式、方法。

☞技能目标

（1）具体企业、产品开展SWOT分析。

（2）制定网络营销策划书。

☞案例导入

目前全球经济的形势是：传统商业活动向互联网转移已成为一种趋势，企业不管愿不愿意，不管是积极投入还是不予理会，结果都将是进入互联网商务时代；对于互联网商务发展速度之快，正如网络营销世界（www.yelag.com）网站老总王爱云所言："互联网商务发展不会等待任何国家、任何公司的任何人，只要你跟不上，很快就会被同行超过。"因此，及早开发网络营销渠道、进行网络营销策划，是每个企业的当务之急，不容忽视。

2.1 网络营销策划概述

2.1.1 网络营销策划基本概念

1. 策划

现代意义的"策划"可以理解为借助一定的信息素材，为达到特定的目的、目标而进行设计、策划，以为具体的可操作性行为提供创意、思路、方法与对策。

2. 网络营销策划

网络营销策划要从客户的角度出发，主要包括网站诊断分析、网站定位策划、网站优化完善、综合网络推广策划、网站运营咨询等重要内容。

3. 综合网络营销策划

综合网络推广策划是从一个汇集了各种网络营销方法或者产品或者服务的大超市（主要包括网上调研营销、通用网址营销、网络黄页营销、电子商务营销、邮件营销、论坛、社区营销、分类信息营销、呼叫广告营销、资源合作营销、网络体验营销、博客营销、威客营销、搜索引擎营销、电子地图营销、电子杂志营销、网络视频营销、游戏置入式营销、RSS 营销、3D 虚拟社区营销、网络会员制营销、手机短信营销等各种网络营销方法）里，根据企业的现状、企业的目标客户群体、企业对品牌和销售的侧重，精心挑选组合而成的一种网络营销方式。对于不同的产品，在进行网络营销行为之前，必须对该产品投放市场以及产生效果有一个提前的预测，进行市场调查以及配合网下进行各种宣传行为，构成了整个营销环节。

2.1.2　网络营销体系

网络营销是企业整体营销战略的一个组成部分，是为实现企业总体经营目标所进行的以互联网为基本手段营造网上经营环境的各种活动。这个定义的核心是经营网上环境，这个环境可以理解为整合营销所提出的创造品牌价值的过程，各种有效的网络营销手段综合运用为实现企业总体经营目标而做出贡献。

通过对整合营销和网络营销的理解，整合网络营销就是网络营销工作的系统化、体系化，整合网络营销的目标是为企业创造网络品牌价值，为实现企业整体经营目标而服务。

1. 网络营销是企业整体营销战略的一个组成部分

谈企业营销战略，可能很多人都觉得太虚了，因为战略的概念满天飞，好像中小企业谈战略是纸上谈兵，因为中小企业谈的是吃饭、谈的是生存、谈的是快速发展、谈的是销售指标、谈的是生产进度、谈的是质量管理，谈营销的好像比较少，更不用说从战略的高度来谈营销。企业在进行整合网络营销的时候，战略的核心就是企业的经营目标，比如今年要完成销售 1500 万元，又如今年对企业品牌的经营目标，并为这个目标而制定的计划和为这个计划而选择和制定的策略。任何企业都有自己的经营目标，即便这个企业没有一套成型的营销计划，但是也有自己的一套实施计划，而网络营销就是在为实现这个计划而存在的，所以，网络营销不是孤立存在的，是在企业经营目标实现过程中经营体系的一个部分。

2. 网络营销的方式是多样化的

网络营销目前通过实践应用的方法就有超过近 100 种，而这么多的网络营销方法并不是适合任何一个行业或任何一个企业的任何一个阶段的营销方法，而是需要企业在多样化的营销方法中挖掘最优的组合来综合运用。

3. 企业不同发展阶段的网络营销需求是变化的

企业发展是随着企业的规模和经营方向而变化的，企业的经营目标也是动态的，同时，网络营销方法是随着时代的发展、实践的发展而发展的，那么，企业在不同的经营时期对网络营销目标和网络营销方法的选择是变化的。

4. 网络营销环境是动态的

网络营销环境包括内部环境和外部环境，企业网络营销策略随着外部环境或内部环境的变化而需要调整，最简单的例子就是阿里巴巴平台在推出关键词竞价的时候，一些企业随着这个外部营销环境的变化及时调整本企业的网络营销策略，并一举成名，取得良好的营销效果，实现了企业的经营目标。

5. 网络营销的效果表现为多种形式

网络营销并不单指网站推广，也不单指网上销售，所以，网络营销工作所带来的效果也表现为多种形式，比如对客户服务的支持、对线下产品销售的促进、对公司品牌拓展的帮助，等等。

2.1.3 网络营销策划分类

1. 按企业现有网络营销的进度分类

(1) 网络营销改进型策划。随着网络迅速发展和更新频率加快，现有的网络营销机制已经无法满足大众口味。产品负面新闻直接影响到产品在市场上的受捧程度，新厂商的出现加剧了企业竞争网络市场，网络营销中的推广环节过于拥挤导致产品无法得到消费者的信任等，需要新的方案来改进现有方案，这就是我们说的网络营销改进型策划的出现前提。改进型网络营销策划着重考虑原有基础上受制约的因素，不仅要跟上网络市场的步伐，更需要洞察同行对手在网络营销上采取的各种方法。对于一个企业在发展过程中遇到的问题，必须与网络及市场相结合，这样才能在网络大市场中占得一席之地。

(2) 网络营销创业型策划。网络营销与策划更多地偏向于许多创业者，这也成就了我们所说的创业型策划。对于新事物的产生，必须要有一个心理准备，任何一个电子商务人员和企业管理者都必须有这种创业型策划的意识。

创业型策划包含的内容有项目发起、项目预测、项目预实施、不可预见性因素预测、项目投放、项目评估、项目改进、具体实施内容、最后转向改进型策划。

项目预测中需要做一个项目网络市场和网下市场调查，确保网络营销的顺利进行，并且使问题及时得到解决，其中的不可预见性因素是非常重要的，需要结合同类或者其他产品在投入网络市场之后所遇到的各种问题来考虑创业型策划的全面性，确保整个网络营销计划的成功。

（3）网络营销辅助型策划。利用各种网络手段，如 SEO 技术，来加强企业在网络营销上的力度，以获得更好的效果。配合各种技术及手段而做的策划称为网络营销辅助型策划，这类策划需要企业协调各部门之间的配合及优化组合，优化在新的网络市场中的营销效果。

（4）网络营销效益型策划。网络营销效益型策划主要是针对中小企业的，内容包含网络营销策划、综合网络推广、效益型网站建设及优化、营销效果跟踪管理等综合顾问式的策划。这种策划特别适用需要开展基于互联网网络推广、且对网络营销效果较为迫切的中小企业。无论原来是否拥有企业网站，也无论是否拥有专业的网络营销人才，都可以选择效益型网络营销策划。

2. 按企业网络营销目的分类

（1）销售型网络营销策划。销售型网络营销策划是指为企业为拓宽网络销售，借助网上的交互性、直接性、实时性和全球性为顾客提供方便快捷的网上售点。目前，许多传统的零售店都在网上设立销售点，如北京图书大厦的网上销售站点。

（2）服务型网络营销策划。服务型网络营销策划主要为顾客提供网上联机服务。顾客通过网上服务人员，可以远距离进行咨询和售后服务。目前，大部分信息技术型公司都建立了此类站点。

（3）品牌型网络营销策划。品牌型网络营销策划主要是在网上建立企业的品牌形象，加强与顾客的直接联系和沟通，增加顾客的品牌忠诚度，配合企业现行营销目标的实现，并为企业的后续发展打下基础。目前，大部分企业站点属于此类型。

（4）提升型网络营销策划。提升型网络营销策划主要通过网络营销替代传统营销手段，全面降低营销费用，提高营销效率，促进营销管理和提高企业竞争力。如戴尔、海尔等站点属于此类型。

（5）混合型网络营销策划。混合型网络营销策划力图同时达到上述营销策划目标中的若干种。如亚马逊通过设立网上书店作为其主要销售业务站点，同时创立世界著名的网站品牌，并利用新型营销方式提升企业竞争力，它既是销售型，又是品牌型，同时还属于提升型。

2.1.4　网络营销策划基本原则

1. 系统性原则

网络营销是以网络为工具的系统性的企业经营活动，它是在网络环境下对市场营销的信息流、商流、制造流、物流、资金流和服务流进行管理的，因此，网络营销方案的策划是一项复杂的系统工程。策划人员必须以系统论为指导，对企业网络营销活动的各种要素进行整合和优化。

2. 创新性原则

网络为顾客对不同企业的产品和服务所带来的效用和价值进行比较带来了极大的便

利。在个性化消费需求日益明显的网络营销环境中，通过创新，创造与顾客的个性化需求相适应的产品特色和服务特色，是提高效用和价值的关键。创新带来特色，特色不仅意味着与众不同，而且意味着额外的价值。在网络营销方案的策划过程中，必须在深入了解网络营销环境、尤其是顾客需求和竞争者动向的基础上，努力营造旨在增加顾客价值和效用、为顾客所欢迎的产品特色和服务特色。

3. 操作性原则

网络营销策划的第一个结果是形成网络营销方案。网络营销方案必须具有可操作性，否则毫无价值。这种可操作性表现为，在网络营销方案中，策划者根据企业网络营销的目标和环境条件，就企业在未来的网络营销活动中做什么、何时做、何地做、何人做、如何做的问题进行周密的部署、详细的阐述和具体的安排。也就是说，网络营销方案是一系列具体的、明确的、直接的、相互联系的行动计划的指令，一旦付诸实施，企业的每一个部门、每一个员工都能明确自己的目标、任务、责任以及完成任务的途径和方法，并懂得如何与其他部门或员工相互协作。

4. 经济性原则

网络营销策划必须以经济效益为核心。网络营销策划不仅本身消耗一定的资源，而且通过网络营销方案的实施，改变企业经营资源的配置状态和利用效率。网络营销策划的经济效益是策划所带来的经济收益与策划和方案实施成本之间的比率。成功的网络营销策划，应当是在策划和方案实施成本既定的情况下取得最大的经济收益，或花费最小的策划和方案实施成本取得目标经济收益。

5. 协同性原则

网络营销策划应该是各种营销手段的应用，而不是方法的孤立使用，如论坛、博客、社区、网媒等资源要协同应用，才能真正达到网络营销的效果。

2.1.5 网络营销策划分层

目前，我国企业的网络营销策划大致可分为以下三层：

1. 信息应用层策划

这是最简单、最基本的一层。在这个层次上，企业主要通过利用 Internet 来发布信息，并充分利用网络优势，与外界进行双向沟通。在这个应用层中，不需要企业对信息技术有太高的要求，只需要最基本的使用。比如，通过发 E-mail 与消费者进行沟通、交流，定期给客户发各种产品信息邮件、产品推荐邮件、电子刊物等，加强与顾客的联系；建立企业主页，将一些有关企业及其产品、服务的介绍放在上面，辅之精美的图文，供访问者浏览。

2. 战术营销层策划

企业主要进行下列工作：

(1) 网络营销调研，利用 Internet 在线调研，可以轻松地完成大量复杂的调研工作，能够充分满足各种统计数据的要求，提高营销调研的质量。由于它使用电子问卷，从而大大减少了数据输入工作，缩短了调研时间。

(2) 网上销售。这是目前网络营销最具诱惑力的地方之一。数以千计的企业在网上安营扎寨，销售产品种类繁多。而实际上，这些企业也许仅仅就是一台电脑，没有厂房，没有员工，没有办公大楼。他们是网上的“虚拟巨商”，却又是如此的真实。网上销售与传统的商业销售的实物流程相分离，是一种信息时代的营销手段。

(3) 营销战术系统。主要包括一些用于管理库存的子系统，用于宣传产品、链接网站的子系统及用于答复用户意见、反馈信息的子系统。决策者们利用网上的这一系统分析工具，进行着各种各样的决策活动。

3. 战略营销层策划

这个层次建立在战术营销层基础上，将整个企业营销组织、营销计划、营销理念等完全融入网络，依靠网络指定方针，开展战略部署，实现战略转移，缔结战略同盟等战略决策。

2.2 网络营销策划分析方法

2.2.1 SWOT 分析模型

SWOT 分析法（也称 TOWS 分析法、道斯矩阵）即态势分析法，20 世纪 80 年代初由美国旧金山大学的管理学教授韦里克提出，经常被用于企业战略制定、竞争对手分析等场合。

在现在的战略规划报告里，SWOT 分析应该算是一个众所周知的工具。来自于麦肯锡咨询公司的 SWOT 分析，包括分析企业的优势（Strength）、劣势（Weakness）、机会（Opportunity）和威胁（Threats）。因此，SWOT 分析实际上是对企业内外部条件各方面内容进行综合和概括，进而分析组织的优劣势、面临的机会和威胁的一种方法。

通过 SWOT 分析，可以帮助企业把资源和行动聚集在自己的强项和有最多机会的地方。

2.2.2 SWOT 分析模型介绍

优劣势分析主要是着眼于企业自身的实力及其与竞争对手的比较，而机会和威胁分析将注意力放在外部环境的变化及对企业的可能影响上。在分析时，应把所有的内部因素（即优劣势）集中在一起，然后用外部的力量来对这些因素进行评估。

1. 机会与威胁分析（OT）

随着经济、社会、科技等诸多方面的迅速发展，特别是世界经济全球化、一体化过程的加快，全球信息网络的建立和消费需求的多样化，企业所处的环境更为开放和动荡，这种变化几乎对所有企业都产生了深刻的影响。正因如此，环境分析成为一种日益重要的企业职能。

环境发展趋势分为两大类：一类表示环境威胁，另一类表示环境机会。环境威胁指的是环境中一种不利的发展趋势所形成的挑战，如果不采取果断的战略行为，这种不利趋势将导致公司的竞争地位受到削弱。环境机会就是对公司行为富有吸引力的领域，在这一领域中，公司将拥有竞争优势。

对环境的分析也可以有不同的角度。比如，一种简明扼要的方法就是PEST分析，还有一种比较常见的方法就是波特的五力分析。

2. 优势与劣势分析（SW）

识别环境中有吸引力的机会是一回事，拥有在机会中成功所必需的竞争能力是另一回事。每个企业都要定期检查自己的优势与劣势，这可通过企业经营管理检核表来进行，企业或企业外的咨询机构都可利用这一格式检查企业的营销、财务、制造和组织能力，每一要素都要按照特强、稍强、中等、稍弱或特弱划分等级。

当两个企业处在同一市场或者它们都有能力向同一顾客群体提供产品和服务时，如果其中一个企业有更高的盈利率或盈利潜力，那么，我们就认为这个企业比另外一个企业更具有竞争优势。换句话说，所谓竞争优势，是指一个企业超越其竞争对手的能力，这种能力有助于实现企业的主要目标——盈利。但值得注意的是，竞争优势并不一定完全体现在较高的盈利率上，因为有时企业更希望增加市场份额。

竞争优势可以指消费者眼中一个企业或它的产品有别于其竞争对手的任何更优越的东西，它可以是产品线的宽度、大小、质量、可靠性、适用性、风格和形象以及服务的及时、态度的热情等。虽然竞争优势实际上指的是一个企业比其竞争对手有较强的综合优势，但是明确企业究竟在哪一个方面具有优势才更有意义，因为只有这样，才可以扬长避短，或者以实击虚。

由于企业是一个整体，而且竞争性优势来源十分广泛，所以，在做优劣势分析时，必须从整个价值链的每个环节上，将企业与竞争对手做详细的对比，如产品是否新颖、制造工艺是否复杂、销售渠道是否畅通以及价格是否具有竞争性等。如果一个企业在某一方面或几个方面的优势正是该行业企业应具备的关键成功要素，那么，该企业的综合竞争优势也许就强一些。需要指出的是，衡量一个企业及其产品是否具有竞争优势，只能站在现有潜在用户角度上，而不是站在企业的角度上。

企业在维持竞争优势过程中，必须深刻认识自身的资源和能力，采取适当的措施。因为一个企业一旦在某一方面具有了竞争优势，势必会吸引到竞争对手的注意。一般地说，企业经过一段时期的努力，建立起某种竞争优势，然后就处于维持这种竞争优势的态势，竞争对手开始逐渐做出反应，而后，如果竞争对手直接进攻企业的优势所在或采取其他更为有力的策略，就会使企业这种优势受到削弱。

而影响企业竞争优势的持续时间，主要取决于三个关键因素：一是建立这种优势时间，二是能够获得的优势，三是竞争对手做出有力反应需要的时间。如果企业分析清楚了这三个因素，就会明确自己在建立和维持竞争优势中的地位了。

显然，企业不应去纠正它的所有劣势，也不是对其优势不加利用。企业应研究它究竟是应只局限在已拥有优势的机会中，还是去获取和发展一些优势以找到更好的机会。有时，企业发展慢并非因为其各部门缺乏优势，而是因为它们不能很好地协调配合，例如有一家大型电子公司，工程师们轻视销售人员，视其为“不懂技术的工程师”；而销售人员则瞧不起服务部门的人员，视其为“不会做生意的推销员”。因此，评估内部各部门的工作关系作为一项内部审计工作是非常重要的。

波士顿咨询公司提出，能获胜的企业是取得公司内部优势的企业，而不仅仅是只抓住企业的核心能力。每一个企业必须管好某些基本程序，如新产品开发、原材料采购、对订单的销售引导、对客户订单的现金实现、顾客问题的解决时间等，每一程序都创造价值和需要内部部门协同工作。虽然每一部门都可以拥有一个核心能力，但如何管理这些优势能力，仍是一个挑战。

2.2.3　SWOT 分析步骤

1. 确认企业外部环境的变化

确认企业外部环境的变化可采用五力分析模型，该模型是迈克尔·波特（Michael Porter）于 20 世纪 80 年代初提出的，对企业战略制定产生了全球性的深远影响，用于竞争战略的分析，可以有效地分析客户的竞争环境。五力分别是供应商的议价能力、购买者的议价能力、潜在竞争者进入的能力、替代品的替代能力、行业内竞争者现在的竞争能力。五力的不同组合变化最终影响行业利润潜力变化。五力模型将大量不同的因素汇集在一个简便的模型中，以此分析一个行业的基本竞争态势。五力模型确定了竞争的五种主要来源，即供应商和购买者的议价能力、潜在进入者的威胁、替代品的威胁以及来自目前在同一行业的公司间的竞争。一种可行战略的提出首先应该包括确认并评价这五力，不同力量的特性和重要性因行业和公司的不同而变化，如图 2.1 所示。

2. 按照通用矩阵或类似的方式打分评价

把识别出的所有优势分成两组，分组时候以两个原则为基础，即它们是与行业中潜在的机会有关，还是与潜在的威胁有关。用同样的办法把所有的劣势分成两组，一组与机会有关，另一组与威胁有关。

3. 将结果在 SWOT 分析图上定位

通过 SWOT 分析，将各种经营情况定位在 SWOT 分析图上效果如图 2.2 所示。

或者用 SWOT 分析表，将优势和劣势按机会和威胁分别填入表格，如图 2.3 所示。

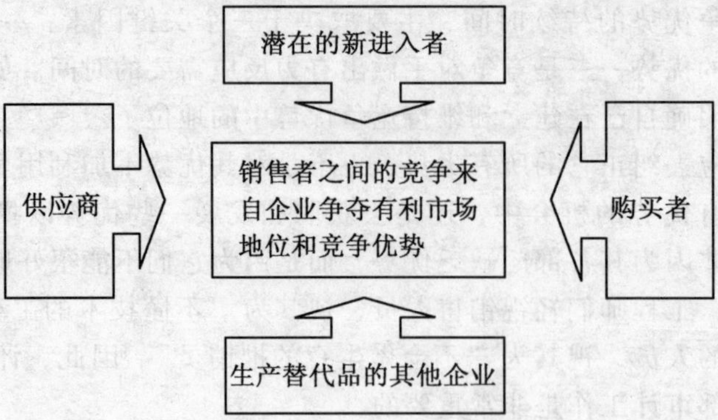

图 2.1　五力分析模型

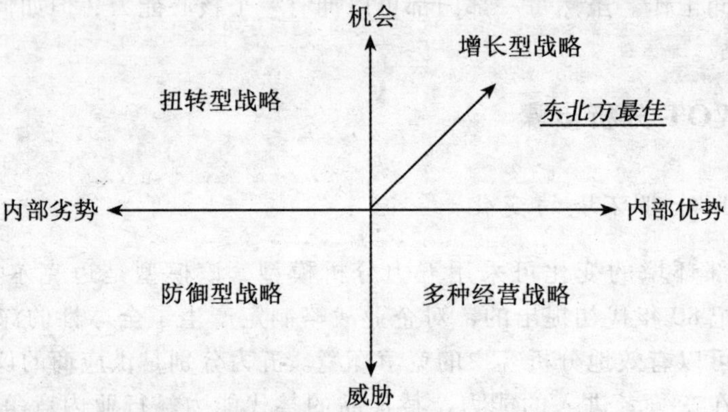

图 2.2　SWOT 分析图

外部因素＼内部因素	优势	劣势
机会	利用这些	改进这些
威胁	监视这些	消除这些

图 2.3　优势和劣势分析图

2.2.4　成功应用 SWOT 分析法的简单规则

进行 SWOT 分析时，必须对企业的优势与劣势有客观的认识。

进行 SWOT 分析时，必须区分企业的现状与前景。

进行 SWOT 分析时，必须考虑全面。

进行SWOT分析时，必须与竞争对手进行比较，比如优于或是劣于竞争对手。

保持SWOT分析法的简洁化，避免复杂化与过度分析。

SWOT分析法因人而异。

一旦使用SWOT分析法决定了关键问题，也就确定了市场营销的目标。SWOT分析法可与PEST分析法和五力分析模型等工具一起使用。市场营销课程的学生之所以热衷于SWOT分析法，是因为它的易学性与易用性。运用SWOT分析法时，要将不用的要素列入相关的表格中去。

2.2.5　SWOT模型的局限性

与很多其他的战略模型一样，SWOT模型已提出很久了，带有时代的局限性。以前的企业可能比较关注成本、质量，现在的企业可能更强调组织流程。例如，以前的电动打字机被印表机取代，该怎么转型？是应该做印表机还是其他与机电有关的产品？从SWOT分析来看，电动打字机厂商优势在机电，但是发展印表机又显得比较有机会。结果是有的朝印表机发展，死得很惨；有的朝机电生产发展很成功。这就要看，企业是要以机会为主的成长策略，还是要以能力为主的成长策略。SWOT没有考虑到企业改变现状的主动性，企业可以通过寻找新的资源来创造企业所需要的优势，从而达到过去无法达成的战略目标。

在运用SWOT分析法的过程中，或许会碰到一些问题，这就是它的适应性，因为有太多的场合可以运用SWOT分析法，所以它必须具有适应性，然而这也会导致反常现象的产生。基础SWOT分析法所产生的问题可以由更高级的POWER SWOT分析法得到解决。

2.3　网络营销战略分析

企业战略是指企业为了适应未来环境的变化，而寻找长期生存和稳定发展的途径，并为实现这一途径优化配置企业资源，制定总体性和长远性的谋划与方略。营销战略是企业战略的重点，因为企业战略的实质是企业外部环境、企业内部实力与企业目标三者的动态平衡。

随着互联网的发展，从有形市场转向网络市场，使企业的目标市场、顾客关系、企业组织、竞争形态及营销手段等发生了变化，企业既面临着新的挑战，又面临着无限的市场机会。企业必须制定相应的网络营销战略，提供比竞争者更有价值、更有效率的产品和服务，扩大市场营销规模，实现企业的战略目标。

2.3.1　网络营销战略分析的内容

传统的营销战略分析的内容可以归纳为三部分内容，即顾客的需要、企业（公司）的目标与资源的情况、竞争对手的情况。下面针对网络营销的特点，重点谈几个方面。

1. 顾客关系的再造

在网络环境下，企业规模、资金的雄厚实力从某种意义上说已不再是企业成功的关键要素，企业都站在一条起跑线上，通过网页走向世界，展示自己的产品。消费者也有了更多的主动性，有了更广泛的选择。为此，网络营销能否成功的关键是如何跨越地域、文化、空间的差距，再造顾客关系、发掘网络顾客、吸引顾客、留住顾客，了解顾客的愿望以及利用个人互动服务与顾客维持关系，即企业如何建立自己的顾客网络、如何巩固自己的顾客网络。

（1）提供免费服务。提供免费信息服务是吸引顾客最直接与最有效的手段。

（2）组建网络俱乐部。网络俱乐部是以专业爱好和专门兴趣为主题的网络用户中心，对某一问题感兴趣的网络用户可以随时交流信息。目前，网络世界里的用户俱乐部形形色色、各种各样，如车迷俱乐部、生活百科园地、流行话题交流中心、流行精品世界、手表博物馆、美食大师等。网络用户俱乐部的每个分类项目都设有讨论区，可以吸引大批兴趣爱好相同的网友交流信息和意见，这既便于企业一对一地交流和沟通，又提供了各分类项目的信息。因此，企业可以通过在网上开设或者赞助与产品相关的网络俱乐部，把产品或企业形象渗透到对产品有兴趣的用户，并利用网络俱乐部把握市场动态、消费时尚变化趋势，及时调整产品及营销策略。

2. 定制化营销

在网络环境下巩固顾客、扩大网上销售的重要战略手段是通过定制化营销提升顾客满意度。所谓定制化营销，是指利用网络优势，一对一地向顾客提供独特化、个人化的产品或服务。在美国，已推出一种新型报纸——个人化报纸，如《华尔街日报》的个人版，读者每天早晨一打开电脑，即可读到一份专门设计的报纸，其内容基本上是你需要并感兴趣的。这个服务在美国每月只需 15 美元左右即可享受全天 24 小时的新闻剪报。

另一个典型的事例是美国加州耐丽服装公司的定制化营销。耐丽公司原是一个仅有一种服装产品系列的高度本地化的企业，其产品既不含高新技术，又不含高信息的内容，只能吸引当地一些小型细分市场的顾客。然而，耐丽服装公司以其超前的网络战略意识为自己设计了一个符合其投资预算、顾客群和业务目标的网络服务器，形成了一个适合企业具体情况的战略网络构架。耐丽服务器不仅介绍公司的产品和其地理位置，还向潜在顾客定期提供现货服装的最新信息，并且提供了一个定制化的“个性化的购物”界面，利用电子手段，按顾客的喜好和要求送货。

3. 建立网上营销伙伴

由于网络的自由开放性，网络时代的市场竞争是透明的，谁都能较容易地掌握同业与竞争对手的产品信息与营销行为。因此，网络营销争取顾客的关键在于如何适时获取、分析、运用来自网上的信息，如何运用网络组成合作联盟，并以网络合作伙伴所形成的资源规模创造竞争优势。建立网络联盟或网上伙伴关系，就是将企业自己的网站与他人的网站关联起来，以吸引更多的网络顾客。具体而言，有以下两种方式：

（1）结成内容共享的伙伴关系。内容共享的伙伴关系能增加企业网页的可见度，能向更多的访问者展示企业的网页内容。比如，一个在网上销售运动自行车的企业与网上销售运动服装的企业结成伙伴，在卖出运动服装的同时提供自行车，达到相互配合的作用。

（2）交互链接和搜索引擎。交互链接和网络环是应用于链接相互网站来推动交易的重要形式。在相关网站间的交互链接有助于吸引在网上浏览的顾客，便于他们一个接一个地按照链接浏览下去，以提高企业网站的可见性。网络环是一种更为结构化的交互链形式，在环上一组相关的伙伴网站连在一起，并建立链接关系，访问者可以通过一条不间断的“链”，看到一整套相关网站，从而给访问者提供更为充实的信息。

把企业的网站登录在一个大的搜索引擎上也是网上营销寻求伙伴关系的重要选择，因为有经验的互联网用户在网上查找所需的信息时，总是首先利用搜索引擎。

4. 网络营销竞争战略分析

要了解这些竞争优势如何给企业带来战略优势以及企业如何选择竞争战略，就必须分析网络营销对组织业务提供的策略机会和威胁。企业面临的一系列外部威胁和机会有新的进入者威胁、供应商要价能力、现有竞争者之间的对抗、消费者要价能力，替代产品或服务威胁。企业必须加强自身能力对付新的进入者、供应者、现有的竞争者、消费者、替代产品或服务带来的问题，改变企业与其他竞争者之间的竞争对比力量。企业可以采取以下几个竞争战略来提高竞争力：

（1）成本领先战略：提供低成本的产品或服务，降低与购买者和供应者之间的交易成本。

（2）差异战略：提供与竞争者不同的产品和服务，定位于差异的市场以保持竞争力。

（3）创新战略：开发新产品和服务，拓展新市场，建立新的商业联盟、新的分销网络。

（4）目标聚集战略：采用上述的某一种战略优势占领某一细分市场。

5. 网络营销策略分析

网络营销作为一种竞争战略，可以在下述几个方面加强企业在对抗某一股力量时的竞争优势：

（1）巩固公司现有竞争优势。利用网络营销的优势，可以对现有顾客的要求和潜在需求有较深入的了解，对公司潜在顾客的需求也有一定了解，制定的营销策略和营销计划有一定的针对性和科学性，便于实施和控制，顺利完成营销目标。例如美国计算机销售公司戴尔（Dell）公司，通过网上直销与顾客进行交互，在为顾客提供产品和服务的同时，建立了自己的顾客和竞争对手的顾客数据库，数据库中包含顾客的购买能力、购买要求和购买习性等信息。根据这些信息，戴尔公司将顾客分成四大类：摇摆型的大客户、转移型的大客户、交易型的中等客户和忠诚型的小客户。公司通过对数据库的分析，针对不同类型客户制定销售策略，对于第一类型占公司收入50%的大客户，加强与他们的直接沟通，利用互联网提供特定服务，并有针对性地定期邮寄有关资料，争取失去的顾客并且赢得回头客；对第二类型占公司收入20%的大客户，可以争取，通过与他们加强沟通并增强销售部门力量，使其建立对公司和品牌的忠诚度；对第三类型占公司收入20%的客户，可以采取传统的邮寄和电话营销方式，以增强其与公司的关系和联系；对最后一种类型占收入的10%的客户，因此只需采取偶尔邮寄的方式来加强其忠诚度。

(2) 加强与顾客的沟通。网络营销以顾客为中心，其中，网络数据库中存储了大量现在消费者和潜在消费者的相关数据资料，公司可以根据顾客需求提供特定的产品和服务，具有很强的针对性和时效性，可极大地满足顾客需求。同时，借助网络数据库，可以对目前销售的产品满意度和购买情况做分析调查，及时发现问题、解决问题，确保顾客满意，建立顾客的忠诚度。

(3) 为入侵者设置障碍。虽然信息技术使用成本日渐下降，但设计和建立一个完善且有效的网络营销系统是一个长期的系统性工程，需要投入大量的人力、物力和财力。因此，一旦某个公司已经实行了有效的网络营销，竞争者就很难进入公司的目标市场，因为竞争者要用相当高的成本建立一个类似的数据库，而这几乎是不可能的。从某种意义上说，网络营销系统是公司的难以模仿的核心竞争力和可以获取收益的无形资产，这也正是为什么技术力量非常雄厚的Compaq公司没有建立起类似Dell公司的网上直销系统的原因之一，建立完善的网络营销系统需要企业从组织管理和生产上进行整体配合。

(4) 提高新产品开发和服务能力。公司开展网络营销，可以从与顾客的交互过程中了解顾客需求，甚至由客户直接提出要求，因此很容易确定顾客要求的特征、功能、应用、特点和收益。在许多工业产品市场中，最成功的新产品往往是由那些与公司相联系的潜在顾客提出的。对于现有产品，通过网络营销容易获得顾客对产品的评价和意见，从而准确决定产品所需要的改进产品和换代产品的主要特征。

(5) 稳定与供应商的关系。供应商是向公司及其竞争者提供产品和服务的公司或个人。公司在选择供应商时，要考虑三方面的因素：生产的需要；时间上的需要，即计划供应量要依据市场的需求，将满足要求的供应品在恰当的时机送到指定地点进行生产，以最大限度地节约成本和控制质量；竞争者的需求量，即制定合理的采购计划，在供应紧缺时能预先订购，确保竞争优势，如美国的大型零售商沃尔玛公司通过网络将采购计划立即送给供应商，供应商必须适时送货到指定零售店，供应商既不能供货过早，因为公司实行零库存管理，没有仓库；同时也不能过晚，否则会影响零售店的正常销售。在零售业竞争日益白热化的情况下，公司凭借其与供应商稳定协调的关系，使其库存成本降到最低；供应商也因公司销售额的稳定增长受益匪浅。

2.3.2 网络营销战略模式选择

企业要引入网络营销，首先要弄清楚网络营销通过何种机制达到何种目的，然后才可根据自己的特点及目标顾客的需求特性，选择一种合理的网络营销模式。

现代营销学认为保留一个老顾客相当于争取五个新的顾客。而网络双向互动、信息量大，且可选择性阅读、成本低、联系方便，这些特点决定了它是一种优于其他媒体的顾客服务工具。通过网络营销，可以达到更好地服务于顾客的目的，从而增强与顾客的关系，建立顾客忠诚度，永远留住顾客。

德国的贝塔斯曼媒体集团在上海以贝塔斯曼书友会的形式开展网络营销和传统营销并行的销售活动，在开始的阶段，贝塔斯曼书友会将工作放在发展新会员上，有一定的效果。但是后来发现不断增加的新会员并没有给公司增加相应的销售额，而老顾客的减少却使销售量有较大幅度的降低。针对这种情况，贝塔斯曼书友会在留住顾客、增加销售量上做文章，策划了许多相关的营销活动，果然取得了比较理想的效果。

小天鹅公司通过大量的市场调研，得出一组营销数据，即 1 : 25 : 8 : 1，也就是 1 个顾客使用小天鹅产品并得到了满意的服务，他（她）会影响周围其他 25 位顾客，因为这比广告或宣传更具有客观、公正的特点；同时，其中 8 个人会产生购买欲望，1 个新顾客会产生购买行为，这就是顾客的市场辐射效应。

2.4　网络营销可行性分析

2.4.1　网络营销可行性分析概念

网络营销可行性分析是通过对网络营销项目的主要内容和配套条件，如市场需求、资源供应、建设规模、工艺路线、设备选型、环境影响、资金筹措、盈利能力等，从技术、经济、环境等方面进行调查研究和分析比较，并对项目建成以后可能取得的财务、经济效益及社会环境影响进行预测，从而提出该项目是否值得投资和如何进行建设的咨询意见，为项目决策提供依据的一种综合性的系统分析方法。可行性分析应具有预见性、公正性、可靠性、科学性的特点。

2.4.2　网络营销可行性分析基本要求

可行性研究工作对于整个项目建设过程乃至整个国民经济都有非常重要的意义，为了保证可行性研究工作的科学性、客观性和公正性，有效地防止错误和遗漏，在可行性研究中，首先必须站在客观公正的立场进行调查研究，做好基础资料的收集工作。对于收集的基础资料，要按照客观实际情况进行论证评价，如实地反映客观经济规律，从客观数据出发，通过科学分析，得出项目是否可行的结论。

可行性研究报告的内容深度必须达到国家规定的标准，基本内容要完整，应尽可能多地占有数据资料，避免粗制滥造，搞形式主义。

在做法上要掌握好以下四个要点：

（1）先论证，后决策；

（2）处理好项目建议书、可行性研究、评估这三个阶段的关系，哪一个阶段发现不可行，都应当停止研究；

（3）要将调查研究贯彻始终，一定要掌握切实可靠的资料，以保证资料选取的全面性、重要性、客观性和连续性；

（4）多方案比较，择优选取。对于涉外项目，或者在加入 WTO 等外在因素的压力下必须与国外接轨的项目，可行性研究的内容及深度还应尽可能与国际接轨。

为保证可行性研究的工作质量，应保证咨询设计单位足够的工作周期，防止因各种原因的不负责任及草率行事。

2.4.3 可行性分析的主要内容

各类投资项目可行性研究的内容及侧重点因行业特点而差异很大，但一般应包括以下内容：

1. 投资必要性

主要根据市场调查及预测的结果以及有关的产业政策等因素，论证项目投资建设的必要性。在投资必要性的论证上，一是要做好投资环境的分析，对构成投资环境的各种要素进行全面的分析论证；二是要做好市场研究，包括市场供求预测、竞争力分析、价格分析、市场细分、定位及营销策略论证。

2. 技术可行性

主要从项目实施的技术角度，合理设计技术方案，并进行比选和评价。各行业不同项目技术可行性的研究内容及深度差别很大。对于工业项目，可行性研究的技术论证应达到能够比较明确地提出设备清单的深度；对于各种非工业项目，技术方案的论证也应达到目前工程方案初步设计的深度，以便与国际惯例接轨。

3. 财务可行性

主要从项目及投资者的角度，设计合理财务方案，从企业理财的角度进行资本预算，评价项目的财务盈利能力，进行投资决策，并从融资主体（企业）的角度评价股东投资收益、现金流量计划及债务清偿能力。

4. 组织可行性

制定合理的项目实施进度计划，设计合理的组织机构，选择经验丰富的管理人员，建立良好的协作关系，制定合适的培训计划等，保证项目顺利执行。

5. 经济可行性

主要从资源配置的角度衡量项目的价值，评价项目在实现区域经济发展目标、有效配置经济资源、增加供应、创造就业、改善环境、提高人民生活等方面的效益。

6. 社会可行性

主要分析项目对社会的影响，包括政治体制、方针政策、经济结构、法律道德、宗教民族、妇女儿童及社会稳定性等。

7. 风险因素及对策

主要对项目的市场风险、技术风险、财务风险、组织风险、法律风险、经济及社会风险等风险因素进行评价，制定规避风险的对策，为项目全过程的风险管理提供依据。

上述可行性研究的内容适应于不同行业各种类型的投资项目。我国目前缺乏对各类投资项目可行性研究的内容及深度进行统一规范的方法，各地区、各部门制定的各种可行性研究的规定基本上都是根据工业项目可行性研究的内容为主线制定的，并且基本上是按照联合国《工业项目可行性研究报告编制手册》为蓝本来编写的。我国目前急需一个各行业通用的对可行性研究的内容及深度提出共性要求的统一规定，以规范整个可行性研究工作，避免目前的各种非工业项目可行性研究都要参照工业项目的尴尬局面。

一般项目可行性研究的内容均应设专章论述投资必要性、技术可行性、财务可行性、组织可行性和风险分析的内容。对于工业项目，应设多个章节对原材料供应方案、厂址选择、工艺方案、设备选型、土建工程、总图布置、辅助工程、安全生产、节能措施等技术可行性的各方面内容进行研究。对于非工业项目，则应重视项目的经济和社会评价，重点评价项目的可持续性和经济社会环境影响。

在可行性研究中，咨询工程师应根据项目的特点，合理确定可行性研究的范围和深度，应按照下列步骤开展咨询工作：了解业主意图；明确研究范围；组成项目小组；搜集资料；现场调研；方案比选和评价；编写报告。

2.5 网络营销团队的建设

2.5.1 网络营销劳动组织

企业劳动组织是指在劳动过程中，按照生产的过程或工艺流程，科学地组织劳动者的分工与协作，使之成为协调统一的整体，合理地进行劳动，正确处理劳动者之间以及劳动者与劳动工具、劳动对象之间的关系，不断地调整和改善劳动组织的形式，创造良好的劳务条件与环境，以发挥劳动者的技能与积极性，充分利用和新的科学技术成就和先进经验，不断提高劳动效率。

2.5.2 网络营销团队组建

网络营销实施的劳动组织应按照项目目标来细化分工，按照主要工作任务、工作流程成立相关项目小组或虚拟小组，在实施过程中，既有分工，又有协作（见图 2.4）。一般，网络营销项目分为技术部、产品部、推广部等，其中，项目推广部又可根据实施工具和媒介的不同来进行分组，如可再分为网络广告小组、网络公关小组、网站优化小组，也可根据具体的平台来进行分类，如知名 BBS 社区小组、SNS 小组、博客小组等。

各项目小组之间分工协作，及时互通有无。例如，负责营销策划的产品部门及时提供策划的最新动态，提供最新客户或行业资讯给项目执行部门；项目推广部门实时向其他部门传达实施进展和反馈情况，以便产品部门及时更新和优化产品及方案，便于技术部门及时调整产品图片，美化网站及网店布局。

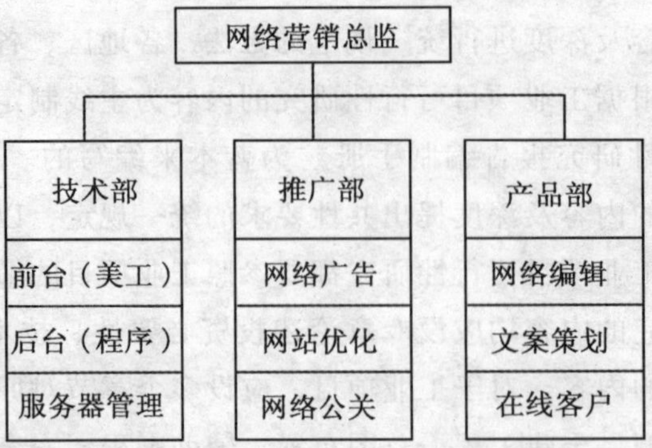

图 2.4　91 特价网网络营销团队结构图

2.5.3　营销团队案例

珈蓝网络营销团队是由数 10 位资深网络营销人员经互相研讨，互相结识，逐渐达到目标一致而组成的网络营销团队，团队长期从事各类型博客营销、QQ 群推广营销、手机群发营销、搜索引擎 SEO 推广、软文网站推广、媒体营销、网摘营销、论坛营销、邮件营销、网络公关、口碑营销、链接推广、问答网站推广、事件营销、广告联盟推广营销、竞价付费推广营销等项目工程，成绩有目共睹，深受客户推崇信赖。

珈蓝网络营销团队因共同的爱好、共同的经验、共同的追求而结合在一起，他们相信“只有志同道合，才能不谋而合”，“只有共同的信念，才能做到不抛弃，不放弃”，“只有不断地学习，才能不断地进步”。

目前，团队拥有自己专业的网络策划营销组、软件设计组、网站优化组、软文博客营销组、网络广告群发组。以互联网为传播载体，以增加网络知名度为传播目的，借用制造事件、舆论推广这两大网络公关手段，替企业打响知名度，提高美誉度，扩大忠诚度。

2.6　网络营销策划书的主要内容

网络营销策划书主要包含网络营销背景分析、网络营销可行性分析、网络营销方案、网络营销战略实施步骤、网络营销的基本手段与方法、推广平台说明和总结。

图 2.5 所示为某网络营销策划书目录，在后续章节将分别对网络营销的基本手段与方法进行逐一介绍。

91特价网网络营销策划书

目录

前言
一、网络营销背景分析
1. 行业企业分析
2. SWOT分析
二、网络营销可行性分析
1. 经济可行性分析
2. 技术可行性分析
3. 环境可行性分析
三、网络营销方案
1. 网络营销活动的中心
2. 网络营销活动日程表
四、网络营销战略实施步骤
五、网络营销的基本手段与方法
1. 营销型网站建设
2. 软文营销
3. 论坛营销
4. 博客营销
5. 病毒式营销
6. 数据库营销
7. 网络事件营销
8. 搜索引擎基本原理
9. 网络广告
10. 网络公关
11. 网络品牌建设
六、推广平台说明
七、网络营销预算
八、总结

图2.5 网络营销策划书目录

☞知识拓展

网络营销策划时应注意的五大要素

1. 倾听客户

网络营销策划服务的基本出发点是为了满足顾客需求，特点之一就是便于顾客使用，这使顾客能够直接给企业反馈信息。顾客能告诉企业哪种产品是适应市场的需求的，或他们要求产品做哪些具体的改进等。很多企业发现顾客直接反馈系统能激发工作人员最好的思想，促使质量的提高。供应商、零售商、顾客应是整个营销过程的重要参与角色，由此可形成一个互动的系统。

2. 循序渐进

应将每一种服务和产品都视为一个多步骤循序渐进的过程，而不是一蹴而就的事。这要求对站点进行不断的改进，如更换图形、修补破损的链接、改正拼写错误等，从这些小事做起，使站点精益求精，顾客也会赞赏企业所做的这些持续的努力。

3. 密切注意顾客的变化

企业设立站点的最初的原因之一就是要减少电话服务。但现在顾客仍然可能会打电话，顾客经过吸取网络站点的信息，对服务的要求与以前相比已大大的不同了，他们对产品的知识基础、信息需求的水平都大大提高了，公司要适应这种需求的增长，应不断地积累、增长自身的知识。

4. 灵活

网络媒体允许企业不断地完善和扩展它的内容，可以一步一步地扩展，而不必也不可能一下子就尽善尽美，有很大的灵活性。

5. 应急支持计划和系统

应将开发、运送、培训的部门都包括到网络顾客服务支持小组中来，如果他们都不知道网络服务是怎样运用的，就无法通过网络工具帮助顾客。同时，还要考虑到某种灾难性事件发生的可能性，如果每天有10000个顾客利用站点要获得帮助，可是有一天系统却突然出现故障，怎么办？所有企业都要保证有一个应急的支持系统，支持在线数据库分析系统或其他解决问题的方法。

☞实训与思考

◎实训内容

根据本章所学知识，结合91特价网（或自选产品），设计一套网络营销方案，要求如下：

（1）需从行业、企业及产品（或服务）三个角度进行背景分析；

（2）进行SWOT分析；

（3）组建团队及分工；

（4）确定主要网络营销手段和平台（可参考后续章节）；

（5）预算。

◎思考题

1. 网络营销策划主要分为哪些类型？

2. 论述网络营销策划与网络营销整个项目之间的关系。

第 3 章 营销型网站建设

☞工作项目

（1）制定企业网站建设运营方案。

（2）判别营销型的网站完整性。

（3）制作营销型网站（需结合网站建设相关知识完成）。

☞知识目标

（1）掌握网站建设的方法。

（2）掌握一个好的营销型网站需具备的元素。

☞技能目标

（1）设计营销型网站。

（2）评价营销型网站效果。

☞案例导入

杰特电子实业（深圳）有限公司运用电子商务改变企业运营模式始于 2001 年，而认识和正规的采用电子商务来构筑企业的营销系统却是在 2002 年。随着企业的发展，杰特公司 2003—2004 年就网络贸易工作形成了完整的业务流程。国内市场杰特公司销售额的倍增已经证明了公司电子商务体系给公司带来的实质的效益，主要表现在：

1. 企业网站的不断更新

营销管理层在管理流程中对企业网站的更新做了定期、定量、定内容的严格更新规定。对于企业网站的定时更新，杰特认为，企业网站不仅是一个对外宣传的窗口，还是一个企业的一种精神。对外展示的意义不仅是一种企业实力和内容的崭新姿态，而且更是不断充实的企业服务水平和供应能力的递增。

2. 企业网站功能的不断扩充

在针对客户服务的需求上，杰特公司企业网站首先在英文网站开发了客户订单跟踪系统和销售商管理系统，客户可以随时查阅本公司订单的执行情况，同时老客户也可以直接通过该系统提交进一步需求的产品订单或产品需求预测；销售商随时可以了解公司的产品技术变更、销售指令性文件，同时也可以随时和杰特公司总部取得联系，并反馈任何建议，也可以享受杰特公司市场部提供的市场资源。服务的提升进一步对公司的整体市场销售计划的完成起到了重要的促进作用。

3. 有效的网络市场监测和评价体系

杰特对于网站后台的监测给予了严格的要素界定，比如对网站供应、采购、企业内容的分类点击率、流向、关键词的搜索次数进行了一系列的网络技术判断，从真虚、用量、业务追踪进行分析和筛选，从而得出准确的网络数据。目前，杰特公司已经建立了针对网络营销的系统化监测和评价体系，针对搜索引擎营销，针对阿里巴巴贸易平台的营销等，均已经建立了一套完整的实施体系，这个监测体系包括网络广告的效果监测、贸易平台的实用专业度监测、信息反馈体系的监测、信息传递到企业ERP系统的业务流程监测。通过系统的监测得到的反馈来进一步调整企业网络营销的策略。

4. 对业务电话的统计分析做仔细的统一整理和归纳

比如电话打进来的客户是从哪种媒介中获得的企业信息？网络业务订单占传统业务订单的百分比是多少？就以2005年3月、4月、5月三个月的统计数字看，来电咨询业务的次数分别是762次、973次、981次，而从网络获得的信息各占其电话总量的80%、86%、87%。由此可见，企业网站标记和扩散度给企业业务的拓展带来的效益是何等的明显。

5. 细节量化是电子商务流程中应当刻意具备的要素链

从专线电话的接听到接线员专业的培训，还有电话分类、送达信息的渠道和目的性、反馈环节、具体的数字记录、决策意见的制定，这些在杰特都给予了全部过程的细节性指令，每一个环节都按流程的要求给予具体的要求。新客户的判断是基于接线员能动性的要求来判明客户的身份和性质，然后进行细化处理，输入到下一个流程环节，由具体负责的人跟进和追踪。这样，98%的潜在重点客户群体基本上都没有遗漏地被纳入到企业营销系统。

6. 企业网站的发布信息以及对外各商业网站的信息发布进行统一化管理。

由电子商务核心决策小组制定周期性政策，随时调整阶段性对外宣传和营销口径，政出一门，避免了信息和政策的随意性和发布的混乱而造成电子商务运作的障碍。

7. 预算的具体化和突击的具体化相结合为电子商务输血造血

杰特每年在电子商务整体的预算都是以10%的阶梯递增，平均每年为10—20万元的费用。无论在硬件还是在软件上，杰特的投入都是果断的。决策层认为，电子商务既然作为企业的一个营销架构，就必须为其输血，而后产生造血机制。造血机制是要靠具体的量化成果指标来产生的，数据和过程同样重要，结果和行为一样的对等。将来企业电子商务专业队伍一定是传统营销系统中的主力军。

（资料来源：http：//www. zhizhu023. cn/planning/203. htm）

阅读上述案例，分析以下问题：

（1）营销型网站为杰特电子带来了什么？

（2）网站在现代企业中应占据怎样的地位？

3.1 从不同角度理解网站建设的概念

提起网站建设，很多人就联想到这是一项技术工作，是计算机技术人员的事情，而这种理解比较局限，网站程序设计工作只是网站建设过程中一个很小的部分，随着技术的日趋成熟，网站建设中的技术问题已经不是难题，真正难的是网站的经营模式，不同的行业有不同的经营模式，不同规模的公司也有不同的方法，这是需要企业经营人员结合本企业本行业长期探索的问题。

3.1.1 计算机技术人员在网站建设中的主要工作

在网站开发过程中，计算机技术人员主要工作重点在于网站相关程序的编写以及网站效果的美化，故对计算机技术人员的要求有：

（1）能熟练使用 Dreamweaver 等网站编辑软件，且熟悉 ASP、HTML 等网站开发语言；

（2）能熟练使用 flash、photoshop 等图片、图像、动画编辑软件。

在网站运营过程中，计算机技术人员主要工作重点在于对网站进行日常维护及更新网站内容，故对计算机技术人员的要求有：

（1）能对系统进行数据备份、病毒防范、故障排除；

（2）能对商品图片进行编辑更新。

3.1.2 企业经营人员在网站建设中的主要工作

企业经营人员在网站建设中的主要工作应侧重于营销手段和商业目标的实现，比如网站栏目设置、网站功能选择、内容编辑和更新、网店陈列、网站点击率、用户浏览的质量问题、与客户在线交流、反馈信息处理、网站推广、网络营销、图片处理软件的使用和营销软件工具的使用等。在网站开发过程中，需要企业的营销管理人员与技术人员协商去确定企业网站的总体框架、功能模块；需要文笔好、熟悉公司产品与业务的人员参与网站内容的编辑。

做网站除了需要程序设计人员和美工设计人员以外，内容编辑人员也很重要，否则会由于人员安排不当，使得网站内容匮乏、长期不更新，导致无人问津，形同虚设。所以内容编辑人员一定要选择合适的人员。在网站运营过程中，需要熟悉公司产品和业务的人员负责网站内容更新、产品介绍、博客专栏、电子杂志编辑等事务；需要客户服务人员负责与客户交流和沟通，客服往往分为售前服务和售后服务。当公司规模较小时，售前服务人员可与销售业务人员合为一体。

在网络时代，建设一个网站已成为企业宣传自己的手段，并被越来越多的企业和个人所接受。但是就目前现状而言，仍然有很多企业和个人认为网站的建设只不过是计算机技术人员的技术操作，而使得网站建设好后不能起到应有的营销效果。

3.2 网站应该发挥的作用

截至 2011 年 12 月底，我国网站数量为 230 万（见图 3.1）。我国在 2010 年加大互联网领域的安全治理力度后，网站数量下降，而整体质量得以提高，在此基础上，2011 年网站数量重新开始稳步回升（见表 3-1）。①

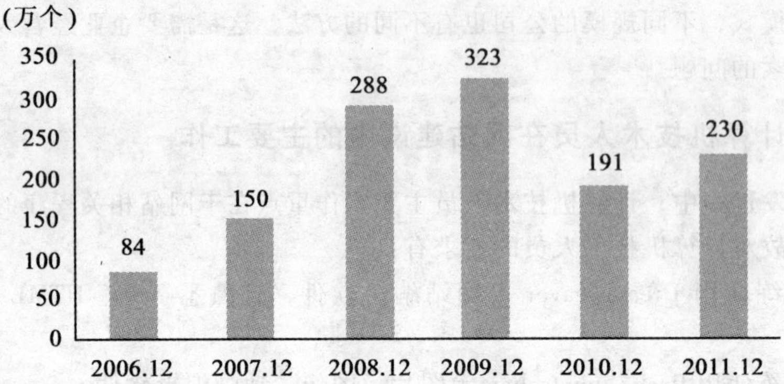

图 3.1 我国网站数量变化情况

表 3-1 中国网页数

	单位	2010 年	2011 年	增长率
网页总数	个	60 008 060 093	86 582 298 393	44.3%
静态网页	个	31 908 739 278	59 364 979 522	86.0%
	占网页总数比例	53.17%	68.56%	—
动态网页	个	28 099 320 815	27 217 318 871	-3.1%
	占网页总数比例	46.83%	31.44%	—
静态/动态网页的比例		1.14 : 1	2.18 : 1	—
网页长度（总字节数）	KB	1 922 538 540 426	3 313 529 625 009	72.4%
平均每个网站的网页数	个	31 414	37 717	20.1%
平均每个网页的字节数	KB	32	38	18.8%

在如今的市场环境下，几乎大部分企业有拥有自己的独立网站。这些网站有的充分发挥了作用，对企业形象的提升、市场的拓展、销售额的增加、客户关系的增进等各方面都

① 资料来源：中国互联网络信息中心《第 29 次中国互联网络发展状况统计报告》。

起到了良好的促进作用。但是也有很多企业的网站并没有起到应有的效果，他们仅仅只是利用一些静态页面来展示其一些基本的企业信息。那么一个企业网站应发挥的作用是什么呢？

（1）拥有企业自己的域名，建立企业自己的网站，树立企业在科技信息时代的完美形象。作为第四媒体的互联网，其特点就是可以跨越时空，正常情况下，网站无时无刻不在工作。通过企业的网站，用户可以跨越时空了解企业，利用多媒体技术，企业可以向用户展示产品、技术、经营理念、企业文化、企业形象，树立现代企业形象，使企业无形资产增值。

（2）宣传企业，创造销售机会。据调查，有超过30%的人是通过上网查询企业的电话和地址的，这一比例和通过114查询的比例相接近，可见，企业网站已成为许多人首次接触企业、了解相关信息的选择。

（3）加强客户沟通，宣传企业产品。企业可以通过网站建立与客户沟通的便捷渠道，全面展示企业的所有产品，使产品与品牌形象更加立体地呈现在用户面前，就算企业仅仅把网站当成电子宣传册来使用，也较传统的宣传模式更加多姿多彩、更加易于发布与传播、更加经济与环保。

（4）丰富营销手段，扩大产品销售渠道。企业网站可以满足一部分客户网上查询与采购的需要，抓住网络商机。企业可以通过网站开展电子营销。首先，电子营销可以作为传统营销的补充；其次，电子营销可以拓展新的空间，增加销售渠道，接触更大的消费群体，获得更多的新顾客，扩大市场；再次，电子营销可以减少环节，减少人员，节约费用，降低成本，有利于提高营销效率。我国2007—2008年电子商务类应用用户对比情况见表3-2。

表3-2　**2007—2008年电子商务类应用用户对比**

	2007年年底		2008年年底		变　化	
	使用率	网民规模（万人）	使用率	网民规模（万人）	增长量（万人）	增长率
网络购物	22.1%	4 600	24.8%	7 400	2 800	60.9%
网络售物	—	—	3.7%	1 100	—	—
网上支付	15.8%	3 300	17.6%	5 200	1 900	57.6%
旅行预订	—	—	5.6%	1 700	—	—

（5）有利于了解顾客的意见，掌握顾客的需求。在不干扰顾客正常工作和生活的条件下，企业可以通过网站上的调查表、留言簿、定制服务以及E-mail，倾听顾客的意见，了解顾客的心声，加强企业与顾客间的联系，建立良好的顾客关系。2007—2008年网络通信类应用用户对比情况见表3-3。

表 3-3　2007—2008 年网络通信类应用用户对比

	2007 年年底		2008 年年底		变化	
	使用率	网民规模（万人）	使用率	网民规模（万人）	增长量（万人）	增长率
电子邮件	56.5%	11 900	56.8%	16 900	5 000	42.0%
即时通信	81.4%	17 100	75.3%	22 400	5 300	31.0%

（6）有利于改善服务，提高企业服务质量。利用网站，通过电子沟通方式，企业开展的在线服务是传统的沟通方式（如邮件、电话、传真等）所无比拟的，在线服务能够更加及时准确地掌握用户的需求，通过网站的交互式服务，使被动提供和主动获得统一起来，从而实现售前、售中、售后的全过程和全方位的服务。

（7）互联网的特点在于突破地域限制，一个网站能同时服务于世界各地的用户；同时，网络无休息，一年 365 天、一天 24 小时，网站永远忠实地服务于所有的客户。

3.3　网站建设的方法

网站建设是一项综合性操作，不仅需要考虑网站的类型，还需要根据实际情况确定网站的主要内容及框架。

3.3.1　企业网站的主要内容

针对大多数企业网站而言，根据企业网站的基本功能，可以归纳出如下几项企业网站的主要内容，这些内容也是规划网站栏目结构时应该考虑的因素：

1. 公司概况

公司概况主要是让访问者对公司的情况有一个概括性的了解，尽量提高公司资信的透明度，让客户从多个方面了解公司的状况。在公司概况中，如果内容比较丰富，可以进一步分解为若干子栏目，如公司背景、发展历程、主要业绩、公司动态和组织结构等。公司概况作为网络推广的第一步，也可能是非常重要的一步。

2. 产品信息

企业网站上的产品信息应全面反映所有系列和各种型号的产品，对产品进行详尽地介绍。为了方便客户在网上查看，有的产品还需配以图片、视频和音频信息等。用户的购买决策是一个复杂的过程，可能受到多种因素的影响，因此企业在产品信息中除了添加产品型号、性能等基本信息之外，其他有助于用户产生信任和购买决策的信息，如用户评论、权威机构认证等，也可以适当地发布到企业网站上。

3. 客户服务

客户服务主要是提供客户服务和技术帮助信息。满意的客户服务必定带来丰厚的回报。网站的客户服务常见的有产品说明书、产品使用常识及在线问答等，如有许多企业网站提供常见问题解答（FAQ），网上自动回答用户的常见问题。

4. 网上订购

许多网站都允许客户在线购买，这样大大地方便了客户，使得客户有了一种既经济又实惠的购物方法。

5. 售后服务

售后服务主要提供有关质量保证条款、售后服务措施以及各地售后服务的联系方式等客户比较关心的信息。是否可以在本地获得售后服务往往是影响用户购买决策的重要因素，应该尽可能地详细。

6. 市场调研

市场调研是营销的基础和关键环节，网上调研具有传统市场调研不可比拟的优势。网上调研可以提供多种在线调查表格，收集客户对产品或服务的评价、建议等大部分信息，由此可以建立起市场信息数据库，作为营销决策的基础。

7. 联系信息

企业网站上应该提供足够详尽的联系信息，除了企业的地址、电话、传真、邮政编码、E-mail 等基本信息之外，最好能详细地列出客户或者业务伙伴可能需要联系的具体部门的联系方式，对于有分支机构的企业，还应当有各地分支机构的联系方式，在为客户提供方便的同时，也起到了对各地业务的支持作用。

8. 其他信息

根据企业的需要，可以在网站上发布其他有关的信息、如招聘信息，采购信息等，还可以发布本企业、合作伙伴、经销商或客户的一些新闻、产品发展趋势等信息。

3.3.2 企业网站的分类

企业网站主要是指为使外界了解企业自身，树立良好企业形象，并适当提供一定服务的网站。根据行业特性的差别以及企业的建站目的和主要目标群体的不同，大致可以把企业网站分为以下几种类型：

1. 基本信息型

主要面向客户、业界人士或者普通浏览者，以介绍企业的基本资料、帮助树立企业形象为主，也可以适当提供行业内的新闻或者知识信息。

2. 电子商务型

主要面向供应商、客户或者企业产品（服务）的消费群体，以提供某种直属于企业业务范围的服务或交易，或者为业务服务或者交易为主。这样的网站可以说是正处于电子商务化的一个中间阶段，由于行业特色和企业投入的深度、广度不同，其电子商务化程度可能处于比较初级的服务支持、产品列表到比较高级的网上支付的某一阶段，如网上银行、网上酒店等。

3. 多媒体广告型

主要面向客户或者企业产品（服务）的消费群体，以宣传企业的核心品牌形象或者主要产品（服务）为主。这种类型无论从目的上还是实际表现上，相对于普通网站而言，更像是一个平面广告或者电视广告。

在实际应用中，很多网站往往不能简单地归为某一种类型，无论是建站目的还是表现形式都可能涵盖了两种或两种以上类型。对于这种企业网站，可以按上述类型的区别划分为不同的部分，每一个部分都基本上可以认为是一个较为完整的网站类型。

3.3.3 企业网站建设的规划

1. 企业网站建设规划的意义

一个网站的成功与否，与建站前的网站规划有着极为重要的关系。网站规划是指在网站建设前对市场进行必要的分析，明确网站的目的和功能，确定网站的规模、投入费用等，并根据需要，对网站建设中的技术、内容、费用、测试、维护等做出计划。网站规划对网站建设起到计划和指导作用，对网站的内容和维护起到定位作用。企业网站建设规划主要有以下三方面的意义：

（1）企业网站建设规划可以合理分配和利用信息资源（信息、信息技术和信息生产者），节省系统的投资。

（2）通过制定规划，找出要解决的核心问题，更准确地识别出为实现企业电子商务营销目标而必须完成的任务，进而促进网站的应用，最终为企业带来更多的经济效益。

（3）企业网站规划可以指导网站系统开发，将规划作为网站建设工作的标准。

2. 网站建设目标和目标访问群

确定网站建设目标是网络营销人员的一项重要基础工作，它决定着企业今后如何利用网站开展网络营销活动，是网站定位的前提，同时也决定了网络营销的效率和成果，例如，组织的任务或目标是什么？网站的近期目标和远期目标是什么？谁是确定的访问者？等等。

一般企业建站的目的主要有以下几方面：

发布企业的产品、服务信息；

开展网上客户服务；

开展网络营销；

进行网上市场调查；

收集客户反馈意见；

逐渐实施电子商务；

介绍企业历史、辉煌成就等。

每一个企业的目标客户群不一样，需要在建立企业网站前做具体的分析，确立网站的目标客户群，并根据目标客户群的特点来确立网站的功能，对目标客户的年龄、性别、学历、职业、个性、行为、收入水平、地理位置分布等各种资料加以分析。企业要加强对网上消费者行为进行研究，这将是提高客户服务的基础。

3. 网站的定位

所谓网站定位，是指塑造本网站与众不同的特征，并把它传递给顾客（浏览者），使之接受并产生偏好，即向顾客说明本网站与现有或潜在的其他网站的区别，使目标市场的顾客正确理解、认识本网站有别于其他网站的特色，给浏览者一个访问本网站的特殊理由。

定位分为长期定位和短期定位。短期定位是指网站某项新功能或新内容，以此作为区别竞争者的特色。严格地说，短期定位不是真正意义上的定位，它只是网站在一定时期的一个“卖点”。

企业进行网站功能服务定位时要考虑以下几点：

(1) 企业自身分析。根据企业所处的行业状况、产品特点和行业成本结构，考虑网络能否降低代售产品市场营销、货物运输和支付的费用；企业产品是否与计算机相关，产品使用者的计算机水平如何；通过网络，产品是否便于得到充分的了解，交易过程是否便于自动化；企业传统的促销活动、广告宣传是否能和互联网促销工具相互受益；产品是否具有全国性，甚至全球性，企业的分销渠道建设是否能够满足网络消费者的需要。另外，企业在给网站定位时，要充分考虑产品线的长度和宽度，综合企业所有的产品和服务。

(2) 资源分析。企业进行网站功能服务的定位时，要考虑在当前的资源环境下要能够实现，而不是脱离了自身的人力、物力、互联网基础以及整个外部环境等因素。要研究企业的财务状况是否能够支持一个大型网站的建设、运行和维护；企业的计算机、市场营销、美工、创意策划等各类专业人员配备是否全面；企业所需要建立网站提供的各种信息、服务、资源等是否合法，是否能被我国的法律环境和政治环境所接受。此外，还要看网站的内容和服务是否为社会文化环境所接受，是否和网络文化以及网站目标顾客所崇尚的价值观兼容。

(3) 目标顾客分析。企业要加强对网上消费者的行为进行研究，对目标顾客的年龄、性别、学历、职业、个性、行为、收入水平、地理位置分布等各种资料进行分析，这将是提高顾客服务的基础。

(4) 竞争对手分析。研究网上的竞争对手，主要从其主页入手。一般来说，竞争对手会将自己的服务、业务和方法等方面的信息展示在主页中。研究主页应从以下几个方面入手：第一，要观察主页的整体布局是否具有吸引力，因为在网上浏览的人对时间的要求是非常迫切的，如果主页不能引起注意力，他们可能会放弃访问该站点。第二，要看设计水平，注意观察图形构思、栏目设置和文字表达。第三，要看链接情况，看页面的链接是否方便浏览，有无死链接，还要看页面传输的速度、图像下载的时间。第四，研究宣传力度，一是竞争对手在网络的导航台、新闻组宣传网址的宣传力度，研究其选择的类别、使用的介绍文字等，特别是旗帜广告的投放量等；二是查看在竞争对手上是否有别人的旗帜广告，在这些旗帜广告上有没有其他竞争对手的广告，是否形成松散的旗帜广告宣传联合体。第五，体察业务运营情况，即竞争对手网上业务经营状况。

4. 网站技术解决方案

根据网站的功能和企业自身的技术力量、财力等方面来确定网站技术解决方案和实现手段，包括服务器的选择、操作系统的选择和相关程序的开发等。

5. 网站内容规划

不同类别的网站在内容方面有较大的差别，因此，网站内容规划没有固定的格式，需要根据不同的网站类型来制订。网站内容要尽量丰富多彩，因为网站的信息量越少，其能够发挥的作用就越小，但也不是说内容越多越好，最好对企业的资源进行整合分析后，针对需要和市场情况对内容进行整理。

6. 网站测试和发布

在网站设计完成之后，应该进行一系列测试。测试实际上是模拟客户访问网站的过程，以此来发现网站中存在的问题并加以改进。当一切测试正常之后，才能正式发布。

7. 网站推广

网站推广活动一般发生在网站正式发布之后，但在网站规划阶段，就应该对将来的推广活动有明确的认识和计划，以便在网站建设过程中做出相应的配合。

8. 网站维护

网站发布之后，还要定期进行维护，如服务器及相关软硬件维护、网站内容的更新、调整等，要确定维护的方式和人员。

9. 网站财务预算

网站建设和推广在很大程度上受到财力预算的制约，所有的规划都只能在财务许可的范围之内，因此不应忽视财务预算。

从网络营销的观点来看，网站建设的每一步工作都应与网络营销效果有关。网站规划的主要意义就在于树立网络营销的全局观念，将每一个环节都与网络营销目标结合起来，增强针对性，避免盲目性。

3.3.4　企业网站建设的步骤

在网站规划完成后，就可以开始建立网站。创建一个企业的网站大致有以下几个步骤：

1. 域名申请

域名是企业在互联网中的名称，要便于记忆。通过注册域名，企业在全球互联网上有唯一标识，也是社会各用户浏览该企业网站的门牌号和进入标识。域名在全世界具有唯一性，它已成为一种企业竞争资源，一旦本应属于自己的域名被别人恶意注册，就会对企业带来不必要的损失。

企业在选择域名注册商的时候，首先要考虑注册商的业务代理级别，是顶级还是二级、三级，不同的业务代理级别代表着不同的服务档次，当然，选择高级别的注册商才能保证服务质量。现在我们以中国万网（http：//www. net. cn）为例，具体介绍一下域名注册步骤。

第一步：登录中国万网（http：//www. net. cn）网站，首页如图 3. 2 所示。在这个网站上注册一个用户名。

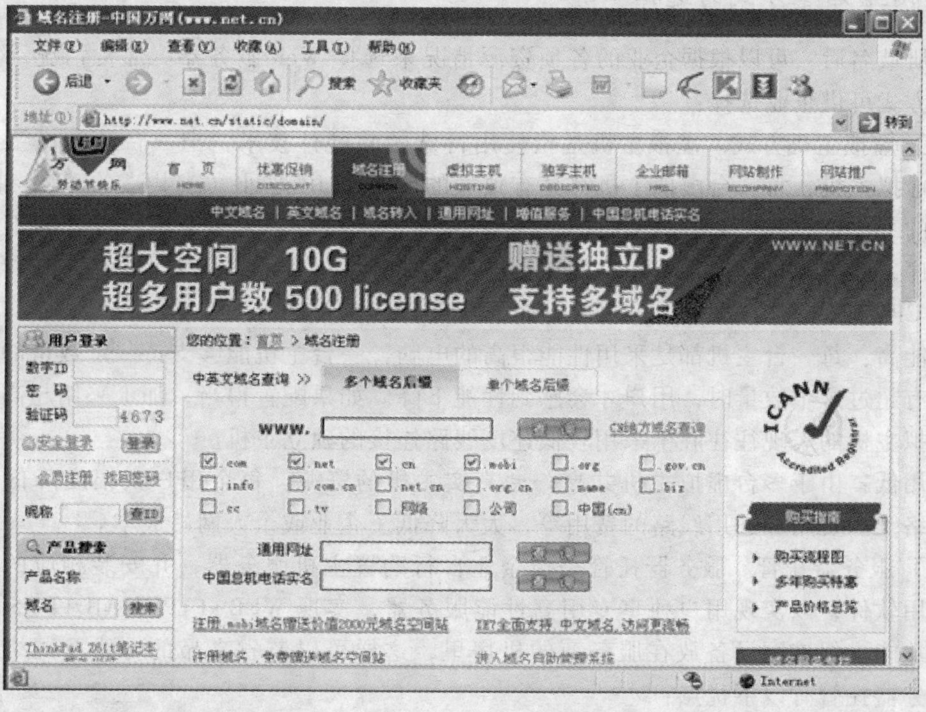

图 3. 2

第二步：输入用户名和密码，登录该网站。

第三步：查询你要注册的域名是否已被人注册，如果已被人注册，则另外起一个域名。例如，选择了域名是“chinaEC”，输入后单击查询，域名查询结果如图 3. 3 所示。

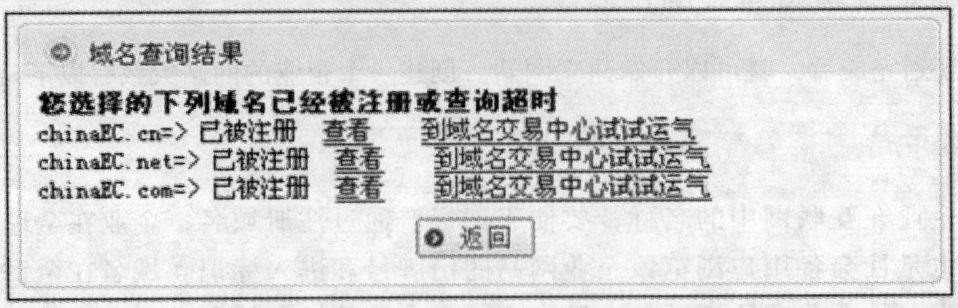

图 3.3

第四步：如果你想注册的域名没有被人注册，就可以进行注册了，填写一个域名注册表单。表单提交后，你的域名还没有生效，只是提交一个订单。交费后，域名就能正式生效（不同的域名有不同的价格）。

第五步：把你的域名解析到服务器 IP 上，在服务器上绑定你的域名，并且把你的文件上传到服务器上，这样就可以发布网站了。

2. 网站筹建方式的选择

注册域名后，可以根据企业的各项资源情况来选择 Web 服务器。通常情况下，有以下几种方式可供企业选择：

（1）虚拟主机方式。虚拟主机是指使用特殊的软硬件技术，把一台计算机主机分成一台台虚拟主机，每一台虚拟主机都具有独立的域名和 IP 地址（或共享的 IP 地址），具有完整的 Internet 服务器功能。在同一个操作系统上，运行着为多个用户打开的不同的服务器程序，互不干扰。而各个用户拥有自己的一部分系统资源（IP 地址、文件储存空间、内存和 CPU 时间等。）虚拟主机主要有如下特点：

性能高：每一台主机都是采用性能很高的电脑，一台主机能够支持一定数量的虚拟主机，只有超过这个数量时，用户才会感到性能下降。如果配置得当，加上采用超高速的线路，虚拟主机的表现往往胜于采用较低速度线路连接的独立主机。

费用低：由于多台虚拟主机共享一台真实主机的资源，每个用户大幅度降低硬件费用、网络维护费用和通用线路的费用等，大大降低了企业或个人网站成本。

（2）服务器托管。服务器托管是指企业自行购置主机服务器，并安装相应的系统软件及应用软件，以实现用户独享专用高性能服务器，实现 WEB+FTP+MAIL+DNS 全部网络服务功能，但连网设备放在服务商的机房里，这样可以节省高昂的专线及网络设备费用。服务器托管有以下优点：

成本较低：与单独构建机房和租用专线上网相比，整体运营成本有较大降低。

可靠性高：电信级机房提供 365 天全天候运营服务，专业技术人员负责维护，网络稳定，安全性能更高。

高速接入：利用高速线路实现无阻塞直接接入 CHINANET 骨干网，用户可以任意选择 2MB-100MB 接入速率。

灵活性好：用户启动业务快，托管网络设备扩展方便。

托管商提供的带宽主要有两种方式，一种方式是独享，如独享1MB、独享10MB等就是指用户托管的这台服务器可以独享这个带宽，不和别的服务器分享，不会受到别的服务器的干扰，价格方面自然比较高昂；另一种方式是最常见的百兆共享，顾名思义，就是一个机柜有100MB带宽，供这个机柜里所有的服务器共享，这种形式现在最普遍，价格相对较低，性能也不错，一般大家看各个网站的服务器托管报价都是指这个方式。

（3）独立服务器。独立服务器是一款远比虚拟主机更高级的空间租用。对于经济实力雄厚且业务量较大的企业，也可以购置自己独立的服务器。它拥有对一个独立操作系统的完全控制权，可以自行安装程序，自定应用范围等。但这需要很高的费用及大量的人力、物力投入，合计起来的费用是虚拟主机的数十倍。

3. 网页制作

网页是网站的基本信息单位。通常，一个网站是由众多不同内容的网页组成的。网页一般由文字和图片构成，复杂一些的网页还会有声音、图像、动画等多媒体内容。几乎所有的网页都包含链接，可以方便地跳转到其他相关网页或是相关网站。企业的基本信息是通过网页传达给客户的，网页制作是企业上网的基本项目之一。在网页制作时，首先要清楚网站的目的及目标客户群的情况。

要设计一些复杂、大型、用途多的网页，如大型的购物网站等，需要专业、高级的网页程序支持，如Java、JavaScript、ActiveX、ASP等。不过，一般的中小型企业的网站通常都不需要用到这些技术，即使有机会使用，也只限于一些简单的应用。在设计一个大型的网站，使用高级的网页程序时，要考虑不同网页程序的质量。

4. 网站推广

企业建立网站主要是为了宣传和营销。为了实现这一目的，企业必须千方百计地推销自己的网站。网站推广方式有以下几种：

（1）离线推销网站。利用传统的营销手段宣传企业的网站，可以像看待企业的对外联系电话一样看待企业的网址和电子邮件，把它放在名片、手册、广告、促销品上，用来配合企业网站的发布。

（2）在搜索引擎上登记。通过网络搜索引擎，将网站中的主要页面向世界各大搜索引擎和我国主要的搜索引擎登记注册。每个浏览者都有一个习惯，就是当要查找一个网站时，就会求助于一些大型的搜索引擎，如yahoo、baidu、sina等。在搜索引擎上输入一个关键字，就会有相应的网站被列出来。

（3）网上广告。加入搜索引擎就好比守株待兔，显得有点被动。一个比较主动的方法是将广告放在别的网站中。但将广告放在“人流”密集的大网站上，需要一定的费用。

除了这种收费的网上广告，还可以参加一些免费的广告交换计划。简单来说，广告交换计划公司会让你的广告在其会员网页上显示一次，而你也需要让广告公司的广告在你的网页上显示若干次作为补偿。由于广告交换成本低，因而在网上也颇为流行。

（4）论坛、BBS、新闻组。一种免费宣传企业网站的方法就是参加论坛、BBS或新闻组讨论。不时进入与企业业务或网站主题相关的论坛，利用企业技术人员的专业知识，为网友提供意见、分享经验、排忧解难，这都会让企业的名字在网友中留下好的印象。在论坛发言时，在签名档留下企业的名字及网址，久而久之，网站的访问量也会随之而来。当然，参与论坛的讨论是一项长期而艰巨的任务，需要持之以恒。

5. 网络营销知识培训

对员工进行网站知识培训、互联网营销知识培训等，特别要在领导层、市场营销人员中建立现代数字化营销概念。

制定合理的网站规划，并建立功能完善的商业网站，是有效地开展网络营销的基础，因此应该在网站规划和建设阶段就将未来可能采用的营销手段融合进来，而不是等网站建成之后才考虑怎么去做营销。

3.4 好网站标准

3.4.1 使用方便

企业网站吸引用户访问的基本目的主要有几个方面：扩大网站知名度和吸引力；将潜在客户转化为实际客户；将现有客户发展成忠诚客户等。虽然网站设计没有统一的标准，但是为用户提供方便的使用是一个成功网站必备的条件，包括方便的导航系统、必要的帮助信息、常见问题解答、尽量简单的用户注册程序等。

3.4.2 保持系统正常运行

系统正常运行包含两个方面的含义，一方面是网站服务器的正常工作，另一方面是网站内容及功能的正常运行。

网站的正常运行是保证用户能够正常访问以及获得用户信任的基础条件。有些网站似乎并没有考虑服务器的承受能力，在发出大量的新开张或新功能、新服务的新闻之后，许多用户根本无法正常浏览该网站。有些企业在网站功能还没有建设完成之前就迫不及待地公开发布，用户看到的只是“网页内容建设中”的告示，这不仅伤害了用户的积极性，更重要的是严重损害了网站的形象，而且可能永远失去潜在客户。例如，在一个购物网站，当用户辛辛苦苦地找到自己所需要的商品，并一一放入购物车，最后提交订单的时候，得到的是“发生内部错误”或者“服务器正忙，请您稍后再来”之类的反馈信息时，用户对这样的网站能产生信心吗？

3.4.3 页面下载速度快

人们浏览一个网站是为了获取某些需要的信息，页面下载速度是衡量一个网站成功与否的第一要素。在网络速度相当缓慢的条件下，更应该为节省访问者的时间考虑。据研究发现，页面下载速度是网站留住访问者的关键因素，如果 20 ~ 30 秒还打不开一个网页，一般人就会失去耐心。如果不能让每个页面都保持较快的下载速度，至少应该确保主页速度尽可能快。

在目前的情况下，保持页面下载速度的主要方法是让网页简单，仅将最重要的信息安排在首页，尽量避免使用大量的图片，更应避免自动下载音乐或其他多媒体文件，因为下载图片或视频文件等远比下载文字费时，用户等不及图片整幅出现，就已不耐烦地转到别的网页去了。

3.4.4 无错误链接

网页上的错误链接是人们对网站抱怨的主要因素之一，如时常可以看到“该网页已被删除或不能显示”、“File not found”等由于无效链接而产生的反馈信息，这种情况往往让用户觉得很失望，同时也严重影响了用户对网站的信心。

造成这种现象可能的原因有多种，如网络负载过重、对方的服务器关闭、被链接网址内容已经撤销等情况都可能导致链接不上，但是这种情况如果发生在自己网站内部的网页，则需要认真对待了，即使是由于被链接网站的原因产生失效的链接，也应该尽量避免，因为用户并不区分这种情况是什么原因造成的。

3.4.5 联系信息方便多样

虽然互联网时代为人们提供了更为便利的沟通手段，如电子邮件、留言板、即时信息等，但是对于许多新用户来说，仅在网站上留下这些联系方式还不够，有时候客户更倾向于电话和传真等通信方式，邮政地址和公司各分支机构的地址等信息也能为用户带来更大的方便。

如果网站同时可以提供800免费服务电话和呼叫中心等联系方式，则不仅可以体现公司的实力，而且更能充分体现出其良好的客户服务。

3.4.6 不同浏览器的兼容性

不少网站都有这样的提示：“建议采用1024×768像素，IE6.0以上浏览器浏览本网站。”有些网站甚至采用游动字幕的形式，或者标题栏嵌入，以提醒访问者的高度注意。

看起来好像是为了用户的最佳显示效果着想，但是试想一下，如果用户采用的是不符合某网站要求的最佳显示模式的配置，那么当用户进入这样的网站之后，会为了浏览这个网站而重新设置显示模式或者重新安装一个满足要求的浏览器吗？显然，这些网站设计者不是从用户的需求出发，而是为了自己的方便考虑，这是与互联网时代“用户掌管方向”的精神相背离的。

3.4.7 保护个人信息

为了提供个性化服务或者收集潜在用户信息，许多网站都要求用户首先注册为会员，网站收集用户资料有何目的？如何利用用户的个人信息？是否将用户资料出售给其他机构？是否会利用个人信息向用户发送大量的广告邮件？用户是否对此拥有选择的权利？填写的个人信息是否安全？这些都是用户十分关心的问题。如果网站对此没有明确的说明和承诺，显然缺乏必要的商业道德，至少可以被认为对用户不够尊重。

3.4.8 符合网络伦理

网络伦理是互联网上一种特有的商业道德，即尊重用户的个人信息，不擅自向用户发送商业信息，只有经过用户的许可才可以通过电子邮件等手段向用户发送相关信息，也就是所谓的“许可网络营销”。符合网络伦理的网站营销活动只是最基本的商业道德，理应为所有企业所遵从。但实际上，大量发送广告邮件的网站不在少数，有些甚至还是有一定知名度的网站。

以上仅是一些通用性的判断网站好坏基本因素，除此之外，对于不同类型的网站，还应该有其特定的评价标准。例如，信息顾问型网站要考虑信息的及时性和可靠性，销售型网站要考虑按时交货和退货政策等，这些都需要根据不同情况加以综合分析评价。

3.5 营销型网页设计技巧

3.5.1 网站风格和创意

风格是抽象的，是指站点的整体形象给浏览者的综合感受。整体形象包括站点的版面布局、色彩、字体、浏览方式等，如我们觉得迪斯尼是生动活泼的，而 IBM 则是专业严肃的，每一个网站都会给人们留下不同的感受。所以，应根据网站的定位做出网站特有的风格，此外，还需要在风格统一上把握一下，即网页上所有的图像、文字，包括背景颜色、区分线、字体、标题、注脚等，都要统一风格，贯穿全站，这样用户看起来舒服、顺畅，会对网站留下一个“很专业”的印象。

所谓创意，就是不拘一格。某些设计师在做创意的时候大费周章，做出来确实不可否认很有创意、很别致，但往往客户不能接受，原因是没有抓住客户的需求。其实做行业网站不需要浪费过多的时间去追求如何个性、如何好看，我们只需要一点小小的创意贯穿全站，就会使网站更生动、更具有吸引力、更具有思想。

3.5.2 网站 Logo

Logo 顾名思义就是站点的标志图案，Logo 最重要的就是用图形化的方式传递网站的定位和经营理念，同时便于人们识别。网站 Logo 的设计过程一般有以下三种思路：

（1）直接以网站网址作为 Logo；

（2）根据网站提供的产品/服务特点展开 Logo 设计；

（3）以传递网站运营商的经营理念为特色，来设计 Logo。

3.5.3 视觉流程

人们在阅读某种信息时，视觉总有一种自然的流动习惯，先看什么，后看什么，再看什么。心理学的研究表明，一般人的浏览习惯是从上到下、从左到右，在一个平面上，上松下稳，左松右稳，所以，平面的视觉影响力上方强于下方，左侧强于右侧。平面的上部和中上部被称为“最佳视域”，也就是最优选的地方。在网页设计中，一些突出或推荐的信息通常都放在这个位置。当然，这种视觉流程只是一种感觉，并非固定的公式，只要符合人们的心理顺序和逻辑顺序，就可以更为灵活地运用，在网页设计中，灵活而合理地运用视觉流程直接影响到传达信息的准确与有效性。

3.5.4 网页框架与布局

网页布局大致可分为“国”字型、拐角型、“T”字型、“L”字型、综合框架型、Flash 型、变化型，等等。不管采用哪种形式，最重要的是抓住客户的需求，把握网站的定位，做出合理的框架布局。

1. 分辨率

网页的整体宽度可分为三种设置形式：百分比、像素、像素+百分比。通常，在网站建设中以像素形式最为常用，行业网站也不例外。我们在设计网页的时候必定会考虑到分辨率的问题，通常用的是 1024×768 和 800×600 的分辨率，现在网络上很多都是用到 778 个像素的宽度，在 800 分辨率下往往使整个网页很压抑，有种不透气的感觉，其实这个宽度是指在 800×600 的分辨率上网页的最宽宽度，不代表最佳视觉，不妨试试 760 ~ 770 的像素，不管在 1024 还是 800 分辨率下，都可以达到较佳的视觉效果。

2. 合理广告

在目前一些网站的广告（弹出广告、浮动广告、大广告、Banner 广告、通栏广告等）让人觉得很烦琐，根本就不愿意看，有时连网站都不上了，这样一来广告也没达到预期的目的。这些问题都是在设计网站之前需要考虑及规划的内容。

浮动广告有两种，第一种是在网页两边空余的地方上下浮动的广告，第二种是在满屏幕到处随机移动的广告。建议尽量使用第一种，在第二种情况时，应尽量在数量上控制为一个，如果数量过多，会直接影响到用户的心理、妨碍用户浏览信息，适得其反。首页广告不宜过多，适中即可。如在注册或者某个购买步骤的页面上最好不要出现过多的无关内容让用户分心，以避免客户流失。

3. 空间的合理利用

很多的网页都具有一个特点，用一个字来形容，那就是“塞”，它将各种各样的信息，如文字、图片、动画等，不加考虑地塞到页面上，有多少挤多少，不加以规范，导致页面主次不分，喧宾夺主；没有重点，没有很好的归类，整体就像大杂烩，让人难以找到需要的东西；要不就是一片空白，失去平衡，可以用“散”字来形容。

并非要把整个页面塞满了才不觉得空，也并非让整个页面空旷才不觉得满，只要合理地安排、有机地组合，使页面达到平衡，即使在一边的部分大面积留空，也不会让人感到空，相反，还会给人留下广阔的思考空间。

4. 文字编排

在网页设计中，字体的处理与颜色、版式、图形化等其他设计元素的处理一样非常关键。

(1) 文字图形化：就是将文字用图片的形式来表现，这种形式在页面的子栏目里面最为常用，因为它不仅突出，而且又美化了页面，使页面更加人性化，加强了视觉效果。对于通用性的网站而言，其弊端就是扩展性不强。

(2) 强调文字：如果将个别文字作为页面的诉求重点，则可以通过加粗、加下画线、加大号字体、加指示性符号、倾斜字体、改变字体颜色等手段，有意识地强化文字的视觉效果，使其在页面整体中显得出众而夺目。这些方法实际上都是运用了对比的法则。

3.5.5 网站配色

1. 用一种色彩

先选定一种色彩，然后调整透明度或者饱和度，产生新的色彩，用于网页。这样的页面看起来色彩统一，有层次感。

2. 用两种色彩

先选定一种色彩，然后选择它的对比色（在 Photoshop 里按 Ctrl+Shift+I），再进行微小的调整。整个页面色彩丰富但不花哨。

3. 用一个色系

简单地说，就是用一个感觉的色彩，如淡蓝、淡黄、淡绿或者土黄、土灰、土蓝，在同一色系里面采用不同的颜色使网页增加色彩，而又不花哨，色调统一。这种配色方法在网站设计中最为常用。

4. 用灰色

在网页设计中，灰色称为“万能色”，其特点是可以和任何颜色搭配。在使用时应把握量，避免网页变灰。

在网页配色中，尽量控制在三种色彩以内，以避免网页花、乱、没有主色的显现。背景和前文的对比尽量要大（绝对不要用花纹繁复的图案作背景），以便突出主要文字内容。

☞知识拓展

用户对网站最为讨厌的15个方面（见表3-4）

表 3-4

网站表现形式	用户讨厌程度	网站表现形式	用户讨厌程度
大量弹出广告	93%	站内搜索无效	80%
需要安装专用软件才能浏览网站内容	89%	不能使用后退按钮	76%

续表

网站表现形式	用户讨厌程度	网站表现形式	用户讨厌程度
无效死链接	86%	联系信息失效	75.1%
搞不清楚的网站导航	84%	网站美工设计过度，如 Flash、大图片	69.4%
要注册登录才能进入网站	83%	游动的文本	59%
网页下载速度太慢	83%	糟糕的网页外观设计色彩、字体和格式	55%
网站内容过期	82.4%	自动播放音频文件	52.5%
链接打开新窗口	38.4%		

☞实训与思考

◎实训目标

能结合本章所学内容，准确对网站进行评价和分析，且提出建设性的改善方案。

◎实训任务

1. 进入91特价信息网（www.91tejia.net），分别从建设目标、受众群体、内容及功能、网站风格及导航系统等方面分析和评价。

2. 分别从关键词选取、meta标签优化、代码优化、域名和虚拟主机的选取等方面提出网站优化方案。

◎实训平台

具有上网环境的计算机、www.91tejia.net。

◎思考题

1. 企业网站有哪些功能？请说出企业网站的主要内容。
2. 企业网站分为哪几种？请举例说明。
3. 请分析企业网站是如何定位的。
4. 请分析优秀网站的基本要素是什么。

第 4 章 软文营销

☞工作项目

（1）利用所学知识，能写一篇合格的软文。

（2）能利用软文写作技巧为企业策划出利用软文进行网上营销的活动。

☞知识目标

（1）掌握软文的定义和特点。

（2）掌握软文的分类和特点。

（3）掌握软文营销的手段。

☞技能目标

（1）掌握软文的写作技巧。

（2）学会软文营销的应用。

☞案例导入

中国医药保健市场虽然门派林立，但是概念营销的代表非“脑白金”莫属，其创立的软文模式、消费者研究模式至今在我国仍然有巨大的影响力。

“脑白金”创立的软文模式是有其历史和现实原因的——企业资金有限，中国医药保健品陷入暂时低谷，顾客对新闻的防御力低，关键因素还是软文的价格要远远低于整版广告价格，正好匹配企业资源。

脑白金最初的成功依靠的就是鲜明的海报（室外 dm，讲究“傻大黑粗”的药店招贴等）、无处不在的写字楼把手品牌提示（1999 年前）以及后来被模仿无数的报纸软文。报纸软文讲究科普（神秘的脑白金体）、新闻（格林登太空）、社会现象（美国人、日本人睡得好，中国人怎么办）、日常行为（一天不大便，等于抽三包烟）等，而且在刊登过程中绝对不带丝毫的商业气息，以制造悬念和平白说理引起读者的极大兴趣，持续时间为 10 天左右，各地主流报纸报道已经产生足够的营销旋涡，这时产品类软文悉数登场，而户外的公交站牌广告在几天内把整个城市紧紧地包围起来，加上终端配合，使尝试性购买很快席卷市场，这时候抢购促销类软文继续进行市场轰炸，赠送《席卷全球》概念书活动使软文效应形成巨大的品牌磁场，一下子就成为市场的大赢家。

"脑白金"成功以后，使得我国医药保健品再次升温，无数的产品开始模仿软文模式和概念营销，而单纯宣传功效，则由于产品的技术含量、人群体质特征等原因，很难保持可持续性销售和发展。"脑白金"被定位为健康礼品，通过电视和户外广告，不断传达"今年过节不收礼，收礼只收脑白金"（后来因为涉嫌不正当竞争，更换为"收礼还收脑白金"），用最简单的口号式宣传，使"脑白金"成为当之无愧的礼品领头羊。

阅读上述案例，分析以下问题：

（1）脑白金能成为保健礼品中的老大，原因是什么？

（2）"软文"这个新鲜词你听说过吗？在哪里听说的？

4.1 软 文

4.1.1 软文的含义

顾名思义，软文相对于硬性广告而言，是由企业的市场策划人员或广告公司的文案人员来负责撰写的文字广告。与硬性广告相比，软文之所以叫做软文，精妙之处就在于一个"软"字，它追求的是一种春风化雨、润物无声的传播效果。如果说硬性广告是外家的少林功夫；那么，软文则是绵里藏针、以柔克刚的武当拳法，软硬兼施、内外兼修，是最有力的营销手段之一。

企业通过软文可以把一些需要宣传或广告的事件主动披露给报纸、杂志等印刷媒体，以达到做广告的效果和提高企业知名度和美誉度的目的。软文在当前已成为企业一种非常实用的宣传方法，企业的企划部门常都把软文作为一项重要工作来做，常能取得做硬性广告达不到的效果。

4.1.2 软文的定义

所谓"软文"，就是指通过特定的概念诉求、以摆事实讲道理的方式使消费者走进企业设定的"思维圈"，以强有力的针对性心理攻击迅速实现产品销售的文字模式和口头传播，如新闻、第三方评论、访谈、采访等。

软文的定义可以分为狭义与广义两方面。狭义的软文是指企业花钱在报纸或杂志等宣传载体上刊登的纯文字性的广告。这种定义是早期的一种定义，也就是所谓的付费文字广告。广义的软文是指企业通过策划在报纸、杂志、DM、网络、手机短信等宣传载体上刊登的可以提升企业品牌形象和知名度，或可以促进企业销售的一些宣传性、阐释性文章，包括特定的新闻报道、深度文章、付费短文广告、案例分析等。

4.1.3 软文的分类

软文之所以备受推崇，第一个原因就是硬性广告效果下降、电视媒体费用上涨，第二个原因就是媒体最初对软文的收费比硬性广告要低得多，在资金不是很雄厚的情况下，软文的投入产出比较科学合理。

软文虽然千变万化，但是万变不离其宗，按软文写作方式主要有以下几种：

1. 悬念式

也可以叫设问式，核心是提出一个问题，然后围绕这个问题自问自答，如“人类可以长生不老?”“癌症真的可以治愈吗?”等等，通过设问，引起话题。使用这种方式时，必须掌握火候，首先提出的问题要有吸引力，答案要符合常识，不能作茧自缚、漏洞百出。

2. 故事式

通过讲一个完整的故事带出产品，使产品的“光环效应”和“神秘性”给消费者心理造成强暗示，使销售成为必然，如“5 亿买不走的秘方”、“神奇的植物胰岛素”、“古埃及人的秘密”，等等。讲故事不是目的，故事背后的产品线索是文章的关键。听故事是人类最古老的知识接受方式，所以故事的知识性、趣味性、合理性是软文成功的关键。

3. 情感式

情感一直是广告的一个重要媒介，软文的情感表达由于信息传达量大、针对性强，如“老公，烟戒不了，洗洗肺吧”、“女人，你的名字是天使”、“写给那些战‘痘’的青春”，等等，情感最大的特色就是容易打动人，容易走进消费者的内心，所以情感营销一直是屡试不爽的灵丹妙药。

4. 恐吓式

恐吓式软文属于反情感式诉求，如“高血脂，瘫痪的前兆!”“天啊，假猪血害死人!”等等。实际上，恐吓形成的效果要比赞美更令人记忆深刻，但是也往往会遭人诟病，所以一定要把握度，不能过火。

5. 促销式

促销式软文常常在上述几种软文见效时跟进，如“武汉人抢购×××”、“×××，在北京卖疯了”、“一天断货三次，汉口某厂家告急”，等等，这样的软文或者是直接配合促销使用，或者是造成产品的供不应求现象，通过攀比心理、影响力效应等多种因素来促使消费者产生购买欲。

6. 新闻式

事件新闻式软文就是为宣传寻找一个由头，以新闻事件的手法去写广告，让读者认为就仿佛是昨天刚刚发生的事件。这样的文体有对企业本身技术力量的体现，但是要结合企业的自身条件，不要天马行空地写，否则，多数会造成负面影响。

4.1.4 软文的特点

1. 软

是指文字表示要通俗易懂，软文的篇幅得视具体项目而定，一般软文为500～600字是最容易传播和转载的，因为软文不是必读之文，如果长篇大论、拖泥带水，读者就无心阅读了。软文的作者必须充分掌握其特点，要干净利索、思路清晰、扬长避短，以精彩的内容赢得读者关注。

2. 准

精准，是软文的生命所在。软文得就事论事，也得考虑读者的身份，所以写软文前一定要明确目的、受众是谁、噱头在哪里、矛盾点在哪里、诱惑点在哪里，等等。软文撰写要有根据，拿不准的东西不宜写出，不能为了某种“需要”，歪曲事实，信口雌黄。

3. 快

这是软文的又一特点，成功的软文传播速度很快，容易引发转载。

4. 新

这尤其是针对新闻软文，因为新闻软文只有对新出现的情况、问题、经验，及时发现，及时报道，才能迅速传递信息，求得及时评论及转载。

4.1.5 软文的发展趋势

从20世纪90年代中后期直到现在，软文在我国的营销词典里占有很重要的位置，因为它曾经以较低的成本为多个产品创造了市场奇迹。随着消费者鉴别能力的增强，消费者对软文产生了极强的免疫力，导致软文的功能在逐渐丧失。许多产品在投放了几个整版软文广告后，只能接到零星的几个电话，有的甚至没有电话。因此，有人说软文营销时代已经结束。

1999—2000年是第一个软文高潮，各企业开始重视软文和积极模仿；从2002年“清华清茶”的整版模式开始，软文进入另一个高潮，专业软文写手和团队开始浮出水面。但是从2003年开始，软文的辉煌时期已过去，进入了平稳期，软文的媒体价格也开始上涨，几乎与硬性广告持平，使软文被迫开始创新。

平面软文可开发潜力有限，随着网络和娱乐文化的兴盛，未来软文的发展方向是潜藏式广告，即把软文运用到营销每个环节。

4.2 软文的写作技巧

4.2.1 软文撰写者的基本要求

一个优秀的软文撰写者需要具备以下基本要求：

1. 乐观积极的人生态度

只有保持乐观积极的人生态度，才能够承受压力，勇敢地面对困难；只有保持乐观积极的人生态度，才能热爱生活，主动思考，积极实践。

2. 好学的强烈意识

写一篇好软文需要撰写者具有渊博的知识和综合文化修养，要能够广征博引、触类旁通、文思泉涌。一个新闻软文撰写人员必须永远具有知识危机感，要时刻提醒自己努力学习。

3. 严密的逻辑性和创新的思维

中国的文章向来讲究结构，一个好的结构可以打造一篇好的软文，这就要求软文撰写者具备严密的逻辑性。但只具备逻辑性还不够，一个真正优秀的软文撰写者还必须具备创新的思维，必须具有丰富的想象力，不能固守以往的模式，要敢于写出自己的风格。

4. 敏锐的洞察力

很多事情对于普通人是小事，但是对于软文炒作而言，则是大事，这就要求软文撰写者需要具备敏锐的洞察力，必须具有猎狗一般的新闻嗅觉，时刻关注时事新闻热点，随时发觉有利于企业的新闻点。

5. 出色的公关能力

一篇优秀的软文撰写出来后，如何让它在最好的版面发表，达到最优的新闻效果呢？这就需要软文撰写者或者新闻策划人员具备出色的公关能力，他必须能够很好地处理各种媒体关系，充分利用媒体网络资源。

6. 扎实的文字功底和非凡的驾驭能力

中国有句古话：“巧妇难为无米之炊。”同样的，要写出一篇好的软文，也必须具备扎实的文字功底和非凡的驾驭能力。只要具备乐观积极的人生态度和好学的强烈意识，软文撰写者就可以不断地去学习、去总结，不断提高这方面的能力。

4.2.2 撰写软文的三大块和五要素

一篇软文通常由三大块组成：主题、标题、内容，其内容又常分为五要素：对谁说、说什么、如何说、何时说、何地说，即5W（Whom、What、Who、When、Where），五项要素缺一不可。

1. 软文的三大块

（1）主题。现在很多报刊、杂志对软文广告都按字数收费，于是要在有限的篇幅里面，把一个问题说到点子上，必须要惜墨如金，因此撰写广告软文必须要有非常强的针对性，特别强调要有一个明确的主题。我们必须明确所撰写的广告软文的目的和用途，必须明确撰写的软文是用于品牌推广还是促销宣传。用于品牌推广的软文（也叫公关软文、动态文章），要把品牌的核心理念加以提炼。找到一个让读者感兴趣的标题至关重要，引导读者一步一步读下去，乐于接受你传达的信息，这种软文多以新闻报道的形式出现，以记者的视点、结合企业发生的重要事件去撰写。如果是促销档期的软文广告，则必须与促销主题密切配合。

（2）标题。大卫·奥格威认为，标题是大多数广告最重要的部分，它是读者决定读不读正文的关键所在。好的文章首先取决于题目的好与坏，题目是否新颖、有无创新、具不具备穿透力，这对能否引起读者的兴趣、达到心灵的共鸣非常重要。在软文中，标题一定要引人注目，如果一篇广告软文光看标题就让人打不起精神，其广告效果就无从谈起。

一个好的软文标题应具备以下几个要素：

震撼力：具有能在瞬间使读者产生心灵震撼的词或短语。如“怪！服务也有007”，题目开头用个“怪”字，在刹那间无意中就引起消费者的注意。其实类似的词还有很多，如“绝了”、“神了”、“妙”、“当心”、“警惕”；等等。

诱惑力：在创作标题的时候，可抓住消费者的好奇心，采用一种反问的语气，直接提出问题，制造悬念，如“1块钱电池也能领100元？”“1角钱在五星可以买什么？”这样的标题就充分利用了这一点，吸引顾客继续看下去。

神秘感：人们往往对一些披上神秘色彩的事物容易产生兴趣，特别是对一些被忽视或被遗忘的，更甚至是一些闻所未闻的消息产生冲动。但有一点要注意，这种所谓的神秘感的软文策略在开拓市场初期，甚至在相当长的一段时间里，可以起到倍增的效果，但随着产品的普及，神秘感会慢慢地消退。

数字化：前面我们所提到一些软文撰写文字方面的技巧可以达到一种定性分析，那么数字的引用则让这种定性分析得到了升华，量变最终影响质变，如“空调满800送200”、“12月要为消费者省1000万”，等等。

（3）内容。有了好的软文标题，只能算成功了一半，要让读者更多地吸纳软文信息，真正达到提升企业形象或促销的目的，软文内容结构至关重要。正文的内容一般要表达三个方面的内容：

诉求重点，即软文的核心内容；

对诉求重点的深入分析；

让潜在消费者行动起来。

在软文内容的写作过程中，要善于运用新闻惯用的一些词汇来增强正文的“新闻性”，比如“近日”、“昨天”、“正当××的时候”、“×月×日”和“在我市”、“××商场”、

“家住××街的××”，等等，这些时间以及地点的概念可以引导读者产生与该时间、该地点的相关的联想，加深印象，淡化广告信息。又如“据调查”、“据了解”、“笔者还了解到”、“在采访中了解到”、“据××说”、“笔者亲眼看到”，等等，这些词汇让读者更能感到信息的真实与有据可查。

2. 软文的五要素

（1）对谁说：软文的目的就是要把所表达的信息传达给目标受众，因此“对谁说”就是锁定要传达的对象。

（2）说什么：就是把要表达的概念、核心思想或信息准确地说出来。

（3）如何说：就是指准备通过何种表达方式将你的思想有效地传递给目标受众，让其在潜移默化中接受你的引导。“如何说”是软文写作五要素中最重要的一个环节，直接关系到软文质量的优劣。

（4）何地说：是指选择在什么样的媒体上投放，每一种媒体都有自己的定位，有自己的特定阅读群体。

（5）何时说：

是指选择什么时候投放软文。虽然投放软文是一项长期不断的宣传策略，但事实上，在投放时段上还是有一定的技巧性。

4.2.3 如何写软文

写软文首先要选切入点，即如何把需要宣传的产品、服务或品牌等信息完美地嵌入文章内容，好的切入点能让整篇软文看起来浑然天成，把软性广告做到极致。

设计文章结构，把握整体方向，控制文章走势，选好冲击力强的标题。

完善整体文字，按框架丰富内容，润色具体内容。

反复沟通和完善。

字数应该控制在500～1500字，这样才能将广告很好地融入进去。

4.3 软文营销

4.3.1 软文营销的意义

软文营销文字可以不要华丽，可以无需震撼，但一定要推心置腹说家常话，因为最能打动人心的还是家常话，一字一句都是为消费者的利益着想。

美国著名黑人领袖马丁·路德·金在华盛顿主持了一次有25万人参加的为了争取自由而举行的示威集会，发表了一篇令美国人民至今难忘的演说《我有一个梦想》。实际上，马丁·路德·金的演讲词“我有一个梦想”就是最好的软文营销模板，已经超越了为自己、一个小团体而奋斗的狭隘和局限，达至为全美国所有黑人的自由而鞠躬尽瘁的最高境界。

4.3.2　软文营销的方法

1. 专栏

早期的软文大多体现在专栏形式，它起源于平面广告的演变，因此专栏也被称为文字广告。当单纯的平面广告无法深层次说明产品功效以及所能表达的信息通过广告很难完成的时候，广告就成了文字广告，也即所谓的专栏。

专栏是日常传播中不可缺少的一个补充，企业文化、产品深入介绍、消费环境模拟、试用手记等文章经常会需要专栏来配合。专栏的常用方式有制造危机感、制造消费环境、树立消费榜样、进行深度产品介绍、宣传企业文化、征文、促销、举办活动，等等。

就软文规划而言，专栏的价格毕竟很贵，所以在市场推广过程中，能不用专栏软文，尽量不要用。

2. 炒作

很多事情在普通人眼里是小事，但是对于软文炒作而言，一定是大事。只要把事情炒作起来，并且最终自圆其说，那就能达到最佳效果。

炒作要从各个角度同时进行，对企业产品进行 SWOT 综合分析后，多多少少会发现一些优势、劣势、机会和挑战，优势要发扬光大，劣势是有原因的，机会是要扩大的，挑战是要迎接的。然后，就能有效地制定软文需要炒作的总体路线，接着针对行业、产业、企业、渠道、消费者、品牌等各个角度进行全方位的炒作。常见炒作如下：

(1) 行业剖析：这个行业已经缺乏生气了，需要一些新事物来推动发展。

(2) 产业分析：竞争的手段五花八门，应该玩点新花样了，或者说发展技术才是硬道理，服务才是制胜的根本。

(3) 专访：难道你不信，听听权威怎么说（适合善于炒作的企业）。

(4) 渠道：××是有雄心壮志的，消费者会来买账，所以快来经销这种产品吧。

(5) 消费者：你迷茫了？我来告诉你怎么办。

(6) 品牌：××是开山鼻祖，是对××的挑战者，是××的领先者。

当然，对于一些较为保守的企业而言，软文炒作，要“犹抱琵琶半遮面”、“欲语还休”，一点点地进行告知，以新闻发布、新闻评论、新闻评论、新闻评论……进行慢性轰炸，如果用一个大综述稿将事情说得清清楚楚明明白白，再去炒作就达不到效果了。

3. 无形

这种软文营销方法是指在无形之中达到软文炒作的目的。如家电经常上演的收购案、IT 业经常上演的侵犯专利起诉案以及具有中国特色的一波又一波的大降价案等，都赚到了媒体的许多笔墨。但这些也只是较为高级的软文炒作，所引发的讨论很少升级，因此效果也就一般。

最基本的无形胜有形的文章是看似站在第三方角度进行公正评论，但文章的整体却为客户说话。最好的效果是逼竞争对手出招，或者将媒体的目光吸引，主动跟进，让别人花钱为自己炒作。

媒体的嗅觉是灵敏的，消费者最关注的也就是媒体最需要的。很多时候，软文只需要提供一个话题，比如媒体普遍报道家用空调的使用是否健康，这比对海尔健康空调本身进行炒作要有效得多。另外，对于网络媒体而言，它们对优秀文章进行大范围转载无疑也达到了软文传播的绝佳效果。不管是哪种方法，以点带面，发出一个声音，调动媒体来帮助炒作，是四两拨千斤的最好办法。

不管是怎么炒作，目的是利用最少的资源，引起全社会的共鸣。

4.4 软文营销案例分析

4.4.1 案例简介

随着国家相关鼓励政策的退出及限购令的实施，车市的灼热状态日渐趋退，与此同时，消费者的购车心理也发生着微妙的变化：买一款车就像是选择了一个人过日子，而车辆的保养、维修、保险等诸多售后服务项目将会陪着自己走过很多年时光。这日子过得好不好，很大程度上取决于企业提供的售后服务质量。由此，企业品牌形象、售后服务质量等软实力在消费者购车考虑因素中的权重日益提升。那些实力雄厚、服务口碑好的品牌就成为越来越多消费者的选择。

2011 年 1 月 1 日，一汽丰田正式把“3 年或 10 万公里”保修政策确立为全车系固定保修政策，成为目前国内汽车市场上屈指可数的保修期延长的品牌。这一质保政策从某种意义上说已成为汽车行业售后服务升级的标志性事件。而推动这一升级举措到来的正是在汽车买方市场下，掌握在消费者手中的那根指挥棒。

从早期的 2 年或 5 万公里，到现在的 3 年或 10 万公里保修政策，一汽丰田保修政策的不断延长代表了汽车行业的一种新趋势，那就是汽车厂商越来越重视售后服务的竞争力，而这也是汽车市场发展的必然趋势。正如业内人士所说的那样：“比拼车辆外观、动力性能的时代已经过去了，现在是比拼售后服务质量的时代”。

事实上，在消费者的购车考虑点中，售后服务的重要性日益凸显。在一汽丰田某经销店，记者遇到了一位打算购买普拉多的陈先生，陈先生可以说是一汽丰田的忠实客户了，早在 2003 年，陈先生就购买了他的第一辆车——威驰，2009 年换车的时候又选择了锐志。现在随着经济条件的提升，酷爱越野、摄影的陈先生打算为家里再添置一辆高性能豪华 SUV。

“一直都在开一汽丰田的车，性能、品质都比较了解，这几年下来，对他们的售后服务也很满意，周到、人性化。他们还经常举办一些车主活动，像爱车养护课堂会告诉我们用车常识，对新购车的朋友很有帮助；每逢换季的服务节我也是一个不落，往往是免费接受安全检测还能参与趣味抽奖活动；感恩节活动很贴心，去年十一黄金周，他们在很多景点开设服务站，给我们这些经常自驾出去玩的人很大的惊喜……”谈到一汽丰田的售后服务项目，陈先生如数家珍，“我现在跟他们的技师、服务接待人员都熟了，就像朋友一样，所以现在买车也不会考虑别的。一个最重要的衡量标准，那就是售后服务保障是否真正到位、售后服务质量能够让你真正安心、放心。”

对于3年或10万公里的保修政策，陈先生也有自己的看法：“敢于推出这样的政策，首先说明企业对车的品质有自信。而对于我们消费者来说，更重要的是售后服务的保障增多了。车辆的保修时间越长，我们肯定是更安心。”通过陈先生的这番评价我们不难看出：一汽丰田此举既体现了对商品品质的自信，也包含了一种回馈消费者的感恩心态，切实体现了在为消费者提供高价值、高品质的产品之余，还致力于为消费者打造安心、放心的售后服务。

随着新一轮的油价上涨，以及越来越高的停车费、管理费，以及日常的保养费用，消费者的用车成本不断增加。另一方面，众所周知，汽车产品构架复杂，由数万个零件组成，部分零件会随着时间的推移或使用里程数的增加而耗损老化，产生维修的可能性。车辆购买时间愈长，行驶里程愈长，需要维修的可能性就愈大。如果涉及发动机、变速箱这样的大件，维修成本就非常高了。

新的保修政策对于经常需要跑长途的车主而言更显珍贵。“根据现行的3年或10万公里的保修政策，我至少可以多跑4万公里而不用担心正常损耗带来的维修费用，从另一角度来说也等于是降低用车成本了。”作为一个摄影爱好者，陈先生一有时间就会驾车出去采风。“2009年买的锐志，现在已经跑了6万公里了，所以说，新的保修政策对于我们这些喜欢到处跑的人来说是非常有吸引力的。”

无论是对用车成本的关注，还是对售后服务的重视，随着汽车市场的不断成熟，像陈先生这样理性的消费者越来越多。除了车辆本身的性能和品质，他们对售后保障和服务水平的要求日益提高。正如陈先生说的，“买一辆车就像是和企业结了婚，好的售后服务让你的婚后生活无后顾之忧。”从厂商的角度而言，优质的服务则能为汽车企业带来好的口碑，潜移默化地提升客户的信赖感和品牌忠诚度。因此我们相信，一汽丰田3年或10万公里保修政策的推出，必将成为完善售后服务的新指针，为提升汽车行业整体售后服务水平提供方向。

4.4.2　案例分析

为什么多数软文会被认为是广告呢？这中间，涉及一个问题，即品牌形象。很多软文中出现某产品或网站，大家会想到广告，主要是现在用的软文质量都太差了，但是如果企业本身的品牌已经很好，例如阿里巴巴，有软文中涉及它，恐怕你也就不会觉得是什么软文，而是新闻，问题就在于如何利用网民的兴趣点，将小品牌的软文做得像新闻一样，来发挥软文的价值。

☞知识拓展

写好软文的3大卖点

随着互联网上网民的鉴别能力不断提高，一般的软文难逃网民的法眼，靠几篇软文卖产品，赚得盆满钵满的时代似乎已成为过去时。

1. 产品功能形象化

很多年以前，伟大的广告大师就告诫我们："不要卖牛排，要卖嗞嗞声。"这句话表面上的意义很容易理解，而要在实践中应用就有点难了。笔者认为，赋予产品与生俱来的形象化描述，让消费者与文案产生互动，才有可能让产品轻松地完成"惊险的一跳"。

在保健品功能的批文中，大都是一些不痛不痒的词语，如"抗氧化"、"免疫调节"等。在中药的主治功能中有些说法一般人也很难明白，如"益肾补气"、"温阳补肾"等。所以，将产品功能形象化，是整个软文布局的战略指导思想。

其实，产品功能形象化一直是产品策划的核心，不仅在软文创作上是，在产品核心概念的提炼等多个环节中也是，像"洗肺"、"洗肠"、"洗血"等，都是策划者将产品功能形象化的例子。

2. 写作语言通俗化

软文能卖货还在于其语言的通俗化，要能照顾到大多数阅读者的理解能力。

软文的阅读者是普通的消费者，软文拒绝华丽辞藻的修饰，拒绝连篇累牍的描述，需要将思想和灵感通俗化、商业化、锐利化。一篇能卖货的软文一定是能被人轻松阅读并理解的，这是前提和基础。没有语言的通俗易懂，软文只能曲高和寡，没有回应，自然谈不上带动产品销售。

为了通俗，能避免使用成语时就一定不要用成语，尽量长话短说，尽量避免华丽辞藻的修饰，尽量用消费者熟悉的生活元素去说道理。

3. 应用黄金分割法则

黄金分割法则在生活中已经被人们广为应用。科学试验证明，人们无论是在审美方面，还是在接受信息方面，最容易接受符合黄金分割法则的图片和信息。因此，能卖货的软文在结构上也应该非常科学。

根据市场调查，市场上最能卖货的软文都是软广告和硬广告适当配合后的结果；而且，广告软文和硬平面的比例越接近黄金分割比例，软文越具有杀伤力。软文中图片和文字的配比如果符合黄金分割法则，也不容易让受众产生审美疲劳，阅读时会更感轻松舒适。另外，在文字内容的安排上，如果对产品机理描述的篇幅与病例叙述的比例也符合黄金分割法则的话，则肯定比通篇说理或通篇说病例都会更有效果。

☞实训与思考

◎实训内容

1. 浏览腾讯新闻网站（news. qq. com），找出至少3篇软文，并对其进行分析。

2. 结合自己或朋友的淘宝网店，选择1～2件自己感兴趣的商品，为其写篇软文，要求图文并茂，发布在 http：//91tejia. net 网站中，并保存作为 BBS 营销、BLOG 营销等章节的素材。

3. 参照图4.1所示的某产品软文，为91特价网（www. 91tejia. net）或自选一熟知网站，写一篇200字以上的软文，发布在自己的博客或QQ空间，并保存作为BBS营销、BLOG营销等章节的素材。

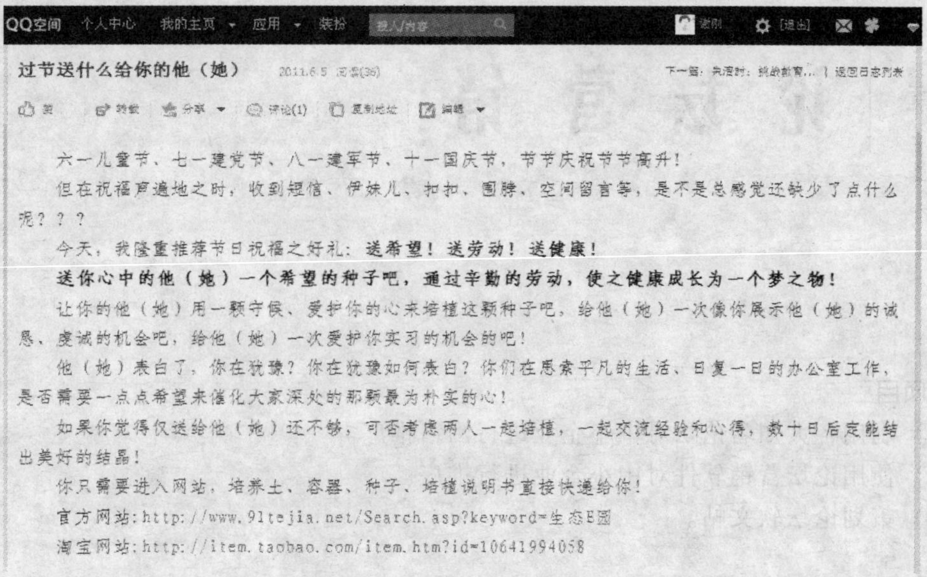

过节送什么给你的他（她）

六一儿童节、七一建党节、八一建军节、十一国庆节，节节庆祝节节高升！

但在祝福声遍地之时，收到短信、伊妹儿、扣扣、围脖、空间留言等，是不是总感觉还缺少了点什么呢？？？

今天，我隆重推荐节日祝福之好礼：**送希望！送劳动！送健康！**

送你心中的他（她）一个希望的种子吧，通过辛勤的劳动，使之健康成长为一个梦之物！

让你的他（她）用一颗守候、爱护你的心来培植这颗种子吧，给他（她）一次像你展示他（她）的诚恳、虔诚的机会吧，给他（她）一次爱护你实习的机会的吧！

他（她）表白了，你在犹豫？你在犹豫如何表白？你们在思索平凡的生活、日复一日的办公室工作，是否需要一点点希望来催化大家深处的那颗最为朴实的心！

如果你觉得仅送给他（她）还不够，可否考虑两人一起培植，一起交流经验和心得，数十日后定能结出美好的结晶！

你只需要进入网站，培养土、容器、种子、培植说明书直接快递给你！

官方网站:http://www.91tejia.net/Search.asp?keyword=生态E園

淘宝网站:http://item.taobao.com/item.htm?id=10641994058

（截图自 http：//user. qzone. qq. com/429727030/blog/1307259537）

图 4.1

4. 结合软文写作技巧，写一篇有个人姓名等信息的个人介绍或家乡介绍，在该介绍中有可定位到自己的信息，并保存作为搜索引擎营销等章节的素材。

◎思考题

1. 以小组为单位，讨论软文发布到哪里才不会被认为是广告。
2. 软文写作的主题怎么确定？
3. 软文的分为哪几类？
4. 软文营销有哪几种常见的方法？

第5章 论坛营销

☞工作项目

（1）利用各大知名论坛对中小企业进行网络推广。

（2）使用论坛营销软件对中小企业进行推广。

（3）策划论坛软文帖。

☞知识目标

（1）掌握论坛发帖的步骤。

（2）掌握论坛发、回帖的技巧。

（3）掌握论坛营销的原则。

☞技能目标

（1）策划有质量的帖子。

（2）回复帖子，增加曝光率。

（3）设置论坛签名档。

☞案例导入

半个月0交易，淘宝男发帖一夜成名

在淘宝论坛有这样一个帖子："半年0交易，他坚持的是什么？"如果说它是淘宝史上的最强帖，可能有些过分了，但它确实是一个非常出色的帖子。说它出色，是因为该帖一经发出，在短时间内就聚集了大量的人气，该帖没有用大篇幅的文字进行表述。该帖发表于2011年3月13日，截至2011年3月30日，该帖回帖量近5千，流量超过14万，在不同时段上过淘宝论坛首页，还被淘宝不断弹窗给淘宝旺旺用户。在较短的时间内，关注此帖的网友也分为两大派，一派被该店主的坚持精神所感动，通过回帖鼓励该店主，有的还成为了该网店的客户，使半年无交易的网店在短时间内迅速达成近百笔交易。而另一派认为该店主是在借机炒作自己，想通过0交易来博取网友的同情，是酝酿已久的论坛推广手段。有的网友在淘宝论坛里针对此事展开了辩论，有的网友发表了与半年0交易事件相关的帖子。网友关注程度越高，人气越大，不管是支持还是反对，最后获得高曝光率的还是发帖者，自然他的淘宝店铺也会被广泛关注了。这可以看成是2011年最成功的论坛营销典型案例。

阅读上述案例，分析以下问题：

（1）该帖是如何抓住网友心理开展论坛营销的？

（2）论坛营销整个过程应该注意什么？

随着互联网的迅速发展和普及，人的日常生活越来越离不开网络，消费者倾向于通过网络获得自己所需要的信息，通过浏览论坛来查看自己所中意的产品（企业），通过论坛与网友沟通与交流，从而确定自己是否购买此产品。可见，如何充分利用互联网的优势推广产品和服务，是摆在每个企业面前最主要的问题。

5.1 认识论坛营销

5.1.1 论坛的概念

论坛是互联网诞生之初就存在的形式，历经多年洗礼，论坛作为一种网络平台，不仅没有消失，反而越来越焕发出它的活力。

论坛即通常所说的BBS，就是指在网络上交流的地方，你可以发表一个主题，让大家一起来探讨，你也可以提出一个问题，让大家一起来解决。

5.1.2 论坛营销的发展情况

论坛营销是伴随着论坛的产生而逐渐兴起和发展起来的，逐渐成为网络营销中不可或缺的一部分。成功的论坛营销能给企业带来巨大的利润回报。论坛营销的操作性相对而言比较简单，随着科学技术的发展，论坛营销的形式也逐渐多样化，这就为很多的企业、产品、服务、个人提供了一个很好的营销传播平台。

随着互联网的发展，与论坛营销推广相关的服务性网站也开始兴起，如无忧软文网，该网在论坛营销方面做得比较完善，主要提供软文的写作以及软文的推广两项服务，该网有专业的网络写手和网络推手，为企业产品提供包装和推广，能给商家带来切实的回报。

5.1.3 论坛营销的特点

论坛营销之所以越来越受到各大中小企业的青睐，主要还在于它比其他网络营销方法具有更多的特点和优势。

1. 针对性强

企业经营什么产品，就可以进入相应的行业论坛发布帖子，在短时间内积聚一定的人气。比如企业开展的是装修类业务，则可以进入房产、家居、装修类的论坛进行宣传，同时，企业如果面对的是全国用户，可以在知名门户网站上进行论坛营销；如果企业面对的只是本地用户，则可以选择只在本地知名论坛上进行宣传，针对性很强。

2. 成本低

企业在专业论坛对策划、撰写、发放、监测、总结等系列的过程所投入的成本非常低廉，并能得到高效传播。传播的方式也很多，包括各种置顶帖、普通帖、连环帖、论战帖、多图帖、视频帖等。

3. 互动性强

企业可利用论坛作为平台，举办各类踩楼、灌水、贴图、视频等活动，调动网友与企业之间的互动。

4. 持续效应

事件炒作通过炮制网民感兴趣的活动，将客户的品牌、产品、活动内容植入传播内容，并展开持续的传播效应，引发新闻事件，导致传播的连锁反应。

5. 搜索便捷

越来越多的网民发现在搜索引擎中搜索一个产品的信息时，经常会搜索到某论坛关于该产品的评论。企业应根据搜索引擎的搜索特点来选择论坛和编辑信息，这样可以使产品内容在论坛上有更好的表现，并在主流搜索引擎上能快速寻找到发布的帖子。

5.1.4 选择论坛营销方法

1. 从营销手段来分类

(1) 论坛图像宣传法。发布论坛前，要首先制作一张不大不小的小广告图片备用，在论坛上注册后上传图片，在发帖和顶帖时就会显示该图像，看帖者可通过论坛图像了解企业的产品和所属的行业，如果有需要，就会与企业进行更深入的联系，同时，企业也能在长时间内形成自己的品牌和广告效应。

(2) 个性签名宣传法。个性签名宣传法是在帖子最末端，将自己的产品编辑为一段话，用于宣传企业，这段话可以是企业的简介，也可以是企业的广告语。一般来说，论坛会限制个人签名的字数，这就需要语句精练易懂，可以包括网址、QQ、电话等联系信息。个性签名会在回帖的时候显示，同时，浏览帖子的网友也能看到个性签名，能很好地宣传企业。

(3) 软文宣传法。软文目前已经成为企业或者产品营销推广中一种很实用的方式，可以达到做广告的效果和提高企业知名度和美誉度的目的。软文的硬效果就是要能卖货，即通过软文将企业的产品和服务卖出去。

(4) 新闻焦点法。新闻焦点法可以将企业创意性的产品与新闻媒体中报道的重大事件和新闻人物联系起来，使企业成为论坛中的焦点，引起社会公众的关注，让网友产生深刻的印象，从而起到促销的作用。

2. 从营销人员角色上分类

在企业中，不同层级的用户使用不同的论坛营销方法，不同的角色在论坛营销中的任务也有差别，主要分为以下几种类型：

（1）新业务员：先学习回帖，参加讨论活动，累积经验，策划主题，进行软文营销。

（2）老业务员：可以通过发精华帖，分享经验，做征文类等活动来聚集人气。

（3）资深业务员：可以通过累积人脉，做论坛版主，组织活动，提升知名度。

（4）老板：没有时间慢慢累积经验的人可以通过赞助论坛活动来宣传自己的产品。

5.2 开展论坛营销

5.2.1 实施论坛营销的流程

1. 安排专人策划

企业要有专人负责论坛推广，策划论坛营销，在进行论坛营销时，该人员能借助一切可用资源辅助开展。企业应安排专人负责管理账号、发帖、回帖，积极参与论坛的推广，鼓励其他网友回复。论坛营销不能只通过网上进行，通常还需要与线下结合起来进行，比如，可以由企业策划利用公司产品作为礼品方式邀请网友参与线下活动。此外，企业员工要及时和论坛管理员沟通交流，熟悉各大论坛的管理员和版主，有助于开展论坛营销。

2. 定位营销方向

在进行论坛营销前，企业应确定好所要推广的产品属于哪一个类型，要找到适合做推广的论坛。论坛主要有两类，一类是大而全的综合性论坛，另一类是深而精的专业性论坛，每个论坛都有自己的发展方向和定位。选择好论坛后，应抓住这个论坛的主要用户群体，与自己所推广的产品和服务相结合，要研究企业的信息在这个论坛上发布有没有价值和回报。

为了达到企业论坛营销的最佳效果，获得最好的回报，应定位好营销方向，找对投放信息的论坛，可以通过以下步骤来寻找行业论坛：

第一步：在百度、Google 等平台搜索。直接输入“关键字+论坛名称”来查找；或者直接输入“关键字”查找行业相关的门户网站。

第二步：筛选论坛。筛选标准有两个，一是看论坛人气，可以查看该论坛的 IP 访问量，具体可以看与自己产品信息相关的对应版块，每天的新帖大概有多少？论坛现有的帖子点击量有多少？回复又有多少？根据这些数字就可以知道该论坛的人气。二是查看论坛页面的 PR 值。可在专业网站查询，如 http：//pr. chinaz. com，PR 值越高，说明该论坛人气越高。

3. 建立论坛数据库

选择所要发布信息的论坛后，就需要建立论坛数据库，其质量高低直接关系到论坛营销能否顺利开展。如果是专业的论坛推广，就需要借助相应的论坛营销软件来发布帖子，而不可能注册一个论坛发一个帖子，这样一方面会降低工作的效率，另一方面论坛为了防止营销人员灌水、做广告，对论坛注册以及发帖设置了重重限制，比如，注册时间少不得发帖、注册积分不到一定数字不得发帖、注册必须用邮箱验证，等等。因而，建立论坛数据库是很必要的，一般而言，数据库中的论坛所使用的用户名、密码与注册时所使用的用户名和密码要保持一致，方便后期的营销和推广，论坛数据库所需要的信息，如论坛的名称、论坛的地址、论坛的分类、论坛的核心版块列表、论坛的活跃指数等，都整理到一起之后才能比较顺利地进行营销推广。

4. 申请账号

企业应在全国各大知名论坛注册账号，可以分为主账号和副账号，主账号是在论坛中发布本企业产品信息的主要账号，副账号在网络中俗称“马甲”账号，是为了提升主账号发帖人气的账号。在申请账号时，需要注意以下几点：

（1）企业的“马甲”账号在每个论坛中不低于 10 个，如果有足够的精力，“马甲”账号越多越好。针对不同产品、不同营销事件，所需“马甲”账号数量不定，如知名品牌进行论坛营销不需过多“马甲”账号即可产生效应；而普通企业在论坛推广产品时，则需要多一些“马甲”账号配合，以提升人气。

（2）“马甲”账号主要是用于配合主账号，注册时不要使用无任何意义的数字或者英文字母组合，这样的账号缺乏真实性，资深网民一眼就能看出这是“马甲”账号。

（3）每个账号应上传不一样的头像和签名，其中主账号应精心设计，其他账号如果没有很好的头像，可以在百度里搜索一张吸引眼球的图片，以此带来人气和流量。

5. 策划帖子

（1）主题策划。营销主题是开展论坛营销的关键，主题策划得好，可以起到事半功倍的效果。策划主题的时候，要注重题目的策划和内容的策划。标题首先要能吸引眼球，即标题要有一定的号召性，能吸引读者。标题是敲门砖，标题要有一定的含义或歧义，让读者产生疑惑而进一步想得到答案。

①标题要能引起大家共鸣，比如，看到“×××的方法”和“一个细小的改变，拿到了一个大订单”这样两个标题，同样是经验分享，前者显得官方平铺直叙，后者更贴近客户，能够引起共鸣，网友更愿意点击此类标题的帖子。

②多用对比和数字，如“一个细小的改变，拿到了一个大订单”，这个标题中，“细小”和“大订单”形成了鲜明的对比，会使话题的表达更强烈，也许对某些客户来说，10 万只是一个很小的单子，但是有了这个明确的数字，让人觉得更直观，更可信，更有吸引力。又如“同样是图片拍摄，区别怎么就这么大?!”虽然没有大小的对比，但是用了“同样”和“区别大”来形成了对比。

③标注原创。网友更喜欢在论坛中发现原创帖子，如果是原创内容，别忘记为自己的帖子加上“原创”二字，会被更多的人关注。

④标题字体、颜色、符号处理。在写的时候把重点关键词，用括号标注起来或加粗和变色，可增加视觉效果，引起关注。

(2) 内容创作。根据制定的计划，为了迎合网友的需求制作发帖需要的内容，可以进行实地考察，拍照和摄像，然后进行文字整合工作，应注意以下几点：

①元素齐全。内容在创作上不应该只有文字，也不能只有图片。为了更加吸引人气，应尽量做到图片、文字齐全，必要时，还可以加上视频。图片和视频比较直观，更能吸引读者。

②内容简明扼要。帖子的内容不应过长，最好能单刀直入地把观点说出来。当今是一个快速消费的时代，网民的耐性也越来越有限。论坛帖子在创作时，不能太长，内容应尽量简明扼要。

③内容中的广告要“软”。广告最好能本着以网友为本的原则，广告内容如果非常明显，帖子被删除的可能性非常大，内容也不会吸引人，这样的帖子发得再多，总体的浏览量也不高。

④内容要有争议性。帖子如果没有争议性，大部分的网友都是一看而过，很少会对帖子留言或者评论。

6. 引导网友

网友的参与是论坛营销的关键环节，如果策划成功，网友的参与度会大大提升。企业要正确地引导网友的回帖，不要让事件朝相反方向发展。具体情况具体分析，有时在论坛产生争论也未必是件坏事，特别是对不知名企业，通过论坛途径演变成大范围“病毒”式营销，其知名度会有很大提升。

7. 监测效果

企业要仔细监测论坛营销带来的效果，同时注意改进，这点相当于一个细致的数据分析和用户群体分析。通过一次营销，会总结出很多问题，下次策划时可以借鉴；不同领域用户群体习惯不同，方式方法并不通用。

5.2.2 论坛营销案例分析

1. 案例简介

在淘宝论坛有这样一个帖子：《■◣恭喜五钻◢■为了淘宝，老婆辞了IBM!》，此帖内容先后更新过几十次，字数过万，回帖量超过两千，浏览量接近五万，在不同时段上过淘宝首页和淘宝论坛首页。在给淘友分享网店创业历程的同时，大大增加了帖子主人在淘宝论坛的曝光率，收到了很好的论坛营销效果。

该店铺由夫妻双方经营，男主人主要写帖，女主人是真正打理淘宝店铺的。帖子讲述的是他们所经营的药妆店铺的成长历程，内容相当丰富，从做淘宝买家讲起，然后辞职

IBM，走上淘宝药妆经营路；从一钻发展为五钻，从一个很小的店铺发展为现在拥有二十多万库存，较有规模的淘宝五钻店铺，在淘宝药妆行业内位居前列。

2. 案例分析

（1）此帖有三大特点：

①此帖不是一次成型，从2007年5月开始写起，至今仍在不断更新中，前后共更新几十次，内容都在主帖中，每次新添加的部分就写在主帖的最后。每次更新添加新内容时，前面都会加上更新日期，所以整个店铺的成长历程能很清晰地被大家所分享，帖子主人认真、执著的精神也被大家所津津乐道。

②帖子的论坛营销效果非常好。此帖回帖量超过两千，浏览量接近五万，而且这个数字还在不断地增长中，在不同时段既上过淘宝首页，又上过淘宝论坛首页。帖子给店主人带来的曝光率相当高，很多网友因为这个帖子认识了他的药妆店铺，有相当一部分网友最终成了他的用户。

③帖子营造的氛围相当好，虽然只是店铺成长经历分享，但大家读起来都觉得津津有味。店铺主要是女主人来打理，帖子由男主人来写，整个帖子中，无不体现着夫妻间的恩爱、和谐；无不体现着店铺经营的快乐，虽也有经营烦恼的时候，却丝毫不影响帖子所表现出来的快乐基调。经营淘宝店铺不可能这么轻松，但帖子主人却能以很轻松的心态来对待店铺经营，这给大家留下了很深的印象。

（2）该论坛营销案例带来如下启发：

①帖子内容一定要写大家所关心的事。帖子写得好不好，最后的营销效果如何，除了和写帖子的水平有很大关系外，帖子的内容是不能忽略的一个重要方面。按常理说，只要不违反论坛规则，什么内容都可以写，但是要想阅读的人多，就要尽量写大家所关心的话题。这个案例中的帖子就是一个淘宝店铺成长历程分享帖，从辞职IBM，到一钻，再一步步到五钻，整个成长历程非常清晰，在分享这个成长历程的过程中，很自然地把经营店铺的苦与乐，以及产品和经营情况分享给大家，人们不但爱读，而且起到了很自然的营销效果。

②写帖子一定要写真实、写分享。很多时候，真正感动大家的帖子，不是文字的处理水平有多高，而是真实的文字所带来的那种亲切感。这个案例中的主人就是以分享的态度，把自己真实的淘宝经历，把经营过程中的快乐与烦恼，很自然地介绍给大家，虽然帖子中的经验介绍并不多，但帖子仍然很耐读，因为大家都是卖家，都有成长经历，大家的心灵很自然地产生了碰撞。

③一定要注意帖子的长期维护。要想写一个好帖子，后期的维护不能少，尤其是这种店铺成长历程分享帖。一般人都有这种心理，希望看到一个完整的店铺成长历程。不断更新，不断添加新内容，会让帖子始终保持生命力。除了主帖的不断更新，多重视大家的回帖，回帖不但便于和大家交流，也可以使自己的帖子经常性地被顶起来，这对形成一个大帖很有好处。本案例分享的这个帖子，最开始写的时候，因为内容少，并没有被加精华，但随着不断更新，内容不断丰富，后来加了精华，还上了淘宝首页。在后期的继续更新中，帖子又上了淘宝社区首页，可以说，这是一个长期维护帖子的典范。

④帖子一定要带着营销的心态写。上论坛是为了推广店铺而来，是为了做论坛营销，所以写帖子时，要始终带着一个心态来写：不管帖子怎么写，是为了营销而来。这样，在写帖子时，就会很自然地想这个帖子怎么写才能更利于营销，做到这一点，会让帖子的水平上一个大台阶。

5.2.3　论坛营销技巧

1. 图文并茂

论坛营销可以用一种和消费者比较亲近的方式，通过软性文章将产品的特征和好处展现出来，还可以用准消费者的身份传达产品的使用状况和消费体验，可以准备一些产品的图片，融入到软文中，既可以提升帖子的关注度，又可以提高帖子的跟帖量，还可以详尽展现产品的每一个好处。

2. 发帖的艺术

在发帖前，一定要先设计好帖子的主题和目的，即通过这个帖子，要把消费者往哪个方向引导？在帖子的哪一个部分，要留一个悬念，引发消费者更强烈的兴趣？

3. 回帖的艺术

回帖也有艺术性，作为论坛营销人员，在回帖中要注意以下几点：

(1) 自己发的帖子，自己一定要常回复，或补充说明式地回复，以期慢慢带动帖子的人气。

(2) 要经常逛论坛。如果一个月来一次论坛，很难清楚哪些是论坛的热门帖，所以要经常来逛。每次的时间不一定要很长，5分钟足够了，了解一下论坛的热帖。

(3) 回复论坛置顶的文章，置顶的帖子因为地理位置的优势，被看到的几率大大增加，这种帖子会有成千上万的访问量，人流量大，多多回复这类帖子，会被更多的人看到。

(4) 在回帖过程中，尽量选择“坐沙发”，在语言上，如果仅仅是“路过、飘过”之类的回复，并不能增加客户的兴趣度，很难想象可以通过论坛得到什么。

4. 持续性营销

在重点论坛，每月发2~5个主题帖，回复若干；每月至少培养一个精品帖（不一定要加精，但人气要火）；在回复别人的帖子时，可以贴上自己帖子的链接。

5.3　论坛营销软文

目前而言，论坛营销中最主要的方式就是营销软文的推广，顾名思义，它是相对于硬性广告而言，用唯美的语言将产品形象化，刺激阅读者的兴趣，进而产生消费的欲望。营销软文写作的目的就是要将企业的产品和形象通过美丽的文字来进行包装，以达到宣传的效果。营销软文写作的最高境界就是“言之无物，实则有物”。

写营销软文首先要选切入点，即如何把需要宣传的产品、服务或品牌等信息完美地嵌入文章内容中。其次要设计文章结构，把握整体方向，控制文章走势，选好冲击力强的标题。再次要完善整体文字，按框架丰富内容，润色具体内容。最后要反复沟通和完善。

论坛软文推广是论坛营销成败的关键，再美丽的软文也是广告。随着营销领域的发展，人对软文的免疫力也越来越强，论坛管理人员对软文的判断能力也越来越高，处罚力度也越来越大，那么，摆在每一个论坛营销人员面前的问题就是该怎么发布信息。

大部分论坛都会有灌水专区、杂谈之类的版块，如果实在找不到与自己所发布的信息完全相符合的版块，可以发布在这样的版块里，以提高帖子存活率。当然，如果这个论坛有广告专栏的话，广告性太强的软文还是最好到广告区里去。

另外，很多人做推广的时候不愿意在小论坛或地方性论坛发帖，其实不然。论坛都是由网民组成的，而网民有很大的互通性。地方性论坛上的网民也极有可能成为潜在客户，不放过任何一个可以推广的机会，是网络推广制胜的关键。同时，地方性论坛、小论坛的限制一般较少，这样的论坛一般不会删掉帖子。

软文还可以在那些比较热门的帖子后边以回帖的形式发布，不过这样的回帖存活几率一般不大。

对于利用软文进行营销推广，要分阶段、分层次进行，在整个推广周期中，要根据不同时期安排不同的软文，软文的广告性也要有所侧重，一般而言，广告性要越来越强。

5.4 论坛营销组合策略

论坛营销组合策略有两方面的含义：一方面是指通过对消费群体经常光临的门户、社区和网站，进行科学的组合，分人气，分主次地在推广中选择组合，使推广达到最佳的效果。另一方面是指论坛营销要与其他营销方式相结合，要抓住通过论坛营销获得的潜在用户，尽量多地得到其信息，然后通过其他营销方式与其进行直接或者间接的沟通，最终达到自己营销的目的。比如，发布的信息有人回帖了，但是并没有表示自己的明确意向，这样就要尽可能地查找对方的信息，而后通过 QQ、MSN、邮件等方式对这些用户进行营销。

开展论坛活动也是论坛营销组合策略中的重要一部分，但要求比较高，需要论坛官方的配合，当然通过论坛活动来进行营销推广所取得的效果是百分百的，论坛活动能够很好地调动网民的积极性，即使是一个纯粹的商业性广告，也能使网友很好地参与进来，提高互动性。同时，论坛线上营销要与线下营销推广相结合，比如举办研讨会、招聘会等，都可以促进营销推广。

5.5 论坛账号信息的维护

要定期去维护企业的论坛账号，除了发广告之外，要尽量去论坛活动，比如通过回复精华帖增加自己的曝光率，进入到论坛的核心会员中或者申请成为论坛的版主，这样对论坛推广是最有优势的，因为版主可以大胆发帖，并对自己的帖子进行加精、置顶等操作，但是要做到这一点比较难。除了在论坛活动之外，还可以与其他的论坛会员沟通，加入论坛的官方 QQ 群，加强交流与合作。

需要注意的一点是，对于注册论坛账号时一定要完善自己的个人信息，如年龄、昵称、个性头像、个性签名等，因为完善的个人信息会使人觉得有亲近感，论坛管理者会觉得是个忠实的会员，即使偶尔发布一个软广告也会得到宽容。同时，在个性签名里完全可以以简短的文字发布自己的产品和企业信息以及自己的网站或论坛的网址，这是广告发布的一个很好的方式，而且一般不会被删掉，搜索引擎在搜索这个论坛或者帖子的时候，会顺便把个性签名里的网址搜索到，对于网站的搜索引擎优化有很好的帮助作用。

5.6 论坛营销软件的应用

论坛营销的软件有很多种类型，总的来说，有付费和收费两种。可以在百度搜索“论坛营销软件”，并可以下载免费版或试用版，如极速论坛营销王、全能营销、互惠论坛群发、信鸽论坛群发专家等论坛群发软件。

下面以极速论坛营销王为例，介绍操作步骤。

极速论坛营销王是完美的信息发布工具，支持 Http 代理，加入原创的代理穿透技术，直接虚拟 IP 地址，让论坛无法获得真实的 IP 地址，程序完全智能化，程序自动分析自动注册用户，默认设置即可发送任何帖子！内置 1 万多个论坛地址库，只需要点击一下“开始发帖”，信息就会发布在 1 万多个论坛上，是理想的论坛营销工具。该软件有以下特点：

(1) 高速：并发设计，最高支持 200 个线程，相当于在同一秒内向 200 个论坛进行注册和发送。

(2) 稳定：专业测试人员经过持续 72 小时无错运行。

(3) 智能：全国首创的智能论坛注册问答系统，智能识别回答 65% 以上的注册问题，使得注册成功率提高数倍。

(4) 精确：论坛地址搜索蜘蛛可以在各大搜索引擎精确地捕获到论坛的 PR 值、版块和论坛类型，使得群发毫无误差。

(5) 真实：对每一个论坛的注册和群发返回结果真实可查，绝不用虚假成功信息欺骗任何用户。

(6) 便捷：论坛地址和数据可以自行根据行业关键词搜索入库，使得广告定向，并在搜索入库的同时分析出该论坛的 PR 值，准确率达到 100%，支持优先发送高 PR 值的论坛。

极速论坛营销王的使用主界面主要有三大功能，即发送操作、数据库管理、论坛发帖参数设置（见图 5.1）；默认参数设置如图 5.2 所示，搜索论坛如图 5.3 所示；群发内容管理如图 5.4 所示，设置好要发送的内容及标题。

以上步骤完成后，点击“发送”，即可将同一个或多个主题同时发给若干论坛，方便快速，发送范围广。

表 5-1 列出了我国人气论坛排行榜前 50 名的名单。

极速论坛营销王2011v1.0 - 个人版
开始发送
停止发送
发送操作
论坛搜索
数据管理
循环切换
数据库管理
参数设置
发送内容
注册软件
论坛发帖参数设置
论坛列表
发送结果
编号 论坛URL地址 论坛版块数量 PR值 论坛类型
1 http://www.globalfire.cn/fire365/dvbbs/ 7 0 Dvbbs8.0
2 http://www.xfgcw.com/bbs/ 38 0 Dvbbs8.0
3 http://www.xiaofang021.com/bbs/ 14 0 Dvbbs8.0
4 http://www.china-region.com/bbs/ 18 0 Dvbbs8.0
5 http://www.cnshuitou.com/bbs/ 39 0 Dvbbs8.0
6 http://bbs.foodqs.cn/ 48 0 Dvbbs8.0
7 http://bbs.big-bit.com/ 14 0 Dvbbs8.0
8 http://bbs.51fashion.com.cn/ 29 0 Dvbbs8.0
9 http://www.cn9f.com/bbs/ 20 0 Dvbbs8.0
10 http://www.watchstore.com.cn/ 70 0 Dvbbs8.0
11 http://www.xgic.com/bbs/ 9 0 Dvbbs8.0
12 http://www.purchaser.com.cn/ 19 0 Dvbbs8.0
13 http://www.cpa365.cn/bbs/ 23 0 Dvbbs8.0
14 http://bbs.dcement.com/ 10 0 Dvbbs8.0
15 http://lybbs.shangdu.com/ 71 0 Dvbbs8.0
16 http://www.ailazy.com/bbs/ 6 0 Dvbbs8.0
17 http://bbs.c-bm.com/ 63 0 Dvbbs8.0
18 http://mdjmxw.mudanjiang.gov.cn/ 87 0 Dvbbs8.0
19 http://club.beelink.com.cn/ 8 0 Dvbbs8.0
20 http://www.softbbs.net/bbs/ 24 0 Dvbbs8.0
21 http://bbs.yjnet.cn/ 25 0 Dvbbs8.0
22 http://bbs.dahuahome.com/ 10 0 Dvbbs8.0
论坛合计13151个，其中PR>=3的论坛数0个 PR>=6的论坛数0个 PR>=8的论坛数0个

图 5.1

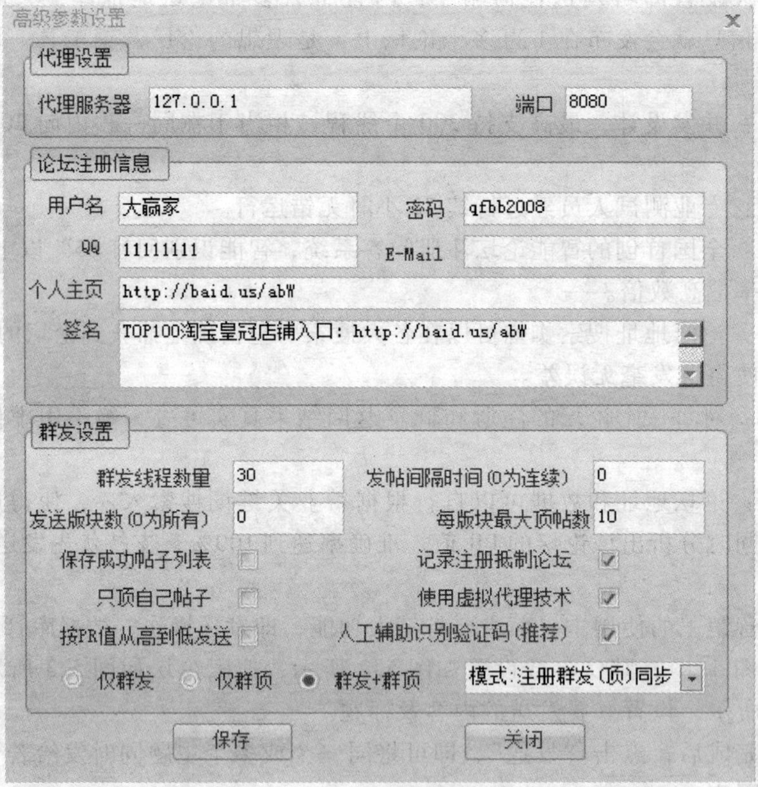
高级参数设置
代理设置
代理服务器 127.0.0.1
端口 8080
论坛注册信息
用户名 大赢家
密码 qfbb2008
QQ 11111111
E-Mail
个人主页 http://baid.us/abW
签名 TOP100淘宝皇冠店铺入口：http://baid.us/abW
群发设置
群发线程数量 30
发帖间隔时间(0为连续) 0
发送版块数(0为所有) 0
每版块最大顶帖数 10
保存成功帖子列表
记录注册抵制论坛
只顶自己帖子
使用虚拟代理技术
按PR值从高到低发送
人工辅助识别验证码(推荐)
仅群发
仅群顶
群发+群顶
模式:注册群发(顶)同步
保存
关闭

图 5.2

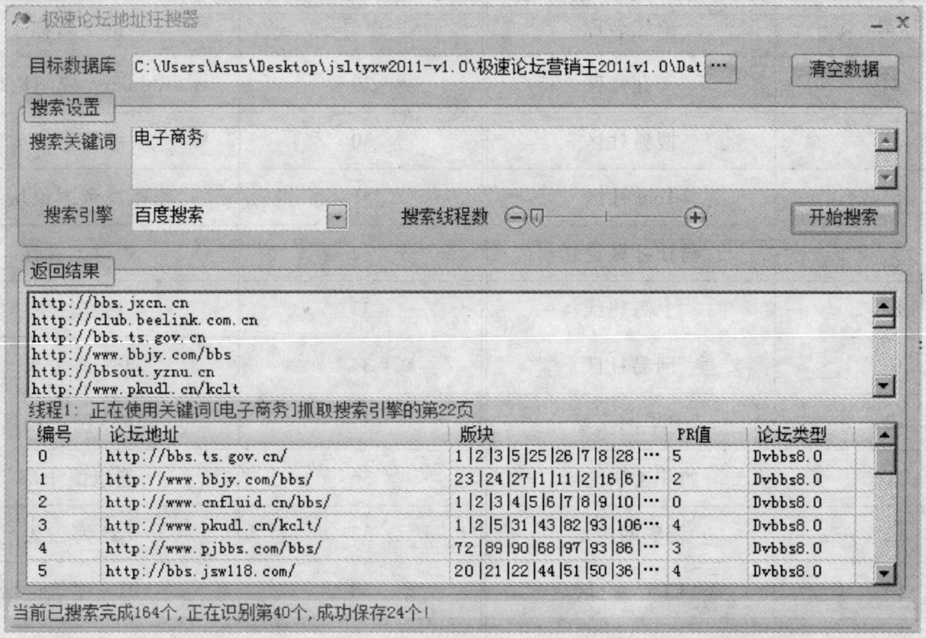

图 5.3

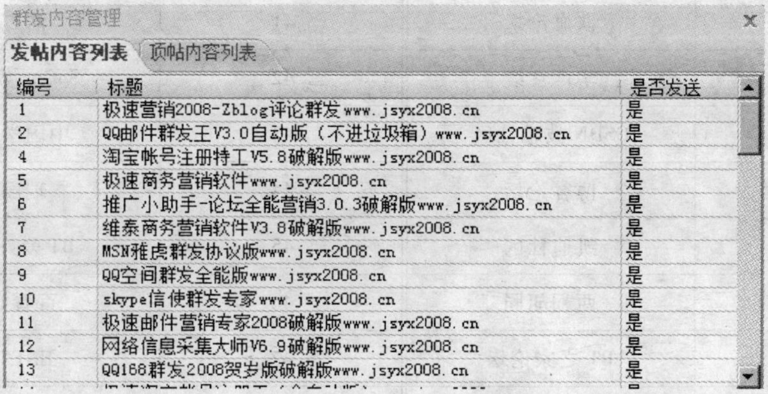

图 5.4

表 5-1

序号	论坛名称	序号	论坛名称
1	百度贴吧	26	中国站长论坛
2	西陆论坛	27	动网先锋论坛
3	新浪论坛	28	焦点房产论坛

续表

序号	论坛名称	序号	论坛名称
4	天涯社区	29	Chinaren 校园论坛
5	搜狐社区	30	丽影论坛
6	Tom 社区	31	影视帝国论坛
7	猫扑社区论坛	32	榕树下社区
8	上海热线	33	怡红快绿
9	网易社区	34	263 海云天
10	中华网论坛	35	17173 网游社区
11	腾讯 QQ 论坛	36	泡泡俱乐部
12	新华网论坛	37	263 海云天
13	CCTV 论坛	38	ABBS 建筑论坛
14	CN 社区	39	凤凰网论坛
15	强国论坛	40	千龙社区
16	铁血论坛	41	浩方社区
17	华声在线	42	SoGua 娱乐论坛
18	CSDN 技术社区	43	中国学生社区
19	博客论坛	44	瑞丽论坛
20	凯迪社区	45	BT 爱好者论坛
21	西祠胡同	46	百看娱乐网
22	BT 之家论坛	47	ENET 论坛
23	易域风情	48	亿唐盛世
24	第九城市	49	金融界财富论坛
25	贪婪大陆	50	北大 BBS

☞知识拓展

案例一　“中国隐秘贵族生活描述”营销案例

天涯有这样的一个帖子：“中国新生贵族生活的描述”，该帖是这样描述的：“他们只喝茶，价值数万美金一瓶的拉菲酒是他们的除夕晚宴用酒，他们只开雪弗兰的车而拒绝开任何其他的车，他们去非洲打猎，去阿拉斯加钓鲑鱼，他们鄙视比尔·盖茨这样的暴发户，但是他们尊重穷人……”这种网民闻所未闻的生活状态迅速激起了数十万网民极大的关注。这样一个帖子，点击超过数百万，跟帖和回帖超过了数十万。帖子在关于贵族和贫民的不断论战中，引发了无数人的猜想。关于中国隐秘贵族所喝的拉菲酒、所戴的百达菲丽手表和驾驶的湾流飞机也成为网民耳熟能详的奢侈品，并对此充满了无限的幻想和向往，而没有给品牌带来任何的负面印象。对拉菲酒、百达菲丽、雪弗兰这些品牌是一次非常成功的网络营销行为，实现了对品牌的有效传播。

下面来分析一下该帖的成功之处。

1. 争议是论坛营销的最大卖点

该案例具有非常强的话题争议，话题中充斥着矛盾，很好地把握了中国人的心理，无论有人羡慕还是有人谩骂，都不重要，有争议的话题就是最佳的传播手段，能够形成成百上千的回复。该案例的争议和品牌无关，品牌是这个争议背后的附属品，很好地保护了品牌。如果将品牌糅合进话题，一旦话题不当或引导不当，都有可能对品牌造成伤害。

2. 创造力决定营销内涵

该案例给人以无限遐想空间。创造力很有可能决定网络的口碑传播性，新奇的创意往往容易被论坛大量转载。

3. 潜移默化，润物细无声

论坛营销软文要的就是这种效果，如果话题一眼被看出来是广告，效果就不用想了。

案例二 “最新版手机的八大BT用法”营销案例

一位女性网友在猫扑上发了一篇题为“最新版手机的八大BT用法”的帖子，以非常另类的思维把玩着自己新款的摩托罗拉手机。这位网民标新立异地拍了许多该手机的古怪用法，诸如把该手机当做书签，用作水果刀等，创意十足，不过乍一看，和手机的定义与功能完全没有任何关系。这篇文章在猫扑受到了热烈追捧，且在各个论坛中迅速传播开来。此帖吸引了大量摩托罗拉粉丝的热情讨论。可以说，此帖从一个侧面传播了手机的品牌信息。

☞实训与思考

◎实训内容

1. 为第3章完成的软文（或自己的淘宝网店）策划一个主题，并在淘宝社区、天涯、强国论坛、当地门户网站、学校BBS等论坛相应的版块发布，及时跟踪搜索引擎收录情况，分析点击、回帖、精华等效果的分析，并及时采取措施提高点击率和曝光率。

2，在百度搜索一款免费的论坛群发软件，安装并尝试为自己的淘宝店铺群发促销信息。

◎思考题

1. 试分析论坛营销的优势和劣势。

2. 论坛营销的核心技能是什么？

第6章 博客营销

☞工作项目

（1）利用网易博客平台建立自己的博客。
（2）使用博客发布商业信息。
（3）建立自己的博客群并且管理它。
（4）建立自己的新浪微博。

☞知识目标

（1）掌握建立博客的基本知识和技巧。
（2）掌握使用博客进行营销的基本方法和技巧。
（3）学习博客群建的知识和管理方法。
（4）学习微博的建立和使用方法。

☞技能目标

（1）博客的申请和使用。
（2）博客营销的方法和技巧。
（3）博客群的使用。
（4）微博的运用。

☞案例导入

王石博客让万科公司深陷“捐款门”

在抗震救灾捐助方面，王石的一篇博客不仅给自己、给万科公司人为地造成负面影响，也在一定程度上伤害了万科公司员工的感情。在那篇引来无数骂名的博客文章中，王石公开了这样的信息：“万科对集团内部慈善的募捐活动中，有条提示：每次募捐，普通员工的捐款以10元为限。”让王石没有预料到的是，王石的这篇博客让万科公司深陷“捐款门”。“我们也不清楚董事长说10元钱的初衷所在”、“万科所遇到的危机，让万科员工也成了意外受害者”，这是万科员工无奈的表白。

通过王石及万科公司遭遇的“捐款门”，我们不去考虑万科捐助的200万元救灾款相对于万科几百亿元收入的比例是多是少，这里不妨考虑一下这样的问题：王石为什么要以这种方式伤害万科公司员工的感情？

首先，我不认为王石博客中的言论是万科公司对待突发灾难的立场。凭着个人的感觉，我相信在国难面前，作为国内房地产行业老大的万科公司员工决不会受“10元为限”的捐款约束。本来，为受灾的人民捐款，体现的是一种爱心，如果说企业捐款还希望得到一些公关效应，那么绝大多数个人捐款根本谈不上什么个人名利，很多人都是无记名捐款，无论捐多捐少，都只是为了表达自己的心意。那么，王石在自己的博客中公开宣布普通员工的捐款以10元为限，显然是不合适的，甚至可以说是对员工个人隐私的侵犯。

不过冷静想来，王石在博客中的观点或许并没有更深的意思，只是为了表达个人对慈善募捐的一些观点而已。但问题在于，王石的博客不仅仅代表他自己，在很多读者看来，在一定程度上代表了公司的官方立场。所以，无论万科公司员工有多委屈，无论王石个人有多委屈，从这次“意外”中获得的教训是，应该对企业博客（特别是老板博客）的规范和管理多加重视了。

（引自百度财经转发来自新华网的文章）

阅读上述案例，分析以下问题：

（1）万科为什么深陷“捐款门”？

（2）博客对企业有什么意义？

6.1 博客的发展

博客的历史与万维网（WWW或Web）的历史一样悠久。最早的博客应该就是万维网的发明人蒂姆·贝纳斯·李（Tim Berners Lee），他开设的第一个网站 http://info.cern.ch 实际上就是第一个博客网站，因为里面的内容就是列出所有出现在网上的各类网站。1993—1996年，NCSA和网景的“What's New”栏目，也有着博客的雏形。博客真正的历史可以说是从20世纪90年代中后期开始的。

6.1.1 博客的发展演变

1. 第一阶段：20世纪90年代中期到90年代末期，萌芽阶段（或者称为启蒙期）

追溯博客的源头，无疑是一件难事。有人说，1998年Jesse James Garrett发表在Camworld的网络旅行日记是点燃博客社区之火的导火索，从此博客成为一种新的潮流。但更多的人认为博客最正宗的源头还是Pyra（就是现在Blogger.com的前身），这是一家小小的软件公司，创始人为了开发一个复杂的“群件”产品，编写了一个小软件，以博客方式保持彼此的沟通与协同。后来，他们觉得这个简单的小工具对别人也很有用处，于是，1999 年 8 月，就在网上免费发布了 Blogger 软件。结果，这样一来，许多人利用这个软件作为武器，进入博客队伍。博客队伍开始迅速繁衍开来。这个阶段主要是一批 IT 技术迷、网站设计者和新闻爱好者不自觉、无理论体系的个人自发行为，还没有形成一定的群体，也没有形成一种社会现象。在悄悄地演变过程中，也有一些事件和人物起到了非常关键的启蒙与带头作用，为博客发展准备条件。

2. 第二阶段：2000—2006 年，初级阶段（或者称为崛起期）

到 2000 年，博客开始成千上万涌现，并成为一个热门概念。在博客发展史上，"911"事件是一个重要的时刻。正是这场恐怖袭击，使人们对于生命的脆弱、人与人的沟通有了全新的认识。一个重要的博客门类——战争博客（WarBlog）因此繁荣起来，可以说，对"911"事件最真实、最生动的描述不在《纽约时报》，而在那些幸存者的博客中；对事情最深刻的反思与讨论，也不是出自哪一个著名记者手中，而是在诸多普通博客当中。博客的影响力开始引起主流的媒体的强烈关注，博客崛起对传统媒体产生了一定冲击。同时，各个专业领域的博客如雨后春笋，纷纷浮出水面，越来越成为该专业关注的焦点。

3. 第三阶段：2006 年至今，成长阶段（或者称为发展期）

作为一种新的媒体现象，博客的影响力有可能超越传统媒体；作为专业领域的知识传播模式，博客将成为该领域最具影响力的阵地之一；作为一种社会交流工具，博客将超越 E-mail、BBS、ICQ（IM），成为人们之间更重要的沟通和交流方式。

显然，以上主要是对博客发展阶段的简单划分。在我国博客发展还处于萌芽期，可能需要 2～3 年，才能进入真正的崛起期。

但是，一向对网络发展保持最密切关注的"数字论坛"成员，从 2000 年左右就已经开始觉察，并予以极大的关注。2002 年，开始义不容辞地充当"博客思想"在中国推广和倡导的先锋。"博客中国"（www.blogchina.com）网站就是这样的一个产物。虽然给"博客"正式冠以中文名字，还是 2002 年刚刚完成的事情。但是在中国，最早关注、追踪并系统阐述"博客"想象的，是一直研究新媒体的孙坚华。他在 1998 年、1999 年的不少文章里已经开始涉及许多博客现象，而 2002 年 8 月完成的《博客论》，是国内第一篇系统、全面阐述博客的文章。

6.1.2 博客的特点

1. 博客是一个信息发布和传递的工具

常用的网络营销信息发布媒介包括：门户网站的广告、新闻；行业网站、专业网站供求信息平台；网络社区论坛、二手市场；公司网站、个人网站等等。在信息发布方面，博客与其他工具有一定相似的地方，即博客所发挥的同样是传递网络营销信息的作用，这是认识博客营销的基础。网络营销信息传递实际上也是整个网络营销活动的基础。博客具有知识性、自主性、共享性等基本性质，正是博客这种性质决定了博客营销是一种基于个人知识资源（包括思想、体验等表现形式）的网络信息传递形式。因此，开展博客营销的基础问题是对某个领域知识的掌握、学习和有效利用，并通过对知识的传播达到营销信息传递的目的。

2. 与企业网站相比，博客文章的内容题材和发布方式更为灵活

企业网站是开展网络营销的综合工具，也是最完整的网络营销信息源，公司产品信息和推广信息往往首先发布在自己的企业网站上，不过作为一个公司的官方网站，企业网站的内容和表现形式往往是比较严肃的产品资料等，而博客文章的内容题材和形式多样，因而更容易受到用户的欢迎。此外，专业的博客网站用户数量大，有价值的文章通常更容易迅速获得大量用户的关注，从而推广效率要高于一般的企业网站。博客应用的方便灵活性的特点使得其有别于企业网站，可以作为企业网站内容的一种有效补充，也是对企业网站内容的一种转换，更适合用户阅读和接受。同样，如果博客拥有个人网站，也可以发布自己希望发表的任何信息，但是相对于博客网站来说，个人网站的影响力通常比较弱，而且在创建内容和品牌可信度方面有一定难度，合理利用博客，有利于弥补个人网站宣传功能的不足。

3. 与门户网站发布广告和新闻相比，博客传播具有更大的自主性，无需直接费用

在门户网站和其他专业网站上通过网络广告或者新闻的形式进行推广，是营销人员常用的网络营销方法，但是营销人员无法主动掌握这些资源，只能将文章或者广告交给网站或者其代理机构来操作，这就对信息传播内容和方式等有较大的限制，而且往往需要支付高昂的费用。而博客的信息传递无需直接费用，是最低成本的推广方式。

4. 信息量大、表现形式灵活，可以用“中立”的观点来对企业和产品进行推广

在一些供求信息发布平台、专业门户等网站发布信息，是最基础的网络营销方式，在早期的网络营销中曾经发挥积极作用，并且取得了显著效果，但随着各种信息平台数量的激增以及主要信息平台中信息数量的增长，使得大量信息被淹没，用户不容易获取有价值的商业信息，因而降低了推广的效果。博客文章的信息发布与供求信息发布是完全不同的表现形式，博客文章的信息量可大可小，完全取决于对某个问题描写的需要，博客文章并不是简单的广告信息，单纯的广告信息发布在博客网站上也起不到宣传的效果，所以，博客文章写作与一般的商品信息发布是不同的，在一定意义上可以说是一种公关方式，只是这种公关方式完全是企业自行操作的，而无需借助于公关公司和其他媒体。

5. 与论坛营销的信息发布方式相比，博客文章显得更正式，可信度更高

在网络社区（如论坛等）发布信息，是早期网络营销常用的方式之一，但现在已经很难发挥作用，因而逐渐被排除在主流网络营销方法之外，博客文章比一般的论坛信息发

布所具有的最大优势在于，每一篇博客文章都是一个独立的网页，而且博客文章很容易被搜索引擎收录和检索，这样使得博客文章具有长期被用户发现和阅读的机会，一般论坛文章的读者数量通常比较少，而且很难持久。所以，博客营销与论坛营销相比，优势非常明显。博客具有群众性、创造性，它所显现出来的网络经济的增长性，对未来的网络社会塑造，具有至关重要的作用。

6.1.3 博客未来的发展趋势

1. 博客门户网站的整体架构更加完善，成为人们普遍接受的交流平台

从目前看，新浪、搜狐、人民网、博客网、网易、和讯等网站在不断推出博客服务平台以来，各自在资源整合与技术的架构上发挥了自身的特点和优势，这无疑对我国互联网全面推进博客走近百姓日常生活起到了非常重要的作用。博客技术后台服务功能更加便利和高效，不同的网站都以自己独特的创造性，整合博客技术初级化的缺陷，人们感受到更加完善的博客应用系统，集娱乐、通讯和新闻、广播、影视和商务、政务、企业、管理等一体性网络架构更成熟，全新的网络架构模式出现在我国互联网发展的历史上。

如果 BBS、E-mail、即时短信已经改变了整个未来网络走向和应用功能，那么，博客将改变整个网络的传播面貌。它集所有的功能来综合应用，拥有作为普及性交流平台的作用和功能。博客是商业的交换平台，它还是一个自媒体传播系统，可以应用影视、图片、广播和文字等手段与技术，自由发布个性化信息。博客将改变人类精神交流和文化传播的模式，整个媒介社会的传播都会因为个人化的传播方式出现而重新调整。传统的传播受到了很大的冲击，人们必须要面对博客带来的深刻变化，并且适应这种变革。随着交流平台的综合性业务开展，博客技术会开发更适合交流的商务、企业、管理、通讯的平台，这一操作系统将深入到每一个上网人的生活之中。博客服务是随着人们的需求不断被创造性引导而来的。博客可能给人们带来更成熟的技术，给人们带来更多的服务和便利。

2. 博客与手机互动技术成熟，商务化博客的运营模式不断地探索

3G手机的发展会带动或加快整个博客平台技术很快成熟起来。人们利用博客平台来进行影像互动和文字短信的交流，迅速推动了整个博客与手机互动性服务模式的运行。在不久的将来，人们利用手机阅读器就可以看电影、看电视、听音乐、购物、玩游戏或传播图像和更换自己的博客。手机阅读器的功能放大会带来一系统产业经济的增长，会带动博客在互联网中核心的地位确立。因为，博客的网络面对手机用户时，实际上，它们就是一个联动的整体。手机的移动与网络瞬间通信，都构成了即时性传播，当手机面对的不是一个单纯的界面，而是整个网络多功能的界面时，每一部手机都是一个网络的终端，阅读服务器所承担的任务是繁重的。所以，网络博客平台更加人性化地满足了手机高效使用。这一个功能的突破，就是所有上网的人们必须要建立自己的博客平台，通过博客平台的网络服务，人们才进入到多种服务系统。将手机与博客捆绑起来的未来互联网，就是通过博客技术更加完美，更多适合网络社会发展的需要。手机的无线上网和便利服务终端，也是互联网未来一个瓶颈，让所有的手机都能够享受更多的博客网络服务，这是中国移动通信在

互联网的支持下更加多样化的发展方向。未来将会有很大的改变，手机上网的速度会更快，会提供更多的博客内容的服务。

中国未来的互联网是集电信、数字电视和网络一体化的整合过程，要完成这一系统整体运行，商务化的博客，是主要问题突破口之一。如果博客是网络名片，就如同一部手机的号码一样，也就像有线电视收费卡一样，通过互联网的平台，人们可以将电信、数字电视和网络都集中聚合在博客上。这个服务平台就是集所有现实和虚拟可能性，将完成博客向未来发展一体化模式。通过网络博客平台建构起来的基础，与之手机、数字电视捆绑一起，通过博客界面和网络运行过程，准确地利用博客来全面服务于家庭和个人。未来如果能够随着电信、数字化电视和互联网络三位一体整合趋势，就可能更快地实现博客网络商业化运行模式。

3. 博客将推动整个传媒与出版业发生变革

自媒体的博客传播将会改变整个信息化产业结构，尤其是新闻和出版业的未来将会更多地受到影响和改变。人们关于媒介信息的需求更加个性化，这并不是说它彻底改变了整个出版业和新闻界，而是说多元化的社会文化使人们更偏爱独特的信息传播或更个性化的信息服务。出版界和新闻界过去那种模式会落后博客新闻的即时性传播。人们对于网络出版的需求，对于新闻阅读的需求，都远远地超越出目前这两个领域所能够给人们带来的东西。如果手机阅读终端能够快速地浏览各式各样信息，则人们对于网络新闻和出版的需求更加多样。博客的信息发布就是满足了人们快捷的需要。如果能够有更多的专业新闻博客，或者说有更多出版社的博客，也许会彻底改变目前这种新闻和出版滞后的情形。博客在网络社会带给人们的变化是巨大的，即时性的阅读和新闻传播节约了资源和纸张，也使人们获得了快捷的知识和信息。

4. 博客经济增长点是中国互联网重要机遇

博客不仅是中国互联网未来核心和互动作用的关键技术所在，而且是我国电信、数字化电视和网络资源整合之后的基础管理平台之一，它同时还并联着相关方面的经济增长点、产业链，这些都可能从博客发展中获得收益。博客经济是指这种网络服务业带来的利益，将会更快地成为人们关注的热点。在网络商机中，更多的整合性因素是需要人们重新认识的，服务业潜在的经济增长点可能促使整个社会变革的发生。这个增长点超出了整个互联网变革，它是一个服务系统，必须要建构在博客互动的基础之上，人们通过网络的优质服务实现了快捷和便利。博客的经济增长点就是拉动了整个服务业产业化、网络经济化服务的个性化。

5. 博客对民主化进程推动明显，政府部门可以应用博客进行社会管理

个人意志和意愿能够借助博客自由地表达，人们通过政党或政府的博客能够进行即时沟通，会改变整个社会政治民主化进程发生。如果说，网络社会人们更注重政党、政府的民主化监督权力，同样人们也更注重表达自由意愿的权利，言论自由、出版自由、集会自由等，都能够在互联网博客的技术支持下获得更多的实现。尤其是城市民主化进程，可能

更快地实现网络互动交流，农村也能够通过自身意愿表达政治愿望。未来人们会在博客上推动民主化进程发生，出现人们关心政治、关心国家、关心民族文化精神的现象，这标志着整个中国政治意识会在博客上成熟起来，民主形式会在博客影响下发生重要变革。

随着中国第一个女部长韦珏博客的出现，人们更多地希望政党、政府的高官能够利用博客来与民众交流。平民化的、具有文化和精神创造性的官员和技术科学家，带给人们民族文化精神的榜样和力量，政府可以利用群体化博客来管理社会或发表重要的消息，还会加强社会紧密的联系。各级政府内部也可以形成不同的群体博客，进行沟通和了解情况。当博客成为一个网络社会真正的平台，人们的一切行为都可能与互联网发生联系。

6. 博客情报与技术含量决定整体社会未来，博客全球化必然是互联网未来选择

网络社会资源是国家信息的主要聚集方面，我国网络社会要构建和占领这一既包含信息又包含情报和技术的阵地。虽然，目前博客仅仅是互联网上一个人人可以使用的技术，但是，它未来的信息量产生，将会给国家社会带来巨大变革。它不仅仅叙述和记录个人日志，还会给企业和国家社会管理体制带来冲击。博客给人们生活与工作所带来的变革，是国家信息工程必须注意的关键所在，清醒地认识它在发展信息化平台过程中的基础作用。国家信息监督部门可能会研究博客管理法规出台，加大对网络博客控制与管理体制，这有利于从中国情报与技术的监督角度对博客进行必要的监控，有利于和谐社会的建设。

互联网的无国界性，是一个必须面对的事实。互联网就是一个无国界的传播过程。博客就是适应了这种传播的需要而产生的。每一个人都可以在全球化的过程中建构一个自由发布个性化信息的平台，这就是互联网给人们带来的革命性变革力量。博客的发展是一个必然的过程，全球化的传播能够给人们带来更多的信息。互动的网络社会突破了地域之间的阻碍，给人们带来了更多的机会和把握未来的机遇。这个开放的世界更加注重人的个性化发展，追求多样文化的创造，也将人们的注意力吸引到全球化的背景中来。未来中国互联网未来的趋势中，博客将要占据更重要的发展生机。

6.2 使用博客的技巧

6.2.1 博客的写作技巧

博客写作要有技巧，特别是企业博客，更要注重写作技巧，让客户在读你的博客文章时，就对你的产品有了很深的了解，潜移默化地被你影响。

1. 专业而不枯燥

博客营销文章要有一定的专业水平或者行业知识。整体要为自己的营销目的服务。营销博客不能什么都写，要围绕自己的产品来布局，一定要从不同的文章题材中体现专业知识，让行内人士一读就能认可。但也不能太枯燥，用一般人看得懂的语言写出来的才是好的博客文章，才能达到最终的营销目的。

2. 巧妙的广告

很多人简单地认为博客营销就是利用博客来做广告，让更多的人来了解自己的产品，于是干巴巴地写些广告语在博客里，或者在别人的博客里留下自己的广告，遭人反感。有的人把博客营销文章写成了产品说明书，写成了产品资料，这些做法都不是博客营销文章。博客营销文章的写作，虽然要达到广而告知的目的，但一定要有巧妙的方法。

(1) 产品功能故事化。写博客营销文章要学会写故事，更要学会把自己的产品功能写到故事中去。通过一些生动的故事情节，自然地让产品功能体现出来。

(2) 产品形象情节化。当宣传产品时，总会喊一些口号，这样做虽然也能达到一定的效果，但总不能使产品深入人心，打动客户，感动客户。最好的方法应该是把你对产品的赞美情节化，让人们通过感人的情节来认知你的产品。

(3) 行业问题热点化。在博客文章写作过程中，一定要抓行业的热点，不断地提出热点，才能引起客户的关注，也才能通过行业的比较显示出自己产品的优势。

(4) 产品发展演义化。博客营销文章要赋予产品以生命，从不同的角度、不同的层次来展示产品，如可以以拟人的形式进行诉说，也可以是童话形式讲述，等等。越有创意的写法，越能让读者耳目一新，也就记忆更深刻。

(5) 产品博文系列化。这一点非常重要，博客营销不是立竿见影的电子商务营销工具，需要坚持不懈。因此，在产品的博文写作中，一定要坚持系列化，就像电视连续剧一样，不但要有故事情节的发展，还要有高潮，这样的博文影响力才大。

(6) 博文短小精悍。博客不同于传统媒体的文章，既要论点明确、论据充分，又要短小耐读；既要情节丰富、感人至深，又不能让人花太多的时间阅读。所以，我认为一篇博文要坚持短小精悍是博客营销的重要法则。

3. 重在给予和分享

虽然上面介绍了很多写营销博文的技巧，但博客营销文章真正能起到营销作用之处在于文章能给予读者、客户什么样的实惠。博客营销和其他博客的最大区别就在此，其他的博客可以随心所欲，但营销博客不可以，不仅要保证每篇博文带来应有的信息量，要有知识含量、趣味性，还要有经验的分享，让客户每次来你的博客都有所收获。

博客文章这种给予和分享是博客营销最大的技巧，比其他的方法都重要。利用博客做营销，一开始就要做到定位准确、乐于给予、善于分享，再加上应有的技巧，那么博客营销文章的效果必将大大增强。

4. 切磋与交流

与业内人士进行切磋与交流，也是博客文章选题和写作的较好方法。不仅要自己写作和发布博客文章，也要经常关注同行以及业内人士的观点，这样不仅扩大了自己的知识面，也获得了更多的博客写作素材。

企业博客文章在发布之后还需要了解用户的反馈，对于用户的咨询还要做出回复，受用户欢迎的博客文章可以在很长时间内发挥其影响，这是一般的企业新闻所不具备的优点之一。

6.2.2 博客写作要注意的问题

1. 遵循基本法则

许多博客文章不太遵循拼写和语法。如果你希望读者能够轻松阅读，最好还是遵循写作文章的基本法则。

2. 简明扼要

博客写作虽然不需要像出版物那样考虑文章篇幅限制，但读者的时间是宝贵的，网友通常会阅读许多内容，如果你不直接说出自己的观点，他们不会再看你的博客。

3. 新闻价值

博客需要有新闻价值，还要有趣、有用和幽默。一些博客没有注意这些，所以效果不理想。

4. 内容实用

有新闻价值固然重要，但“实用”是最重要的。人们订阅或者经常看博客的主要原因是，博客的内容对他们的日常工作生活有实用价值。

5. 便于浏览

读者的时间是宝贵的，你得能让他们快速浏览，很快抓住文章主旨。如果你的文章里全是大段大段的文字，谁也没有耐心阅读，便于快速浏览的最好方法是列表，人们可以扫一眼就了解主要观点。还有一个好方法就是让你的主要观点高亮显示。

6. 标题吸引人

标题需要简练并且具有吸引力。没有一个好标题，文章没人去看。当然，你的文章内容要和标题相符。

7. 第一人称

这可能是博客写作与其他写作的最大区别。在一般的出版物中，惯例是保持作者中立。但博客不同，你就是你，可以带着偏见，越表达出自己的观点越好。网上有上百万的博客，你很难做到很特别，除非你写出了独一无二的内容，或表达了个性化的观点。

8. 延续链接

博客虽然在网络门户里是独立并自成体系的，但也是互联网的一部分，应该充分利用这点，让其他文章为你的博客提供知识背景，让读者通过链接继续深入阅读，尽量为他们提供优秀的链接。

9. 做好编辑

满篇错别字、排版不工整的博客很令人厌恶。写博客需要自己校对，应该认真地逐字、逐句校对，甚至重写。

10. 关注好博

不但要关注和你话题相近的博客，还要看看另外一些优秀博客。好的博客会随着时间推移逐渐显露出来。看看他们哪些地方做得好，看看其他人哪里做得不好。

11. 更新适度

一成不变的博客很难长期吸引客户的关注目光，所以博客要定期更新。更新幅度以每周 2 ~ 5 篇为最佳。博主写作时间恒定、更新频率越高，百度对该博客的搜索热情也会越高。

12. 真实诚信

博客的内容应该以真诚为主。博客营销以企业用之最多，而主要目的是吸引经销商或代理商或客户的目光、引起共鸣，如果博客内容过于虚假、浮夸，反而会引起客户的反感。

6.3 企业与博客营销

博客营销是利用博客这种网络应用形式开展网络营销。公司、企业或者个人利用博客这种网络交互性平台，发布并更新企业、公司或个人的相关概况及信息，并且密切关注并及时回复平台上客户对于企业或个人的相关疑问以及咨询，并通过较强的博客平台帮助企业或公司零成本获得搜索引擎的较前排位，以达到宣传目的。

与博客营销相关的概念还有企业博客、营销博客等，这些也都是从博客具体应用的角度来界定的。其实，无论是企业博客还是营销博客，一般来说，都是个人行为（当然也不排除有某个公司集体写作同一博客主题的可能），只不过在写作内容和出发点方面有所区别，企业博客或者营销博客具有明确的企业营销目的，博客文章中或多或少会带有企业营销的色彩。

6.3.1 博客营销的本质

博客营销的本质在于通过原创专业化内容进行知识分享，争夺话语权，建立起信任及权威，形成个人品牌，进而影响读者的思维，促使其产生购买动机。博客营销的本质是公关行为，可以简单概括为：

以网络信息传递形式表现个人思想；

以网络信息传递形式表现个人体验；

以网络信息传递分享个人知识资源。

首先，让我们看看互联网的世界是怎样构成的。互联网世界由两部分组成。第一部分是组织把控的网站，这些网站包括水平的门户网站，也包括垂直的专业网站。它们有一个共同的特点，存在“把关人”。第二部分是没有组织把控的网站，也就是非常时髦的“Web 2.0”世界。博客当然是其中非常重要的一部分。这类网站的特点在于 UGC，即 users generate content（用户发布内容）。

博客营销就像现实社会中发生的一起社会事件，这起社会事件的表现形式是一场讨论。而公关的目的，也就是制造一起事件。比如，在美国人休斯撰写的《口碑营销》一书中，开篇第一个案例就是一次经典的公关手法运用，一个网站成功说服了美国一个小镇将镇名改为这个网站的名字，而后来媒体铺天盖地的宣传，不过是因为这件事在当时实在是值得大肆报道一番罢了。

正如同经典的公关行为的目的一样，博客营销的目的并非是博客本身作为媒体的影响力（有的博客具有很高的访问量，是一个不大不小的网络媒体），重要的是，真正的媒体（包括有“把关人”的网站）为了这场互联网这个虚拟社会中所发生的一起事件，后续跟进了多少。

6.3.2 博客营销的类型

互联网上有了博客以后，尤其是博客不再是个人日志，而可以成为一种营销工具以后，它可以具备广告等其他营销方式所不能具备的互动功能，很多企业开始意识到博客的妙用，并积极尝试使用博客，为自己的企业目标服务。

专业的企业博客写手一般有以下四类：

1. 企业家

企业家写博客，许多直接表现为写产品文化，是一种在高层次上推介产品的办法。这类博客能够呈现出公司元老的最初见解，他们是真实的人，具有人化的一面，而且至少都是很成功的人，经营得当，能够成功营造出和谐与信赖感，传达公司的重要信息，对产业话题作出回应，让大家了解公司的状况。

2. 企业员工

很多企业的博客是由员工来写的，他们在博客写手中是比较有代表性的。这样的博客写手一般对公司的某一些方面比较专业，如软件开发人员、律师、会计师、营销专家等，所以当他们传播消息时，大家都会仔细倾听，他们不仅是传播知识，还会告诉大家消息的真正含义。比如，当微软还在测试新的搜索引擎以前，MSN 搜索小组的博客写手便使用博客发布产品信息，坦承哪些地方还需要再改进，并告诉大家产品的开发方向，让大家对产品产生信赖感与期待。又如，杰里米是雅虎的搜索引擎推广大使，他的超人气博客吸引来自各行各业的人参与，他本人也积极拓展业界内外的关系。

3. 企业聘用的写手

有一家专门使用博客做营销的公司——英式剪裁公司，是由知名营销专家博客写手帮忙打造的，他们写的博客帮伦敦裁缝师托马斯·马洪掀起了一股热潮，他因为个人博客而成为萨维尔街有史以来媒体曝光率最高的裁缝，曾接受过数十家杂志与报纸的专题访问。

4. 消费者

世界500强之一的美国宝洁公司的博客在全世界有2000万注册客户。宝洁公司投放了大量的奖券，鼓励长远客户在宝洁的博客里为新产品叫好，而奖券让他们在世界各地购买宝洁产品的时候得到大折扣。

不管是谁写博客，最后产品和公司形象堂而皇之地传播了出去。把博客当成营销的工具，就是让大家在公开的场合呈现真实的自我，通过展示自我，从而达到营销的目的。

不同行业、不同规模企业所采用的博客营销模式也不尽相同，从目前企业博客的应用状况来看，企业博客营销有下列六种常见模式：

（1）企业网站博客频道模式；
（2）第三方 BSP 公开平台模式；
（3）建立在第三方企业博客平台的博客营销模式；
（4）个人独立博客网站模式；
（5）博客营销外包模式；
（6）博客广告模式。

6.3.3 博客营销的目的

1. 以营销自己为目的

这类博客的目标是通过博客的写作，给博主自己带来人气、名气，最终能为自己带来名利。当然，这类人刚开始写博客的时候也许并没有目的性，只是随着时间的推移，发现了博客有这样的营销功能，也就有心为之了。

2. 以营销公司文化，品牌，更好地为公司管理销售服务为目的

这类博主都是公司的老板或者高层管理人员，主要看好博客这种营销手段。这类博客营销要做好，最关键的不是博客文章，而是整体的管理策划和引导。

3. 以营销产品为目的

这类博客目的很简单，即通过博客文章的写作，达到销售产品和拿到订单的目的。这类博主一般都是小型企业的老板或者销售主管，就是想通过博客营销为自己公司的电子商务服务。

6.3.4 博客营销的作用

1. 博客内容增加搜索引擎可见性，从而为网站带来访问量

Google、Yahoo 和 MSN 等搜索引擎都有强大的博客内容检索功能，可以利用博客来增

加被搜索引擎收录的网页数量，提高网页内容搜索引擎可见性。利用博客这一优势，自己根本无需建立博客网站，只要在提供博客托管的网站上开设账号即可发布文章。而且，目前发布博客文章全部都是免费的。同样，你可以通过博客网站免费获得很多有价值的信息。

博客网站也是增加网站链接的一种有效途径，你无需花费大量时间联系其他网站进行链接，尤其是当自己的网站访问量较低时，往往很难找到有价值的网站与自己链接，通过在博客网站发布文章，来为自己的网站做链接是顺理成章的事情，甚至可以通过 RSS 将自己的网站内容提供给其他网站，增加网站链接主动性和灵活性，其结果不仅可能直接带来新的访问量，也可能增加了网站在搜索引擎排名中的优势。这种链接还有一个好处，你可以单方面被博客网站链接，而不需要在自己的网站上链接很多其他博客网站。

2. 以更低的成本对读者行为进行研究

当你的博客网站比较受欢迎时，博客网站也成为与用户交流的场所，有什么问题可以在博客文章中提出，读者可以发表评论，从而可以了解读者对博客文章内容的看法。当然，也可以在博客文章中设置在线调查表的链接，便于有兴趣的读者参与调查，这样扩大了网站上在线调查表的投放范围，同时还可以直接就调查中的问题与读者进行交流，使得在线调查更有交互性，其结果是提高了在线调查的效果，也就意味着降低了调查研究费用。

3. 是建立权威网站品牌效应最快、费用最少的途径

如果你想成为专家，最好的方法之一就是建立自己的博；如果你坚持不懈地写博客，你所营造的信息资源将为你带来可观的访问量，在这些信息资源中，包括你收集的各种有价值的文章、网站链接、实用工具等，这些资源为你持续不断地写作更多的文章提供了很好的帮助，这样会形成良性循环，这种资源的积累实际上并不需要多少投入，但其回报却是可观的。

4. 个人博客可以部分替代广告投入，减少直接广告费用

博客虽不能代替广告，但的确可以在一定程度上发挥广告的作用，并节省广告费开支。你并不需要在博客文章中大肆做广告，你的博客文章被搜索引擎收录所带来的免费效果至少部分替代了在搜索引擎广告中的开支。一些电子刊物同时也发布 RSS 版本，并且获得更高的送达率，这也说明，通过电子刊物广告可以做的广告，博客也可以做到。

5. 节省保持用户的费用

在市场营销学中有一个著名的规律：获得一个新顾客的成本要远高于维持一个老顾客的成本。在网站保持用户方面，也遵循同样的道理，只有不断更新信息才能获得用户的长期关注，不至于失去已经获得的用户。

6. 博客减小了被竞争者超越的潜在损失

“博客”在全球范围内已经成为热门词汇之一，不仅博客的数量快速增长，浏览博客网站内容的互联网用户数量也在急剧增加。如果你还没有博客，那么将远落后于已经开展了博客的竞争者。在博客方面所花费的时间成本实际上已经从其他方面节省的费用上得到补偿，比如，为博客网站所写作的内容，同样可以用于网站内容的更新；反之，如果因为没有博客而被竞争者超越，那种损失将是不可估量的。

6.3.5 企业博客营销

虽然说博客营销对于不同领域、不同企业而言，没有统一的模式，不过有关博客营销的基本思想是相通的，因此可以作为研究制定博客营销基本操作模式时参考。企业博客营销的基本操作模式是利用第三方博客平台开展博客营销。

1. 企业博客营销的基本步骤

利用第三方博客平台的博客营销可以归纳为5个基本步骤：选择博客托管网站、制定博客营销计划、坚持博客写作、综合利用博客资源与其他营销资源、对博客营销的效果进行评估。

（1）选择博客托管网站。选择适合企业的博客营销平台，并获得发布博客文章的资格。一般来说，应选择访问量比较大以及知名度较高的博客托管网站，这些资料可以根据Alexa（www. Alexa. com）全球网站排名系统等信息进行分析判断，对于某一领域的专业博客网站，则应在考虑访问量的同时还要考虑其在该领域的影响力，影响力较高的网站，其博客内容的可信度也相应较高。如果必要，也可能选择在多个博客托管网站进行注册。

（2）制定一个中长期博客营销计划。这一计划的主要内容包括从事博客写作的人员计划、每个人的写作领域选择、博客文章的发布周期等。由于博客写作内容有较大的灵活性和随意性，因此博客营销计划实际上并不是一个严格的企业营销文章发布时刻表，而是从一个较长时期来评价博客营销工作的参考。

（3）创建合适的博客环境，坚持博客写作。无论一个人还是一个博客团队，要保证发挥博客营销的长期价值，就需要坚持不懈地写作。企业的一两个博客偶尔发表几篇企业新闻或者博客文章，是不足以达到博客营销的目的的，因此，如果真正将博客营销纳入到企业营销战略体系中，企业创建合适的博客环境、采用合理的激励机制是很有必要的。

（4）综合利用博客资源与其他营销资源。博客营销并非是独立的，只是企业营销活动的一个组成部分，博客营销的资源可以发挥更多的作用，如将博客文章内容与企业网站的内容策略和其他媒体资源相结合，因此对于博客内容资源的合理利用也就成为博客营销不可缺少的工作内容。

（5）对博客营销的效果进行评估。与其他营销策略一样，对博客营销的效果也应做必要进行跟踪评价，并根据发现的问题不断完善博客营销计划，让博客营销在企业营销战略体系中发挥应有的作用。至于对博客营销的效果评价方法，目前尚没有完整的评价模式，可参考网络营销其他方法的评价方式来进行。

2. 企业博客在网络营销中的应用特征

（1）博客营销以博客的个人行为和观点为基础。利用博客来发布企业信息的基础条件之一，是具有良好写作能力的人员（blogger），博客信息的主体是个人，博客在介绍本人的职务、工作经历、对某些热门话题的评论等信息的同时，对企业也发挥了一定的宣传作用，尤其是在某领域有一定影响力的人物，他所发布的文章更容易引起关注，博客文章提供给读者了解企业信息的机会，如公司最新产品的特点及其对该行业的影响等。因此，企业的博客营销依赖于拥有较强的文字写作能力的营销人员。

（2）企业的博客营销思想有必要与企业网站内容策略相结合。一般来说，企业网站的内容是相对严肃的企业简介和产品信息等，而博客文章内容题材和形式多样，因而更容易受到用户的欢迎。通过在公司网站上增加博客内容，以个人的角度从不同层面介绍与公司业务相关的问题，丰富了公司网站内容，从而为用户提供更多的信息资源，在增加顾客关系和顾客忠诚方面具有一定价值，尤其对于具有众多用户消费群体的企业网站更加有效，如化妆品、服装、运动健身、金融保险等领域，因此企业的博客营销思想有必要与企业网站内容策略相结合。

（3）合适的博客环境是博客营销良性发展的必要条件。偶尔发表几篇企业新闻或者博客文章，很难发挥长久的价值，应利用多种发布渠道发布尽可能多的企业信息，需要坚持长期利用，才能发挥其应有的作用。如何能促使企业的博客有持续的创造力和写作热情，是博客营销策略中必须考虑的问题。

利用博客营销的企业有必要创造合适的博客环境，并引入适当的激励机制。合适的博客环境是博客营销良性发展的必要条件，这样有利于激发作者的写作热情，并将个人兴趣与工作相结合，让博客文章成为工作内容的延伸，鼓励作者在正常工作之外的个人活动中坚持发布有益于公司的博客文章，这样，经过一段时间的积累，将会有比较丰富的信息，企业在网上的记录多了，被用户发现的机会也会大大增加。

（4）博客营销应正确处理个人观点与企业立场的关系。虽然网络营销活动是属于企业的，但从事博客写作的却是个人，这就存在一个问题，即如何处理个人观点与企业营销策略之间的协调关系。如果所有的文章都代表公司的官方观点，类似于企业新闻或者公关文章，那么博客文章显然失去了个性特色，这样也很难获得读者的关注，从而失去了信息传播的意义；但如果博客文章中只是代表个人观点，与公司立场不一致则会受到企业的制约。对此，企业应该培养一些有思想和表现欲的员工进行写作，文章写完以后，首先在企业内部进行传阅测试，然后再发布在一些博客社区中。

6.4 博客群建和管理

6.4.1 博客群

1. 定义

博客群是博客管理与博客专集组织的基本形式，博客站点以“群”的方式组织博客专集，以此推动同一类型文章展示或讨论某一主题，如 IT 博客群、读书博客群等。

博客群还可以是博客圈子，如网易博客群、和讯博客群等。

建博客群可以认为是博客推广的一种。建博客群就是在各大门户网站批量建造博客，各个博客之间互相友情链接，最终回到自己网站。

2. 博客群的优势

首先，它可以带来实实在在的流量。其次，每个博客、每篇文章都是你的一个外链接，可以迅速地提高网站的 PR 以及排名。再次，可以提高网站的口碑。

6.4.2 博客群管理

常见的 BSP 博客网站有新浪、搜狐、网易、QQ、百度、雅虎、博客网、中国博客、Google、和讯、优博、donews、中翼、中华网、中金在线、天涯海角社区、博客大巴、歪酷网、猫扑、博思、yo2、Csdn、MSN space、聚友博客、19 楼、51、博客网、yoho、TOM 博客、CCTV 博客、强国博客、大学博客、西陆空间、大河博客，等等。

1. 如何选择合适的 BSP

和讯网收录是最快的，且是大家公认的 Google 最喜欢的博客网站，一般发文 5 分钟之内 Google 就能收录。

新浪和天涯在博客更新上有优势，一般几分钟就能收录了。新浪博客收录快，但权重低于百度空间。

百度空间在百度的权重高，文章必然会被百度搜索引擎有效抓取，而且排名也会优先，就是收录稍慢。

中金在线的博客在 Google 新闻搜索中有很好的表现，基本上前一天的文章，第二天在 Google 新闻搜索中就能找到。

搜狐博客的情感、女性、健康、财经、娱乐、八卦类博文比较强，且博客与圈子的互助推广。

注意，博客群建多了也不好，自己更新维护起来麻烦不说，而且容易让搜索引擎认为网站重复率高。BSP 有很多，基本上所有大中型网站都提供博客服务，可根据自己网站主题选择几个合适的 BSP 即可。

2. 怎样建博客群

（1）批量注册博客。首先，使用火狐遨游之类的浏览器，单独建立一个收藏夹，把你已经批量建好、确定要使用的博客统统放入这个收藏夹。然后登录一次，记住账号、密码即可。这样，以后更新群博客，批量打开即可。这样就可以建一个自己的博客群了。批量注册博客不是很难，难就难在你如何长期坚持更新和维护这些博客。

（2）使用博客群建软件。搜索“博客群建”，百度上有好多推广和软件，这些软件能自动模拟蜘蛛，抓取这些博客地址网站并且自动注册。但是所有软件都有个毛病：注册率低，即使注册成功了发送率也低，能群发成功的大部分是一些垃圾博客。

你只能先写好一篇或者几篇文章去群发，这样千篇一律的东西大量地出现，搜索引擎不会收录，这是群建博客最大的弊端。

6.4.3 利用博客群做网站推广

博客推广一直是公认的一大推广利器，但是由于博客推广比较繁琐，需要不断更新才能达到效果，真正能够坚持下来的并不多。如果用免费博客，用博客群推广，效果就好得多，具体要做好以下几个方面的工作：

1. 选择博客网站要多样化

选择新浪、搜狐、网易、百度、天涯这些大网站是必不可少的，这些网站博客权重很高，但是不能只盯着一两个权重高的，其他的如博客网、博客大巴、和讯博客等，也可以拿来用，效果可能没有大网站好，但是也不会很差。这样的好处是可以避免站群所在 IP 太单一从而引起搜索引擎的怀疑，而且使用户群也更广泛。

2. 博客之间相互链接

选几个重点培养的博客，这些博客只链接到目标网站而不链接到其他博客。其他的博客之间也只在文章的锚文本里做链接，链接重点指向目标网站和重点博客，每篇文章里做两到三个锚文本链接。这样将对网站的危害降低到最小。

（1）做好博客内链。博客本身结果很简单清晰，这里所说的内链主要是锚点链接，文中提到的一些相关关键词链接到本博客的其他页面。用比较热的关键词做标题，写一篇文章，然后其他文章都链接到这个页面，这样将整个博客的权重集中到这篇文章，这篇文章的关键词排名就很容易靠前。

（2）做好博客外链。与直接做目标网站的外链不同，一个网站需要很多外链排名才会上来，而博客本身权重就很高，只要有一些链接指向它，这个博客的权重提升会很快。博客排名上去了，对流量及做外链都是很有好处的。

3. 精心维护重点博客

每个博客都很好地去管理是不可能的，毕竟时间和精力有限。精心维护重点博客，文章尽量做到原创，不要使用伪原创工具或其他一些有损阅读价值的方法。适当推广一下这些博客，做一些外链。重点博客维护好了，权重上来了，网站外链的质量也跟着上来了，同时也可以带来不错的流量。

（1）博客标题。给博客取一个好的标题，这个标题不能太明显是广告，比如百度空间对广告管理就非常严，广告空间见一个删一个。可以将要推广的词巧妙地融入到标题中，也可以就直接用一个比较吸引人的昵称。

（2）关键词布局。博客的关键词密度可以比网站相对高一点，比如新浪、搜狐、网易这些大网站的博客，适当增加一点关键词的密度，对排名很有效。

（3）搜索引擎提交。要告诉搜索引擎你开始写博客了，热情地邀请它过来做客。搜索引擎最主要的是百度和谷歌，但是也不能忽略了其他一些搜索引擎，这些搜索引擎虽然占有的搜索比重不大，但总还是有人用的，提交一下是绝对没有坏处的。

4. 文章来源

博客群需要大量的文章。除了上文提到的重点博客之外，其他博客可以使用伪原创工具或者其他快捷的方法。但一般不建议使用伪原创工具，因为用软件生成的伪原创太影响阅读了，而且未必会被搜索引擎认为是原创文章。可以使用谷歌翻译将国外的一些相关文章翻译过来，由于百度很少收录国外的文章，这绝对是原创，谷歌翻译不是特别准确，要注意使翻译过来的文章读得通。

5. 利用好资源

“加入圈子”、“文章推荐”、“文章分享”等功能尽量用上，这些并不耽误时间，一般都能一键完成。充分利用好这些功能，可以有效提高博客权重，让推广的效果尽可能地发挥出来。

(1) 博客文章分类。做好文章分类，尽量用到要推广的关键词，有利于增加博客关键词的密度。这样做，结果清晰，搜索引擎喜欢，用户也喜欢。

(2) 文章推荐到博客圈子。一般博客都有“博客圈子”功能，只需一键操作，很方便，能带来一部分流量。

(3) 为博客做些软文推广。别忘了写一些软文推广一下自己的博客，用心经营博客，它自然而然会给你回报。

6.5 微　博

6.5.1 微博的定义

1. 定义

微博，即微博客（MicroBlog）的简称，是一个基于用户关系的信息分享、传播以及获取平台，用户可以通过Web、Wap以及各种客户端组件个人社区，以140字左右的文字更新信息，并实现即时分享，可以发一句话或发照片等。最早也是最著名的微博是美国的Twitter，根据相关公开数据，截至2010年1月，该产品在全球已经拥有7500万注册用户。2009年8月，中国最大的门户网站新浪网推出“新浪微博”内测版，成为门户网站中第一家提供微博服务的网站。

2. 微博的特征

(1) 便捷性。在微博客上，140字的限制使写作者无需太高的文学水平，这一点导致大量原创内容爆发性地被生产出来。微型博客的出现具有划时代的意义，真正标志着个人互联网时代的到来。博客的出现，已经将互联网上的社会化媒体推进了一大步，公众人物纷纷开始建立自己的网上形象。然而，博客上的形象仍然是化妆后的表演，博文的创作需要考虑完整的逻辑，这样大的工作量是博客作者很重的负担。“沉默的大多数”在微博上找到了展示自己的舞台。

(2) 创新交互方式。与博客上面对面的表演不同，微博上是“背对脸”的交流，就好比你在电脑前打游戏，路过的人从你背后看着你怎么玩，而你并不需要主动和背后的人交流。可以一点对多点，也可以点对点。移动终端提供的便利性和多媒体化，使得微博用户体验的黏性越来越强。

(3) 原创性。微博网站现在的即时通讯功能非常强大，通过QQ和MSN直接书写，在有网络的地方，用手机也可即时更新自己的内容。

一些突发事件或引起全球关注的大事，如果有微博客在场，利用各种手段在微博上发表出来，其实时性、现场感以及快捷性，超过所有媒体。

6.5.2 微博和博客有什么区别

在BBS发帖与写博客，门槛都比较高。但是，哪怕是一个没有受过严格中文训练的人，只要会发短信，也就能使用微博，用它记载自己某一刻的心情，某一瞬间的感悟，或者某一条可供分享和收藏的信息。奇妙的是，尽管信息已经高度碎片化，但是它们能自发组织，完成对某个事件的完整报道和传播，也能够记录一个普通人生活中所有的点滴。

微博和博客的主要区别如下：

1. 字数限制

微博必须在140字以内，这是为了方便手机发布及阅读，而博客没有字数限制，因为它主要是让人在电脑上发表文章和阅读的。

2. 阅读方式

看博客必须去对方的首页看，而在自己的首页上就能看到别人的微博。

3. 发布方式

微博可以通过发短信的方式更新，可以通过手机网络更新，也可以通过电脑更新；而博客用手机更新非常麻烦，一般是通过电脑更新发布。

4. 传播速度

博客要靠网站推荐带来流量，而微博则通过粉丝转发来增加阅读数，提高传播速度。

6.5.3 微博营销

1. 含义

随着微博的兴起，催生了有关的营销方式，就是微博营销。每一个人都可以注册一个微博，然后利用更新自己的微博。每天更新的内容可以跟大家交流，或者发布大家所感兴趣的话题，这样就可以达到营销的目的。

微博在我国还处于发展的初期阶段，还具有很多需要改进和提高的方面，如微博的认知度还有待提高，注册和使用的便捷性以及信息的分类处理等都需要进一步改善。

微博的价值在于简练，在于面向最普通的大众，意义在于广播形式。

2. 微博营销模式

微博营销模式有活动营销、植入式广告、客户服务的新平台、品牌宣传4种。

微博营销很可能需要第三方的介入，第三方就是微博的运营商。第三方首先是给出一种策划，然后需要对企业微博、代言人微博、用户微博进行组合，用一种受众能够认同的，并且是受欢迎的方式，对新产品、新品牌进行主动的网络营销。

微博用户对微博上信息的信任度高，对微博上的商业信息、商业活动也都有较高的信任度，并且对关注的人或粉丝推荐的产品更是具有好感，微博具有较大的潜在营销价值。

3. 微博营销的缺点

（1）需要有足够的粉丝才能达到传播的效果。应该说，在没有任何知名度和人气的情况下，通过微博营销，很难达到效果，人气是微博营销的基础，所以如何有效地增加粉丝数量，是微博营销的第一步。

（2）很难被发现。由于微博里新内容产生的速度太快，所以如果发布的信息粉丝没有及时关注到，那就很可能被埋没在海量的信息中。

（3）传播力有限。由于一条微博只有几十个字，其信息仅限于在信息所在平台传播，很难像博客文章那样，被大量转载。同时，由于微博缺乏足够的趣味性和娱乐性，所以一条信息也很难被大量转帖（除非是极具影响力名人或机构的微博）。

6.5.4 微博的发展

1. 微博与手机结合

微博的主要发展运用平台应该是以手机用户为主，微博以电脑为服务器、以手机为平台，把每个手机用户用无线的手机连在一起，让每个手机用户不用使用电脑就可以发表自己的最新信息，并和好友分享信息。

微博之所以要限定字数，就是源于手机发短信的字数限制，可见，微博从诞生之初就同手机应用密不可分，更是其在互联网形态中最大的亮点。微博对互联网的重大意义就在于建立手机和互联网应用的无缝连接，培养手机用户使用手机上网的习惯，增强手机端同互联网端的互动，从而使手机用户顺利过渡到无线互联网用户。目前手机和微博应用的结合有以下三种形式：

（1）通过短信和彩信。短、彩信形式是同移动运营商合作，用户所花的短、彩信费用由运营商收取，这种形式覆盖的人群比较广泛，只要能发短信，就能更新微博，但对用户来说，更新成本太大，并且彩信限制50K大小的弊端严重影响了所发图片的清晰度。这个方法只能提供更新，而无法看到其他人的更新，这种单向的信息传输方式大大降低了用户的参与性和互动性。

（2）通过WAP版网站。各微博网站基本都有自己的WAP版，用户可以通过登录WAP或通过安装客户端连接到WAP版。通过这种形式，只要手机能上网就能连接到微博，可以更新也可以浏览、回复和评论，所需费用就是浏览过程中用的流量费。但目前我国的GPRS流量费还相对较高，网速也相对较慢，如果要上传大点的图片，速度非常慢。

（3）通过手机客户端。一种是通过微博网站开发的基于WAP的快捷方式版，用户通过客户端直接连接到经过美化和优化的WAP版微博网站。用户行为主要靠主动来实现，也就是用户想起更新和浏览微博的时候才打开客户端，其实也就相当于在手机端增加了一个微博网站快捷方式。

另一种是利用微博网站提供的API开发的第三方客户端，这种客户端在我国还比较少，国际上比较有名的是Twitter的客户端Gravity和Hesine（和信）。Gravity是专门为Twitter开发的，需要通过主动联网登录的，但操作架构和界面经过合理设计，用户体验非常好，可惜目前只支持S60的系统。和信是国内公司开发的，目前不但支持Twitter，还支持国内的各主流微博。与其他客户端不同的是，和信的客户端是利用IP Push技术提供微博更新和下发通道，不但能够大大提升用户更新微博的速度，更重要的是能将微博消息推送到用户的手机，用户不用主动登录微博就能浏览和互动。和信支持的系统平台比较多，但缺点是在非智能机上的体验还不是很好。

相对于短、彩信和WAP形式，客户端的形式更符合无线互联网的发展趋势。尽管目前手机系统平台比较复杂，客户端开发难度很大，并且各客户端在非智能机上的发挥和体验整体都不佳，但是随着智能机逐渐平民化、无线网络速度的提升和流量资费的下调，手机和微博的结合肯定越来越密切。

2. 与QQ相结合

（1）QQ更新微博。随着QQ机器人的诞生，集成各种通信工具已成为Web 2.0的趋势，通过QQ就能发信息到微博网站上，也就是QQ更新微博。

（2）QQ更新微博的方法。首先要在微博绑定QQ号，然后加QQ机器人为好友，最后给QQ机器人发消息就能更新到微博。

（3）QQ结合微博的发展趋势。随着QQ机器人功能的不断壮大，以后会有更多的功能集成到微博，如支持图片分享、音乐分享、甚至群里讨论等。

3. 我国的微博网站

界面简洁干净是网易微博的一大特点，其优势是有超过3亿的邮箱用户和1亿左右的博客用户，网易希望打造一个更开放的微博平台。网易微博目前还没有“明星效应”出现，而且网易的微博字数最大限度为163个，这是为了突出“网易163”的品牌特点。

搜狐微博的特点是与博客、视频、相册、圈子等整合，用户在微博页面可以直达这些产品。此外，搜狐微博强调“围观”的概念，即用户在微博的点击操作次数。

新浪推出的微博成为了诸多用户口中的“新浪围脖”。

百度推出的i贴吧也整合了微博因素。

此外，还有饭否网，通过饭否排行榜、饭否搜索、手机拍照客户端“拍拍”等产品的翻新花样留住用户；医梦园，通过专业的医学微博和广大会员进行及时沟通，成为医学领域的专业微博；嘀咕网，有一个插件叫做“嘀神”，可以与Twitter、校内网、叽歪、饭否、做啥、开心网、51网、FriendFeed、海内网、占座网等多家网站保持信息同步；Follow5，至今仍然保持国内微博客领域的数个首创：类似于跟帖的“回复”（区别于Twitter的@）、群、基于位置的分享、时间轴，这几大功能后来先后被各大微博站点模仿。

6.6 博客营销案例分析

2007年1月29日，中国五粮液集团全资子公司——五粮液葡萄酒有限责任公司宣布，与跨平台博客传播网络BOLAA网携手合作。通过该平台，在红酒爱好者中组织一次“结缘博友，共赏美酒——五粮液国邑干红浪漫体验”活动，旨在利用互联网新媒体对其红酒新产品进行大规模市场推广，这是传统名牌酒类企业利用互联网渠道进行的一次重要营销突破。

活动开展后，短短几天内报名参加体验活动的人数就突破了6000人，最终，五粮液葡萄酒公司在报名的博友中挑选了来自全国各地的500名知名的红酒爱好者参加了此次活动，分别寄送了其新产品国邑干红供博友品尝。博友们体验新产品后，纷纷在其博客上发表了对五粮液国邑干红的口味感受和评价。在博客圈内迅速引发了一股关于五粮液国邑干红的评价热潮，得到了业界的普遍关注。

这个案例说明，与传统的口碑传播相比，基于互联网的口碑传播，传播速度和传播范围已发生了质的飞跃，其广告效果呈几何级数的增长。更为重要的是，博客人群的消费特性与红酒产品的受众定位非常吻合。通过让博友真实品尝国邑干红葡萄酒，不仅能在第一时间内获得用户体验的第一手资料，而且通过博友体验进行的口碑传播，更能使红酒得到广泛的传播。

以受众精准和高信任度为特点的博客营销，在提升企业品牌的同时，更容易激发消费者的购买欲望，培育忠实用户群体。一些博友表示，五粮液国邑干红公司敢于将其新品交给博友体验，一方面体现了大品牌的大气，另一方面也表现了厂家对自己产品的自信，五粮液新产品确实口感不错，以后他们自己也会去购买五粮液国邑干红。另外，从此次主题活动和产品本身所具备的文化韵味来说，也比较容易让人产生共鸣。

☞知识拓展

博客营销的六大技巧

博客营销是通过博客网站或博客论坛接触博客作者和浏览者，利用博客作者个人的知识、兴趣和生活体验等传播商品信息的营销活动。互联网上有了博客以后，尤其是博客成为一种营销工具以后，它可以具备广告等其他营销方式所不能具备的互动功能。下面介绍博客营销的六种技巧。

1. 简短明了的博客介绍

简短明了的博客介绍可以让访问者清楚地知道你的网站或博客的类型。

第一部分：网站的目标，即网站的主题内容。

第二部分：博客主人的介绍，你是谁、你现在的职业等，当然你也可以写得更加详细。

第三部分：联系方式和网站说明，这一部分是很重要的，这样读者或访问者可以和你联系，提出意见和想法，在网站说明内可以注明“我不交换链接”等。

2. 高质量的博文

访问者访问你的网站是想从网站里面得到他们想得到的东西或信息，他们第一次来访你的网站大部分是通过搜索引擎，所以你一定要珍惜这个机会，有时候即使是同一件事，他们已经在别的网站获知了，但是读者更想知道你的个人想法，而不是别人说什么，所以，要定时更新，如果你每一天或每一周发表不同的看法，访问者就会觉得耳目一新。

3. 具有娱乐性（幽默色彩）

博客不能一直陈述单调乏味的东西，应该渗透点具有娱乐色彩的元素，写出来让自己和访客都喜欢接受，不会让人觉得乏味，甚至给访客带来惊喜。

4. 思路清晰，让读者在最短时间知道你要说什么

这其实很简单，就是当读者看到你的博文的时候不要发现错别字或重复的句子。

5. 做到表达正确

应该要明白，博客并不是以网站主或博客主为主角，读者应该是主角，有流量才是王道。我们写出来的文章是给用户看的，是给用户来打分的，所以应该以最简单的方式表达你的意思。

6. 加强和访客之间的交流

对访客的留言应做到及时回复或建立一个能时时交流的论坛，对访客的建议要细心考虑，对于不足要加以改进。

☞实训与思考

◎实训内容

1. 登录新浪或网易，注册自己的博客和微博，学会博客注册的基本技巧，会使用博客和微博。

2. 登录网易博客群（http：//blog. 163. com/showMultiUser. do），建立自己的网易博客群，并且利用网易博客群发布信息，能够进行博客群的管理。

3. 在自己的博客和微博中发布在第3章中完成的软文，并及时跟踪点击和转载情况。

◎思考题

1. 什么是博客？博客有哪些特点？

2. 怎样注册博客？博客有哪些应用？

3. 什么是博客营销？怎样开展博客营销？
4. 企业博客营销有哪些形式？怎样做？
5. 什么是微博？如何使用微博？
6. 怎样建立博客群？如何进行管理？

第7章　病毒式营销

☞工作项目

（1）上网搜索最新的病毒式营销案例。

（2）通过多种方法了解关于病毒式营销研究的最新观念和动态，找出至少3位知名专家及他们的权威观点。

☞知识目标

（1）掌握病毒式营销的基本原理。

（2）熟悉病毒式营销的实施要领。

（3）熟悉病毒式营销的策略。

☞技能目标

（1）以分组形式（5~7人一组）设计一个简单的病毒式营销策划案。

（2）选择合适的用户群和途径发布“病毒”。

☞案例导入

2008年3月24日，在遥远的雅典古奥林匹亚遗址，第29届奥运会圣火成功点燃，举世瞩目；就在同一天，作为奥运会的赞助商——可口可乐公司，携手腾讯举办的奥运火炬在线传递活动也正式拉开帷幕。仅一周时间，参与人数突破700万，两周后，参与人数高达1700余万。

此次火炬在线传递，从活动流程来看，主要是依靠QQ好友间一对一的传播。参与者首先需要被好友邀请，然后再顺利邀请另一好友才能成功参加，具体流程如图7.1、图7.2所示。

利用他人的资源，呈几何倍数地繁殖，这正是病毒式营销的特点。奥运火炬在线传递活动借助“北京2008奥运圣火传递”这一全球瞩目的事件，通过腾讯平台，巧妙地吸引了亿万网民的关注及参与，使企业的品牌在活动中得到了传播，品牌形象也得到了进一步提升。

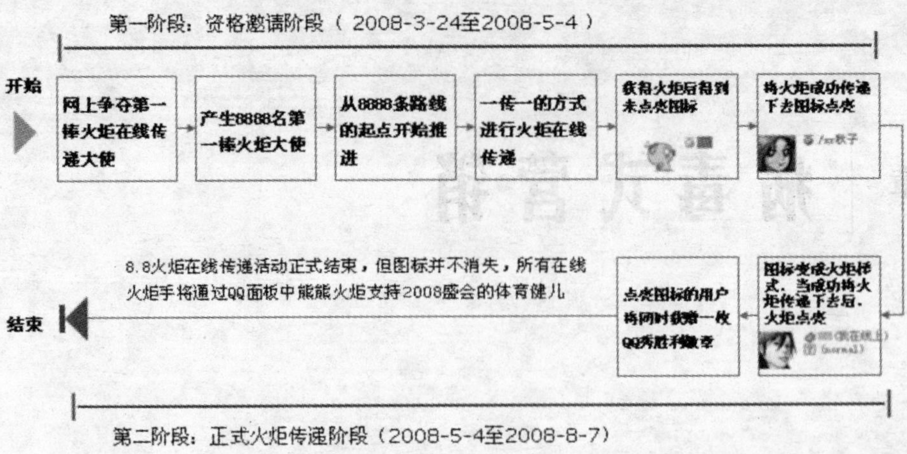

图 7.1　火炬在线传递活动营销过程视图

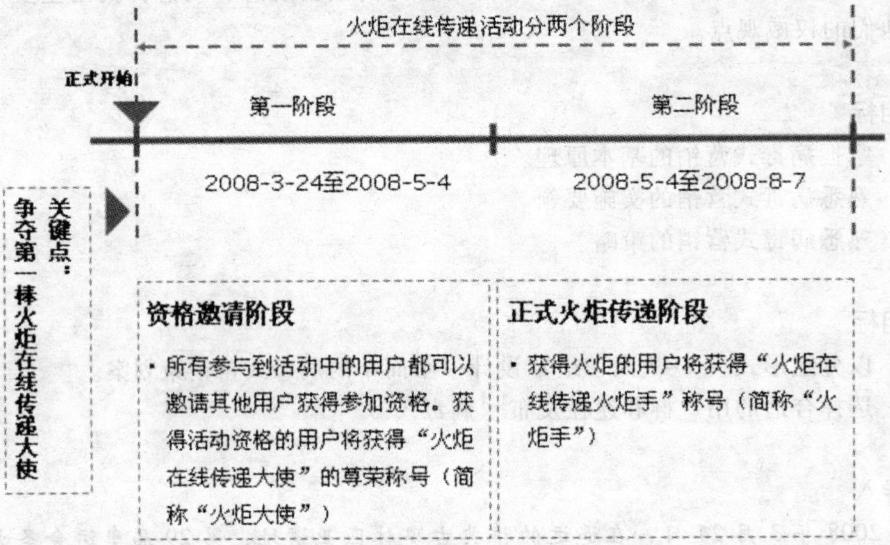

图 7.2　火炬在线传递活动营销活动扫描图

1. 直击目标群体，在目标受众中赢得了比较好的口碑

QQ 用户群年龄主要集中在 15 ~ 25 岁，其次是 25 ~ 40 岁。可口可乐品牌给人的印象是年轻、有活力、有激情、紧跟时代潮流，这正和 QQ 用户群的年龄特点相吻合。选择 QQ 作为火炬传递的平台，使活动的参与者与可口可乐品牌的目标消费群保持了较高的契合度。

2. 拉近了可口可乐品牌与普通消费者之间的心理距离

火炬在线传递活动帮助普通人实现传递奥运火炬梦想的同时，也拉近了可口可乐品牌与普通消费者之间的心理距离，大大提升了品牌在目标受众中的知名度与美誉度。

这次可口可乐品牌火炬在线传递活动，无论是受众接收信息还是再次传播，都是主动的、发自内心的、没有丝毫勉强，所以也就不存在对活动主办方信息的反感和抵触，满足了受众内心的一种需求。

可口可乐品牌成功的核心主要体现在三个方面：一是有强吸引力的“病毒源”，火炬在线传递之所以有如此轰动的效应，是借助了社会热点事件——北京2008奥运圣火传递的契机，奥运是2008年绝对的主题和主旋律。作为奥运的赞助商，能够利用火炬这个话题来引发病毒传播，可谓天衣无缝。二是有易于传播的“病毒”，选择拥有2亿多人口基数的QQ作为传播渠道。QQ在中国，特别是在年轻人的生活中，几乎成了生活的一部分，所以传播媒体的选择十分恰当。三是可操作性强的“病毒”传播方式，只要你的在线好友接到了邀请并且接受，你就会接到你好友的邀请，而且是强制性的方式，是弹出窗口的方式，接受度非常高。

奥运火炬在线传递活动的病毒式营销成功实施的基本过程可总结为以下四个方面：

(1) 制造“病毒”借势、造势、创悬念；

(2) 寻找易感人群，发布“病毒”；

(3)“病毒”的变种和再传播；

(4) 从病毒到有效信息的转化。

阅读以上案例，分析以下问题：

(1) 可口可乐品牌在线火炬传递活动为什么能成功？

(2) 病毒式营销中包含了哪些新的营销理念和思想？

7.1 病毒式营销

病毒式营销利用的是用户口碑传播的原理，在互联网上，借助于互联网的开放性，传播速度快、传播范围广、交互性强，可以像病毒一样迅速蔓延，因此病毒式营销（病毒性营销）成为一种高效的信息传播方式，而且，由于这种传播是用户之间自发进行的，几乎是不需要费用的网络营销手段。

7.1.1 病毒式营销的含义

1. 定义

病毒式营销（Viral Marketing），也称为病毒性营销，是一种常用的网络营销方法，常用于进行网站推广、品牌推广等，是发起人发出产品或服务的最初信息到用户，利用用户的主动在线自发传播，让信息或服务像病毒那样呈几何级数扩散，从而达到推广目的的营销方式。

病毒式营销描述的是一种信息传递战略，这种战略像病毒一样，利用快速复制的方式将信息传向数以千计、数以百万计的受众。通过提供有价值的产品或服务，让大家告诉大家，通过别人为你宣传，实现"营销杠杆"的作用。

2. 特点

病毒式营销是通过利用公众的积极性和人际网络，让营销信息像病毒一样传播和扩散，营销信息被快速复制传向众多的受众。它存在一些区别于其他营销方式的特点。

(1) 有吸引力的病原体。病毒式营销最核心的是病毒式营销信息的设计。不管信息最终以何种形式来表现，它都必须具备基本的感染基因。

对于病毒式营销信息的设计，首先必须向受众提供利益，包括物质利益和精神利益，满足受众的需求，并足以诱发受众互动，因此，必须是"允许式"而不是"强迫式"的，要让受众能够自愿接受并自愿传播。

其次必须形式多样化，除了网络视频等形式，还包括图片、声音、视觉符号等，把握这一点，可以有效地拓宽思路。它可以是一首歌，可以是一篇文章，甚至可以是屏保、短信，往往越是新奇的越容易传播。

再次要去广告化。作为病毒式营销的信息，必须向"去广告化"方向发展，要"伪装"成为消费者提供利益，否则会被消费者拒之门外。强生策划创作的强生婴儿——探索婴儿皮肤的秘密 Minisite，广告目标是为强生推广婴儿用品，但网站内容的风格更多的是以资讯为主，以产品为辅。80%以上的内容是从科普的角度为妈妈讲述宝宝皮肤特点，如何洗护保养等，提供母亲最需要的育儿知识，只有很少一部分是介绍强生的产品。网站进一步强化了强生"care and trust"的品牌形象，加强了强生的品牌好感度。这个 Minisite 在新浪亲子中心投放后，点击量很高，消费者反响较好。

(2) 低成本。任何信息的传播都要为渠道的使用付费，之所以说病毒式营销是无成本的，主要是指它利用了目标消费者的参与热情，但渠道使用的推广成本是依然存在的，只不过目标消费者受商家的信息刺激，自愿参与到后续的传播过程中，原本应由商家承担的广告成本转嫁到了目标消费者身上，因此对于商家而言，病毒式营销是无成本的。目标消费者并不能从"为商家打工"中获利，他们之所以自愿提供传播渠道，原因在于，第一传播者传递给目标群的信息不是赤裸裸的广告信息，而是经过加工的、具有很大吸引力的产品和品牌信息，而正是这一披在广告信息外面的漂亮外衣，突破了消费者戒备心理的"防火墙"，促使其完成从纯粹受众到积极传播者的变化。

(3) 几何倍数的传播速度。病毒式营销是自发的、扩张性的信息推广，它并非均衡地、同时地、无分别地传给社会上每一个人，而是通过类似于人际传播和群体传播的渠道，产品和品牌信息被消费者传递给那些与他们有着某种联系的个体。陈进勇先生提出的网络病毒式营销"第100只猴子定律"认为，当只是有限数量的人知道一个新方法时，它仍是这些人的个体意识，但是存在着一个临界点，只要再有一个人接纳了这个新思想，之后几乎每个人就都接纳了这种思想。如目标受众读到一则有趣的 flash，他的第一反应或许就是将这则 flash 转发给好友、同事，无数个"转发大军"就构成了成几何倍数传播的主力。

(4) 高效率的接收。大众媒体发布广告的营销方式是"一点对多点"的辐射状传播，正如传播学先驱拉扎斯菲尔德在《人民的选择》中提出过“二级传播”的概念，即信息先通过大众传媒流向少数“舆论领袖”，然后再由“舆论领袖”流向一般受众。所以，大众媒体发布广告无法确定广告信息是否真正到达了目标受众。而对于“病毒”，是受众从熟悉的人那里获得或是主动搜索而来的，在接收过程中有积极的心态；接收渠道也比较私人化，如手机短信、电子邮件、封闭论坛等。以上方面的优势，使得病毒式营销尽可能地克服了信息传播中的噪音影响，增强了传播的效果。

（5）更新速度快。病毒式营销的传播过程通常是呈S形曲线的，即在开始时很慢，当其扩大至受众的一半时速度加快，而接近最大饱和点时又慢下来。针对病毒式营销传播力的衰减，受众一般都有爱屋及乌的特点，很自然地将自己对“病毒”的迷恋迁移到它所随身负载的产品或服务中去，一定要在受众对信息产生免疫力之前，将传播力转化为购买力，方可达到最佳的销售效果。

7.1.2　病毒式营销的方法

1. 免费的服务

一些大型的网站或公司会提供免费的二级域名、免费空间、免费程序接口、免费计数器等资源，这些资源可以直接或间接地加入公司的链接或者其他产品的介绍，也可以是广告。由于这些服务都是免费的，对用户有着很大的吸引力；另外，当用户自己在使用并对外宣传的时候，就也为提供该服务的公司做了免费宣传。

2. 便民服务

便民服务不像免费服务一样需要一定的财力、物力，比较适合小公司或个人网站。在网站上提供日常生活中常会用到的一些查询，如公交查询、电话查询、手机归属地查询、天气查询等，把这些实用的查询信息集中到一起，能给用户提供极大的便利，会得到用户很好的口碑，也就能很快地推广开来。

3. 节日祝福

每当到节日时，可以通过QQ、MSN、E-Mail等工具向朋友发送一些祝福，后面跟上网页地址或精美图片，由于节日里大家都很高兴收到来自朋友的祝福，也喜欢发祝福给朋友，一个“病毒链”就这样形成了。

4. 精美网页或笑话

娱乐是人生活的追求，不管谁定下什么目标，但最终是为了生活、娱乐，做一个精美的网页或精彩的笑话发给朋友，朋友一定会很高兴，会很快地发送给他的好朋友。

5. 通过“口头传递”传播信息

网络上使用最普遍的“口头传递”方式是“告诉一个朋友”或“推荐给你的朋友”等，很多网站在网络广告、新闻信息、电子邮件后面都会使用类似的语句。对这种方法，各种网站的使用率是不一样的。对于一些娱乐网站，“告诉一个朋友”的使用率可能会高些；但对于大型网站，这类语言的使用率主要取决于所推荐内容的类型和用户群的特点。这种病毒式营销启动成本低并能快速执行，其效果还可以通过引入竞赛和幸运抽签得以增强。

6. 利用人际关系网络传播信息

社会学家指出，人际关系网络是由家庭成员、朋友或同事构成的，我们每个人都生活在人际关系网络中，几乎没有人是生活在人际关系网络之外的。根据社会地位的不同，一个人的人际关系网络中可能有几十、几百甚至数千人。互联网的网民同样也在发展虚拟社会中的人际关系网络，他们收集电子邮件地址，建立邮件列表与众人沟通，通过洽谈室结交新的朋友。网络营销人员需要充分认识实体社会和虚拟社会中这些人际关系网络的重要作用，通过病毒式营销把自己的信息置于人们的各种关系网络之中，从而迅速地把促销信息扩散出去。

7. 通过“事件策划”营造传播话题

策划运作一个大范围或局部（或行业范围、圈子范围）轰动的事件，促使人们热议，其特征在于迎合时代人心理需求。如淘宝商城在每年 11 月 11 日营造的光棍节事件，充分利用了营销学中的马太效应，满足了买家一种好奇、贪便宜的本性心理需求，买家都向往以超低价格买到超高价值的商品，而越多人买，气氛越好，那么就卖得更加好，而且淘宝商城大力推荐的都是知名品牌，最终网民信赖了淘宝这个品牌。

7.1.3 病毒式营销的战略要素

1. 提供有价值的产品或服务

在市场营销人员的词汇中，“免费”一直是最有效的词语，大多数病毒式营销计划都提供有价值的免费产品或服务来引起注意，例如，免费的 E-mail 服务、免费信息等。“便宜”或者“廉价”之类的词语可以使用户产生兴趣，还可以更快引人注意。如果能从一些免费服务中刺激用户高涨的需求兴趣，就达到了营销目的。

2. 提供无须努力就可向他人传递信息的方式

病毒只在易于传染的情况下才会传播，因此，携带营销信息的媒体必须易于传递和复制，如 E-mail、网站、音乐等使得复制更加简单，从营销的观点来看，必须把营销信息简单化使信息容易传输，越简短越好。由韩寒、王珞丹代言的电子商务服饰网站“凡客诚品”广告吸引了很多人的眼球，尤其是标榜年轻人我行我素、又有着清醒自我认知态度的广告词比代言人更有吸引力：“我爱表演，不爱扮演；我爱奋斗，也爱享受生活；我爱漂亮衣服，更爱打折标签；不是米莱，不是钱小样，不是大明星，我是王珞丹，我没什么特别，我很特别；我和别人不一样，我和你一样，我是凡客。”“爱网络，爱自由，爱晚起，爱夜间大排档，爱赛车；也爱 29 块钱的 T-shirt，我不是什么旗手，不是谁的代言，我是韩寒，我只代表我自己。我和你一样，我是凡客。”

3. 信息传递范围很容易从很小向很大规模扩散

为了像野火一样扩散，传输方法必须从小到大迅速改变。如果病毒的复制在扩散之前就扼杀了主体，就什么目的也不能实现了，只要你提前对增加邮件服务器做好计划，就没有问题。你的病毒性模型必须是可扩充的，并且是容易扩充的或自动扩充的。

4. 利用公共的积极性和行为

巧妙的病毒式营销计划利用了公众的积极性。通信需求的驱动产生了数以百万计的网站和数以十亿计的 E-mail 信息，为了传输而建立在公众积极性和行为基础之上的营销战略将会基于此而取得成功。凡客诚品的病毒式营销就是充分利用了公共积极性。由豆瓣网发起一场以广告文案为模板的创意活动“全民调戏凡客，寻创意帝”。短短三天，活动参与人数就达到6349 人，被 PS 的照片数达到 779 张。被 PS 的对象涵盖了从网络到现实的所有当红人物、当红动物、当红动漫造型，甚至当红流行物品；PS 的内容涉及了个人标签以及各行各业最新、最热的新闻。

5. 利用现有的通信网络

人是社会性的，网络营销人员早已认识到人类网络的重要作用，互联网上的人们同样也发展关系网络，他们收集电子邮件地址以及喜欢的网站地址，会员程序开发这种网络作为建立允许的邮件列表。营销人员应学会把自己的信息置于人们现有通信网络之中，将会迅速地把信息扩散出去。

6. 利用别人的资源

最具创造性的病毒式营销计划会利用别人的资源达到自己的目的，如会员制计划，在别人的网站设立自己的文本或图片链接，提供免费文章的作者，试图确定他们的文章在别人网页上的位置，一则发表的新闻可能被数以百计的期刊引用，成为众多读者阅读的文章的基础。

7.1.4　病毒式营销的实施步骤

病毒式营销的价值是巨大的，一个好的病毒式营销计划远远胜过投放大量广告所获得的效果，病毒式营销并不是随便可以做好的，有些看起来很好的创意或者很有吸引力的服务，最终并不一定能获得预期的效果，要取得病毒式营销的成功，必须遵照一定的步骤和流程。

(1) 病毒式营销方案需要整体规划，确认病毒式营销方案符合病毒式营销的基本思想，即传播的信息和服务对用户是有价值的，并且这种信息易于被用户自行传播。

(2) 病毒式营销需要有独特的创意，并且精心设计病毒式营销方案（无论是提供某项服务，还是提供某种信息）。独创性的病毒式营销计划最有价值，跟风型的计划有些也可以获得一定效果，但要做相应的创新才更吸引人。在方案设计时，一个特别需要注意的问题是，如何将信息传播与营销目的结合起来。如果仅仅是为用户带来了娱乐价值（如一些个人兴趣类的创意）或者实用功能、优惠服务而没有达到营销的目的，这样的病毒式营销计划对企业的价值就不大了；反之，如果广告气息太重，可能会引起用户反感，而影响信息的传播。

（3）病毒式营销的信息源和信息传播渠道需要精心设计。虽然说病毒式营销信息是用户自行传播的，但是这些信息源和信息传递渠道需要进行精心的设计，例如要发布一个节日祝福的 Flash，首先要对这个 Flash 进行精心策划和设计，使其看起来更加吸引人，并且让人们更愿意自愿传播。仅仅做到这一步还是不够的，还需要考虑这种信息的传递渠道，是在某个网站下载（相应地在信息传播方式上主要是让更多的用户传递网址信息），还是用户之间直接传递文件（通过电子邮件、IM 等），或者是这两种形式的结合。这就需要对信息源进行相应的配置。

（4）病毒式营销需要原始信息的发布和推广。最终的大范围信息传播是从比较小的范围内开始的，如果希望病毒式营销方法可以很快传播，那么对于原始信息的发布，也需要经过认真筹划，原始信息应该发布在用户容易发现，并且乐于传递这些信息的地方（如活跃的网络社区），如果必要，还可以在较大的范围内去主动传播这些信息，等到自愿参与传播的用户数量比较大之后，才让其自然传播。

（5）病毒式营销的效果需要进行跟踪和管理。当病毒式营销方案设计完成并开始实施之后（包括信息传递的形式、信息源、信息渠道、原始信息发布），对于病毒式营销的最终效果实际上是无法控制的，但并不是说就不需要进行这种营销效果的跟踪和管理。实际上，对于病毒式营销的效果分析，不仅可以及时掌握营销信息传播所带来的反应（如对于网站访问量的增长），也可以从中发现这项病毒式营销计划可能存在的问题以及可能的改进思路，将这些经验积累起来，为下一次病毒式营销计划提供参考。

7.2 病毒式营销与传统营销

传统营销是基于第一媒体报纸、第二媒体广播、第三媒体电视等传统媒体所进行的营销，而基于互联网的病毒式营销因其介质不同，而和传统营销存在诸多方面的明显差异性见表 7-1。

表 7-1　传统营销与病毒式营销的比较

衡量标准	病毒式营销	传统营销
营销理念	以“允许”为基础的推销方式，像病毒一样在不知不觉中让受众主动接受，并对它产生好感	以“打扰”为基础的推销方式，不管受众是否感兴趣，都要被动接受，有时受众会产生抵触心理
传播方式	自发的、扩张性的信息推广，如目标受众读到一则有趣的信息，他的第一反应或许是将这条消息转发给好友或同事	“一点对多点”的辐射状传播，无法确定广告信息是否真正到达目标受众
营销范围	覆盖区域广，不受时空限制	有时空限制

续表

衡量标准	病毒式营销	传统营销
营销成本	比较廉价，除了制作“病毒”的成本外，有时不花一分钱，就能传播数百万人	成本相对较高，尤其是电视媒体费用高昂
传播效果	“病毒”一般是受众从熟人那里获得或主动搜索而来的，在接受过程中自然会有积极的心态，接受渠道一般来说也比较私人化，使病毒式营销克服了信息传播中的干扰的影响，增强了传播的效果	信息受干扰强，接收环境复杂，受众有戒备抵触心理。以电视广告为例，同一时段电视有各种各样的广告同时投放，其中不乏同类产品撞车现象，大大降低了广告的到达率

7.3 病毒式营销的策略

企业实施病毒式营销，必须结合企业自身所处的产品或服务领域、自己的目标受众的特征等方面，必须遵循病毒性营销的基本思想，并充分认识其一般规律，才能成功，取得预期的效果。

7.3.1 传播策略

1. 创新策略

创新就是要寻找新的机会，开创新的市场需求或满足潜在需求。QQ 的成功就在于满足在线即时通讯的需求，因而能快速地在网络中传播。创新是企业不断成长的基石，具有超前和创新的产品是企业成功的重要因素之一，如 Dell 的直线订购模式，Sony 的随身听、3M 的“立可帖”都是经过创新、开拓新事业带动企业成长。

2. 创新追赶策略

这种策略又称为定点赶超，通常是寻找某些公司怎么样和为什么在执行任务时比其他公司做得更出色，其基本做法是在业内寻找一个最佳竞争对手或最佳实践者，模仿他的一些最好的做法并改进之。如腾讯公司推出的 OICQ 软件本身并非完全创新，而是对 ICQ 进行技术改进和中文汉化的结果，但正是这种改进使得 QQ 成为第一大中文即时通讯软件。最早进入市场者也许有“先入为主”的优势，但最早进入市场者却不一定是最终胜利者。使用创新追赶策略必须及早发现市场的变化，快速追随创新者，并且改进原创者技术和营销的缺陷，奋起直追，争取打败原创者，这是追赶策略的核心含义。

3. 免费策略

虽然免费策略不是病毒式营销成功的最关键因素，但免费策略在病毒式营销中的应用是十分重要的。免费是为了盈利，是手段而不是目的。免费的策略一般可以分为以下三种：

(1) 完全免费

消费者完全免费使用企业的产品或服务，企业向其他商家收取广告费用、服务费。例如，国内的大部分门户网站（如新浪、搜狐等）免费让网民浏览信息，收取广告主的广告费。

(2) 部分免费

企业提供基础功能的版本，免费让消费者使用，但是如果消费者想升级到更高的版本或者想要更多的功能和服务，则必须花钱购买，如 Chinaren 校友录和 QQ。

(3) 限制免费

企业给用户提供一些试用产品，使用者在一定期限内可以免费试用。如金山毒霸的成功就是通过免费和开放的政策吸引了大量的试用用户，从而也造就了一大批间接传播者，同时通过定期通知用户升级版本或购买正式版的形式，提醒试用用户使用的是金山毒霸这个品牌，还一再强调试用版和正式版的区别，陈述正式版的种种好处，诱惑消费者购买。

如果商家想开展病毒式营销，让人们快速传播其产品或服务，必须首先让他人获利，人们获利越大，传播产品或服务的速度也越快，这是典型的双赢。

7.3.2 应用 3W 策略

病毒式营销正为越来越多的企业所采用，但要成功地实施病毒式营销，不是一件容易事，必须精心筹划。企业在成功实施病毒式营销时，需要把握好 3W 策略。

1. 创建有感染力的“病原体”(What)

“病原体”的重要性是显而易见的，对于“病原体”来说，只有感染性强，才会吸引受众关注，才会引起受众心灵上的共鸣，进而通过心灵的沟通感染受众，然后不断蔓延开来。在互联网中，这种“病原体”是很常见的，如免费的应用软件、迎合受众口味的免费电子书等。

用 Flash 创建一个非常有趣的游戏或者经典动画，创建的游戏和动画就是一个超级的“病原体”。当受众看到或收到有趣的图片或很酷的 Flash 游戏附件时，通常会把它发给朋友们，而朋友们也会顺便发给其他朋友，一传十，十传百，这种滚雪球效果可以轻松创建起一个巨大的营销网络，在几小时之内，就能到达成百上千的受众那里。

企业在创建“病原体”时，必须要考虑的问题是，如何将信息传播与营销目的有效地结合起来。如果仅仅是为用户带来了娱乐价值或者实用功能、优惠服务，而没有达到营销的目的，那么这样的病毒式营销对企业来说，价值就不大；反之，如果广告气息太重，可能会引起用户反感而影响信息的传播，因此企业在实施病毒式营销时，必须巧妙地将营销信息揉入“病毒”中，而不能太直白，让受众一眼就看出。

2. 找到易“感染人群”(Who)

在“病原体”创建完之后，病毒式营销的关键就是找到易感染人群，也就是早期的接受者，他们是最有可能的产品或服务使用者，他们主动传递信息，影响更多的人群，然后营造出一个目标消费群体。在传播过程中，普通受众在这些易感染人群的带动下，逐渐接受某一商品或服务。如QQ品牌的推广就是一个典型的例子，腾讯QQ用户的平均年龄为20.6岁，他们追逐时尚，对新潮流、新趋势、新事物的感觉非常敏锐，这些特点注定了他们是易感染人群，能很快接受并且适应腾讯提供的中文界面即时通信工具，并且还会积极地将这一“病毒”通过鼠标或口头语言向其他人传播，使“病毒”迅速蔓延开来。

3. 选准“病毒”的初始传播渠道（Where）

病毒式营销信息不是像“病毒”那样自动去传播，需要借助于一定的外部资源和现有的通信环境来进行。因此，企业在选择“病毒”的初始传播渠道时，要考虑到易感染人群的关注重点和社会热点。

一般来说，病毒式营销的原始信息先在易于传播的小范围内进行发布和推广，然后再利用公众的积极参与行为，让“病毒”大规模扩散。

7.4 病毒式营销案例分析

7.4.1 案例一：75秒“蜕变”演绎的真美革命

1. 案例简介

如果有一个短片，看了能让你增加自信，你会看吗？如果有一个短片，看了觉得妙趣横生，你会给他人传阅吗？多数人不仅回答“会”，而且立刻要求观看。联合利华旗下的“多芬”化妆品公司2007年推出了一段仅有75秒的广告片《蜕变》，在这个广告中，没有顶级美女模特，也没有大成本的制作，却在短时间内获得5亿网民的关注。在2007年戛纳国际广告节上，《蜕变》一举夺得三项Grand Prix大奖（见图7.3）。

图7.3　“邻家女孩”变“超模”

《蜕变》广告片拍摄了一个相貌普通的邻家女孩摇身变成一个气质非凡的超模的过程。广告片中的女孩名叫斯蒂芬妮，她并非一名模特，相貌平平的她就和邻家女孩一样普通。影片一开头，斯蒂芬妮脸上没有任何化妆，穿着一件普通的汗衫坐在摄影棚中，脸上还可以见到一些明显的小斑点。接下来，一组专业的化妆师和美发师开始为她进行美容，尽管这一过程事实上花了至少3小时，但广告片却采用快镜头方式一闪而过，当化妆师和美发师的工作完成后，斯蒂芬妮已经“焕然一新”，几乎让人无法相信自己的眼睛——只见她脸色光润、眼睛迷人、头发飞扬，就像职业模特一样充满了魅力，斯蒂芬妮仿佛脱胎换骨一般，和几小时前的那个“丑小鸭”根本不能同日而语。

接下来，专家通过计算机软件对斯蒂芬妮的照片进行数字技术处理，让她照片上的脸庞达到毫无瑕疵的完美状态，适合大多数人的审美标准。先让她的头发更加流畅和整洁；接着拉宽眼睛，抬升眉毛，让嘴唇变得更加丰满，脸颊、鼻子和额头也都变得更窄，更符合审美标准，同时脖子也被数字化拉长，变成了“修长的玉颈”。

最后，这张照片简直可以和任何明星、超模的照片相媲美，照片登上街头的广告牌上后，没人会相信照片上的美女原来就是貌不惊人的邻家女孩斯蒂芬妮。广告片最后的标语写道：“毫不奇怪，我们对美的理解已经被扭曲。”

“这段录像让我对自己的感觉好了100倍!”一位女网民写道。由于这个视频妙趣横生、赏心悦目、吸引人的眼球，众多网友自发传播该短片，令这个短片不断地在网上传播开来。“多芬”的品牌知名度和美誉度得到大幅度提升，品牌理念更加深入人心，增加了品牌的忠诚度。

2. 案例分析

联合利华堪称病毒式营销的全力倡导者，《蜕变》之所以取得巨大成功，与其前期的市场培育——多芬的“真美运动”密不可分。这一运动，帮“多芬”找到了病毒的易感人群，为《蜕变》推出引起的市场的极大反响奠定了很好的基础。

（1）让消费者找回自信。许多女孩看到大街广告牌上模特们的靓丽玉照后，都会对这些外貌毫无瑕疵的美女充满了羡慕。然而《蜕变》告诉她们，那些玉照其实并都不是真实的，而是长达数小时的化妆和照片技术处理的结果。

“多芬”化妆品公司专家塞利·奥斯特说：“我们的研究显示，年轻的女孩子最容易受到媒体上的影视明星和模特的影响，在将她们的完美照片与自己对比后，就会对自己的身体产生巨大的失落感。我们相信，通过向女人和女孩们展示那些完美照片是如何炮制出来的真相，我们可以帮助增加这些女孩的自信，鼓励她们珍惜自己独有的美丽。”

《蜕变》广告片登上著名的Youtube网站后，成了浏览量最多的录像。这段视频让许多女孩都对自己的相貌重新拥有了自信。

（2）锁定品牌推广对象。一分付出一分收获，要获得病毒式营销带来的好处，也要付出相当的努力。首先，必须找准明确的对象。《蜕变》有如此神奇的宣传效果，与此前“多芬”的“真美行动”的推广有极大的关系，正是因为此前“多芬”已经找准了自己的品牌推广对象，并精心培育这个市场，才结出了丰硕的果实。

2004年春季开始的“真美行动”从北美和德国开始，逐渐扩展到全球各个主要市场。这个品牌传播攻势并不是吸引人们一时热情和注意力的一次性营销攻势，而是持续不断地对女性美丽进行阐释的过程。多芬的“真美行动”代表了一种全新的营销理念。

《蜕变》正是对“真美行动”最生动的阐释。在这样行动开展之前，“多芬”做的一次全球调查显示，只有2%的女性认为自己是长得很美，而98%的女性觉得自己长得不美。“多芬”意识到，这很可能使人们对美的定义有点问题了，于是“真美行动”在全球如火如荼地展开。

多芬没有一味地宣传自己的产品，而是告诉女孩子们自然美、真善美和内在美的重要，并教会她们怎样发现自己的真正之美。这种肺腑之言所具有的杀伤力，才是真正能感染目标对象的“病毒”，它促使女孩子们去思考，去发现真正的美。当她们从中领悟时，就会自发地去传递“真美行动”，以及使用“多芬”产品和服务。

(3) 精心构思“病原体”。在正确锁定品牌推广对象之后，下一步就是精心构思“病原体”。在网络信息泛滥的今天，随时可能淹没掉你的“病毒”。只有当你的“病毒”拥有绝佳的创意时才能留住用户，令他们去谈论、去分享、去传递。好的创意应该满足三个原则：娱乐性、可信性、启发性。娱乐性用以吸引用户的注意，可信性用以赢取用户的信赖，启发性则用以引导用户的购买行为。看过《蜕变》的人，都为它的精美而交口称赞。它完美地集娱乐性、可信性和启发性于一体。所以它在两周内便在全球范围内传播开来。《蜕变》在网络上传播开来，又再一次促进了“真美行动”的升级。当营销活动被赋予了一种超越世俗产品的含义，那么它的威力就会被无限地扩大。与其说“多芬”卖的是一种产品，倒不如说它营销的是一种理想，一种信仰。

阅读以上案例，回答以下问题：

(1)“多芬”的策划主要抓住了消费者怎样的心理需求？

(2)“多芬”的成功有哪些关键点？

7.4.2 案例二：吃垮必胜客，让“必胜客”越吃越旺

1. 案例简介

必胜客有一款自助的28块水果沙拉，给你一个碗，你能拿多少，就给你多少。不过必胜客太了解人性了，所以规定沙拉碗只能装盛一次。盛沙拉的碗并不大，很浅，简单地装沙拉，装不了多少。所以，如何保证自己的钱花得最划算，尽可能把那只小碗装满你喜欢的水果沙拉，也就成了一门有趣的学问。

一则叫做“吃垮必胜客”的帖子曾在网络上大肆流传，并通过网友间的传递，一传十，十传百，引发了一股“吃垮必胜客”的旋风。该帖主要是对必胜客水果蔬菜沙拉的高价表示“不满”，并提供了多盛实物的“秘笈”。随着帖子点击量和转载量的急速飙升，必胜客的顾客流量也迅速增长。为了吸引更多的人来吃必胜客，台湾的必胜客发动了一次名叫“吃垮必胜客”的网络营销活动，教人们盛取自助沙拉的好办法，巧妙地利用胡萝卜条、黄瓜片和菠萝块搭建更宽的碗边，可一次堆到七层沙拉，同时还配有真实照片。所有收到邮件的网友，第一时间把邮件发给自己身边的亲友或同事，并去必胜客一试身手。

有一位网友这样在网上留言：“我当时马上把邮件转发给我爱人了，并约好了去必胜客一试身手。到了必胜客，我们立即就要了一份自助沙拉，并迫不及待地开始按照邮件里介绍的方法盛取沙拉。努力了几次，终于发现盛沙拉用的夹子太大，做不了那么精细的搭建工艺，最多也就搭2~3层，不可能搭到15层。”

而到必胜客试过身手，并且真的装满更多层沙拉的热心网友会在网上发帖子，介绍自

已"吃垮必胜客"的成功经验。甚至有网友从建筑学的角度，用11个步骤来论述他是如何堆沙拉的。必胜客通过一个个消费以及网友自发地在网上传递，不但没有被"吃垮"，利润反而大大上升了。

必胜客精心制作的、具有强大感染力的"病原体"，通过用户的口碑宣传网络，快速复制、扩散开来。可见，企业的"病毒"只要做得够美够炫，传播效果简直无法"控制"，和传统营销手段巨额投入相比，它几乎可以说是无本的买卖。另外，它又有传播速度快、可信度高、受众抗拒心理低等优点。所以，病毒式营销正在成为众多企业的营销新宠。

2. 案例分析

(1) 提高了必胜客的曝光率。"吃垮必胜客"的信息像病毒一样迅速蔓延，从而让更多的人知道了必胜客。

(2) 吸引了众多的目标群体。目标群体看到信息后，好奇心顿起，不仅会主动将信息传递给亲朋好友，还会亲自尝试一下。这则看似保护消费者利益打击必胜客的信息，实际上蕴涵着巧妙的营销技巧。正是这则信息，引发了众多的目标群体去必胜客店里亲身体验。当然，必胜客并没有被吃垮，反而越吃越旺。

(3) 提升了必胜客品牌的美誉度。其实，吃什么或吃多少有时并不重要，更重要的是吃的过程，很多高手堆沙拉并非是因为"食量大"，而是以"建塔"为乐。消费者从堆沙拉中体会到必胜客的"欢乐"，无形中也提升了必胜客品牌的美誉度。

7.4.3 案例三：引发饥饿的苹果

1. 案例简介

全球手机行业已经陷入微利竞争时代。手机销量的增长意味着手机行业的竞争越来越激烈，面对竞争日益激烈的全球手机行业，尤其是智能手机市场，iPhone手机以自身的特立独行开辟了自己所拥有的市场，拉开了与其他品牌手机的距离。iPhone的成功并不是偶然，而是苹果公司敏锐的市场嗅觉，成功的市场策略最终成就了iPhone。iPhone的成功包含了最具创新性、最具价值的病毒式营销的市场运作方法。

苹果将iPhone的所有细节保密了长达30个月。严密的保密制度是为了控制饥饿的强度。在iPhone手机的身上，苹果把饥饿营销、神秘营销和病毒营销推向了一个新的高度。

每10部售出的苹果iPhone中就有1部以上在中国移动的网络中使用。美国研究公司In-Stat援引中国移动的数据显示，中国移动的网络中运行着最多40万部解锁版iPhone，占全球解锁版总量的近四成。

2. 案例分析

(1) 饥饿感的产生。苹果将iPhone的所有细节保密了长达30个月，让消费者和媒体对其信息（从对于iPhone外观工业设计的臆测和猜想，到其商业模式的实施）极度渴望。

一两年来，外界只知道苹果在筹备一款手机产品，而苹果自己却闭口不谈，任何与

iPhone的资料都被刻意隐藏起来。

直到苹果正式发布的那一刻，几乎所有有关这款手机的信息都是全新且从未被泄露过的。事实上，iPhone在开发过程中与运营商Cingular、互联网服务提供商Yahoo和Google进行了合作，在共同合作中依然保持产品不泄密，更显示出苹果保密措施的完善。

作为销售方的Cingular在新品发布的几周以前才看到iPhone原型机的真身，甚至许多苹果高级管理人员在发布会上也是第一次看到iPhone。

最终，苹果决定在正式发售前5个多月就举行发布会，这也是精心安排的。因为再也无法保密了——苹果需要将产品资料提交美国联邦通讯管理局（FCC）审批，一旦这些材料按照规定被公示，苹果就再也无法控制信息的传播。

而2007年1月9日，在苹果公司McWorld大会上，iPhone首次亮相，其CEO史蒂芬（Steve Jobs）也只简单介绍了iPhone的功能和外形。

随即，用户的饥饿感和病毒式传播的威力被引爆，iPhone在2007年6月开始销售一周之内，已经启用了100万部。苹果原来的目标是在2007年年底之前销售100万部iPhone，实际上只用了6天时间就实现了这个目标。

渠道也饥饿不堪，而用户再演了排队等待的盛况——没有哪一个品牌、哪一个型号的手机得到如此高密度的关注。海外市场也爆发了热情，在一个护照能买5部iphone的情况下，大量iPhone被携带到美国以外的市场。全世界的黑客也都在疯狂地研究破解苹果的系统。

（2）引发饥饿和病毒的资格。苹果的革命性成功，驱动的力量不是科技的重大突破，而是商业模式的创新，反向思考、重新定义消费者所需求的科技产品功能，并且引发众多追随者的营销手法。苹果计算机执行长官贾伯斯是营销天才。苹果iPhone并不具备太多技术上的开创性，只因为苹果的产品具备独特的气质和消费美学，其独特的设计感、科技易用性、创造性的与时尚流行文化结合得恰到好处。

苹果很好地利用了其忠实“粉丝”对其新产品资料的强烈需求作为iPhone营销活动的带动者，iMac和iPod已经为苹果积攒了强大的“粉丝”基础，从而带动潜在消费者的关注热情。

而病毒性营销利用的是用户口碑传播的原理，在互联网上，这种口碑传播更为方便，可以像病毒一样迅速蔓延，营销信息被快速复制传向数以万计、数以百万计的受众。由于这种传播是用户之间自发进行的，因此几乎是不需要费用的网络营销手段。

苹果在公布iPhone时并没有披露太多资料，任何与苹果和iPhone相关的信息都会引起用户的极大兴趣，通过互联网，这些信息不断受到追捧。在这种情况下，各大互联网网站和媒体也会主动对iPhone的资料进行传播，因为它们也需要iPhone为其带动流量或吸引读者，这导致无数个臆想的设计图在网上传播。

在市场营销学中，饥饿营销起源于商品提供者有意调低产量，以期达到调控供求关系、制造供不应求的“假象”，以维持商品较高售价和利润率的目的。此做法进一步扩展到渠道管理和产品信息的发布。

强势的品牌、讨好的产品加上出色的营销手段，是饥饿营销和病毒营销的基础。但这种模式只能在苹果公司得到全面发挥，其他企业所应用的不过是渠道管理和新品发布的诱惑片段，并不能贯穿整个产品开发到销售的始终。

☞实训与思考

◎实训内容

1. 通过百度搜索“王老吉”病毒式营销案例，并分析它给“王老吉”带来了怎样的间接收益和直接收益。

2. “贾君鹏”事件的策划是如何做到天衣无缝的？谁是最大的受益者？

3. 以低碳环保产品为例，制定一个病毒式营销的策划方案和具体的操作流程。

◎思考题

1. 如何正确地理解病毒式营销？
2. 病毒式营销的战略实施要素有哪些？
3. 病毒式营销的步骤和流程是怎样的？
4. 与传统营销相比，病毒式营销的特点和优点是什么？
5. 企业在实施病毒式营销的过程中有哪些误区？

第8章　数据库营销

☞工作项目

（1）掌握数据挖掘技术的区别与联系。

（2）利用数据挖掘软件进行数据分析，为企业决策提供依据。

☞知识目标

（1）数据库营销的定义和特点。

（2）数据库营销在电子商务中的作用。

（3）数据挖掘定义及使用。

☞技能目标

（1）使用数据挖掘工具。

（2）用数据挖掘技术分析方法进行数据分析。

☞案例导入

总部位于美国阿肯色州的Wal-Mart（沃尔玛）是世界上最大也是发展最快的零售商，2009年营业收入达4082亿美元。在美国《财经》杂志公布的2009年美国500家大公司中名列第一。Wal-Mart的数据库建立于20世纪80年代，1988年Wal-Mart的数据库容量为12GB，1989年升级为24GB，以后逐年增长，1996年其数据量已达7.5TB，1997年，Wal-Mart将数据库容量扩展到24TB。

利用顾客数据库，Wal-Mart对商品进行了购物篮分析，即分析哪些商品顾客最有希望一起购买，掌握不同商品一起购买的概率，甚至考虑购买者在商店里所穿行的路线、购买时间和地点，从而确定商品的最佳布局，实施对应的营销策略。

Wal-Mart通过顾客数据库系统，将成千上万种商品的销售数量和库存数据集中起来，通过数据分析，以决定对各个商店各种货物进行增减，确保适宜的库存。

通过数据库系统，可以了解销售全局。各个分店在传递数据之前，先按照商品种类销售数据、商店地点、价格和日期等，对数据进行分组，通过这类信息，Wal-Mart

能对每个商店的销售情况了如指掌。在最后一家商店关门后一个半小时，Wal-Mart 就能掌握全天公司总的销售运营情况。

运用数据库进行市场分析。Wal-Mart 通过对数据库数据的分析研究，掌握顾客的购买习惯、广告成功率和其他战略性的信息。

运用数据库进行趋势分析。通过对商品品种和库存的趋势分析，选定需要补充的商品，研究顾客购买趋势，分析季节性购买模式，确定降价商品，并对其数量和运作做出反应。为了能够预测出季节性销售的商品，计算机数据库要检索系统拥有的 10 万种商品一年多的销售数据，并在此基础上作分析和挖掘。

（资料来源：http：//www.56135.com/56135/info/infoview/1459.html）

阅读上述案例，分析以下问题：

（1）Wal-Mart 公司的成功得益于数据库，试分析数据库营销为企业带来了哪些方面的优势。

（2）本例中，Wal-Mart 企业在建立数据库时，需要掌握哪些数据？如何从这些数据中找出规律，为企业获得决策依据？

8.1 数据库营销概述

为了更有效地理解顾客，为客户提供更精准的服务，进行数据库营销是非常有必要的，数据库营销是营销领域的一次重要变革，是一个全新的营销概念，对未来企业的发展方向具有重大的作用。

8.1.1 数据库营销产生的背景

传统的营销方式往往是借助大规模的广告、促销活动和庞大的分销系统，向目标市场大量倾销同质化产品，追求较高的市场占有率和规模收益，以达到增加盈利和挤压竞争对手的目的。由此极易导致企业在营销时不计成本，非理性地片面追求销量的增长，以销量牺牲效益，甚至是牺牲企业的未来。这样做的后果是，企业往往拥有众多客户，而这些客户给公司带来的价值却有着很大的差别。如果针对所有客户采用统一的服务标准或营销策略，必然会导致营销效率的不平衡：根据 20/80 原则，一般企业 80% 的利润来自于 20% 的客户创造。这 20% 的客户我们称之为高价值客户，如果高价值客户只能被动地接受统一的服务标准和推广方式，其满意度会不断降低，客户价值难以被提升；而那些低价值客户则享受着超值服务，这样，营销资源就白白浪费掉了。随着市场的饱和、竞争的加剧，这种传统的盈利模式容易导致企业长期失血，使企业缺乏能力进行新产品与新技术的研发投入，最终步入产品与营销同质化、低价竞争的恶性循环中。

传统的单向沟通的营销方式已经力不从心，需要新的双向沟通的营销方式取而代之，建立起顾客与企业之间的长期稳定的互动关系。信息技术的发展为这种双向沟通的方式提供了强有力的支持，信息共享使企业的各个部门、顾客以及各种环境因素融为一体，这就使得能够与顾客对话的数据库营销应运而生。通过数据库的建立和分析，各个部门都对顾客的资料有详细全面的了解，可以给予顾客更加个性化的服务和营销设计，使企业促销工作具有针对性，从而提高企业营销效率。数据库营销是一个“信息双向交流”的体系，它为每一位目标顾客提供了及时做出反馈的机会，并且这种反馈是可测定和可度量的。

数据库营销从出现到今天，已成为一种潮流，其间经历了十几年的时间。追溯到 20 世纪 80 年代中期，那时，西方发达国家市场经济体制发育得已比较成熟，市场基本特点是供给大于需求，形成了买方市场，企业之间的竞争日趋激烈，企业短期利益减少。竞争结果是，以追求利润最大化的经营目标逐渐被以追求适当利润和较高市场占有率的经营目标所替代，以顾客需求为导向的营销观念已被大部分企业所接受。这样，在企业营销的实践中，如何加强顾客管理、及时了解和反馈顾客需求，以便稳定和提高市场占有率，就成为了决策层所普遍关心的一个重点。

随着信息科技的迅猛发展，尤其是电脑技术的发展，数据库强大的数据处理能力逐步被应用到顾客关系营销管理中。企业通过顾客数据库及时掌握现有顾客群的需求变化，再把信息反馈到决策层，以便决策层做出正确的生产或投资决策。由此，数据库营销就诞生了。

进入 20 世纪 90 年代，随着信息产业的迅速发展和信息高速公路在全世界范围内的推广，数据库营销这一适应现代信息社会独特的营销方式备受企业界的青睐。许多公司和企业越来越重视数据库营销，有的甚至把数据库营销当做整个市场营销活动的中心。

8.1.2 数据库营销的定义

数据库营销，即是企业通过搜集和积累消费者的大量信息，经过处理后，预测消费者有多大能力去购买某种产品，以及利用这些信息给产品以精确定位，有针对性地制作营销信息，以达到说服消费者去购买产品的目的。

通过数据库的建立和分析，可以帮助企业准确了解用户信息，确定企业目标消费群，同时使企业促销工作具有针对性，从而提高企业营销效率。

解读这个定义的内涵，我们可以发现，它应该包括以下五个方面的内容：

第一，数据库营销是信息的有效应用；

第二，成本最小化，效果最大化；

第三，顾客终身价值的持续性提高；

第四，“消费者群”观念，即一个特定的消费者群对同一品牌或同一公司产品具有相同兴趣；

第五，双向个性化交流，买卖双方实现各自利益，任何顾客的投诉或满意度通过这种双向信息交流进入公司顾客数据库；公司根据信息反馈改进产品或继续发扬优势，实现最优化。

选择数据库营销并不意味着公司必须具备十分雄厚的实力，关键在于与个体顾客建立亲密的、相互忠实的关系。

淘宝网在 2010 年 3 月推出“数据魔方”软件，可提供分析淘宝平台行业趋势和规模，分析买家行为数据，提供热销榜单，搜索分析，帮助店铺分析访客行为等功能。通过“数据魔方”，卖家可清楚地了解目标消费者所处的地域，通过分析人气特征数据，实行柔性化生产，通过用户购买时段研究，定位消费者购买时段，有效地提供精准营销和及时服务。

图 8.1 所示为卖家对目标消费者地域研究分析、图 8.2 所示为淘宝网用户购买时段的分析，通过数据分析，可以准确定位消费者购买物品的时段，为精准营销及服务提供依据。

图 8.1 目标消费者地域研究

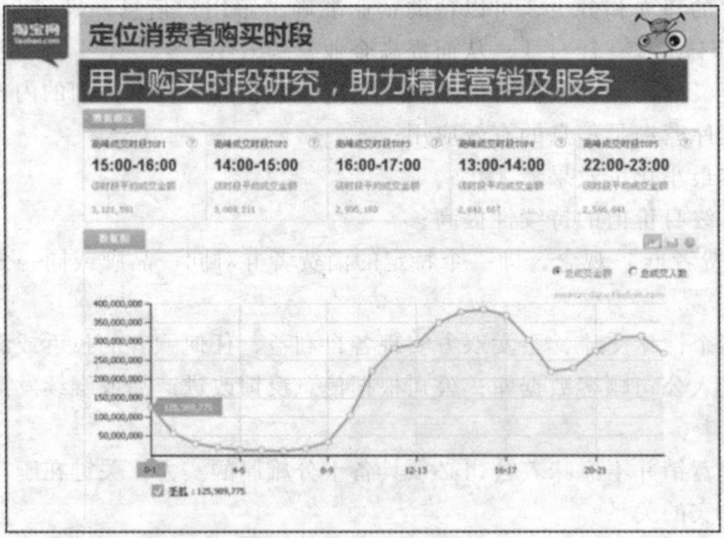

图 8.2 用户购买时段定位

淘宝“数据魔方”为快速消费品行业提供了数据支持。例如，在入驻淘宝商城之前，上好佳公司依靠调研公司进行调研，每份问卷都至少需要花费50元的投入，成本巨大，而且反馈的信息也良莠不齐，并非全部能使用。淘宝“数据魔方”的推出，解决了这个问题，为上好佳公司提供了大量真实可靠的数据信息。根据淘宝“数据魔方”提供的数据显示，女性是膨化食品（零食）的主要消费群体，且以25~29岁年轻族群为主。针对这个数据信息，上好佳公司及时调整了上架产品和营销策略，在对于口味开发销售上，以流行特色口味为消费向导，货物口味准备以年轻人喜爱、熟知的口味为主。从淘宝“数据魔方”得到的数据，0~50元以内的单价是市场的主流，针对这一情况，上好佳公司专门设计出50元左右的大礼包，消费者可以把自己喜欢的口味自由组合。这样，消费者既节省了邮费，又可以获得个性化的用户体验。

阿里巴巴集团总参谋长曾鸣表示，淘宝向全球开放数据就是要真正地去运用数据，让数据为消费者、为小企业服务。企业有了更好地数据，就能更好地做定制，提供给消费者更好的产品和创新。

8.1.3 数据库营销在电子商务中的作用

1. 帮助企业准确找到目标消费群体

建立与运用消费者数据库，可以帮助企业准确地找到目标消费者、消费群体及市场数据。由于顾客类型与需求的多样性，形成了商品市场细分化的特性，而每一家企业或商店均难以满足所有消费者对某种商品的需求。因此，及时导入市场细分化战略、实行目标市场营销便成为现代企业经营发展战略的必然选择。数据库营销能帮助企业判定消费者和目标消费者的消费标准和准确定位。

2. 降低营销成本，提高营销效率

运用数据库能够准确找出某种产品的目标客户，帮助企业在最合适的时机以最合适的产品满足顾客需求，直接降低成本，提高效率。《华尔街周刊》这样写道：“读书俱乐部永远不会把同一套备选书集放在所有会员面前了，现在的俱乐部都在进行定制寄送，根据会员最后一次选择和购买记录以及最近一次与会员交流活动中获得的有关个人生活信息，向会员推荐不同的书籍。效果是很明显的：一方面减少了损耗，另一方面会员购买的图书量却提高了。数据库营销者减少了不恰当的寄送带来的无谓浪费，还提高了公司企业的形象。因为顾客有种感觉：这个公司理解我，知道我喜欢什么，并且知道我在什么时候对什么感兴趣。据有关资料统计，没有动用数据库技术进行筛选后而发送邮寄宣传品，其反馈率只有2%~4%，而用数据库进行筛选，其反馈率可以高达25%~30%。”

3. 使消费者成为企业长期、忠诚的用户，保证企业掌握稳定的客户群

越来越多的企业投巨资建立数据库，以便能够分析客户是些什么人，采取什么措施以留住客户。当通过数据库锁定企业的重点客户后，企业每次举行促销宣传活动都会以这部分客户为主要对象，极力改进服务，满足他们的需求，使这些客户成为公司稳定的客户。

例如，某航空公司存有80万人的资料，这些人平均每人每年要搭乘该公司的航班达13次之多，占该公司总营业额的65%。因此该公司每次举行促销宣传活动必须以他们为主要对象，极力改进服务，满足他们的需要，使他们成为稳定的客户。

4. 为新产品开发和营销提供准确的信息

美国加州某连锁超市通过数据库挖掘技术，从记录着每天顾客购买信息的数据仓库中发现一个貌似奇怪的现象：在下班后（特别是星期五下班后）购买婴儿尿布的顾客多数是男性，他们往往也同时购买啤酒。于是超市经理决定调整货架摆放，将啤酒类商品布置在婴儿尿布货架附近，并在两者之间放上土豆片之类佐酒小食品，同时把男士们需要的日常用品就近布置。结果是上述几种商品的销量几乎马上成倍增长。

5. 促进重复购买

数据库可以帮助公司建立与消费者间的持续关系，从而促进消费者的重复购买。例如，一些目录公司设一个ID电话号码，根据顾客资料卡判断哪些顾客有重复购买相同商品的需要，把这个电话号码寄给他们，顾客只需轻轻一按，订购服务代表就将订货信息输入记录，不必顾客重复回答相同问题。一些礼品公司把顾客去年的订货单寄回给顾客，这样会有效地提醒他们订购礼品的时候到了，他们可以保持原样，也可以选一些新的产品。

6. 开展有针对性的一对一服务

建立与运用消费者数据库，可以及时把握消费者需求动态，为企业开发新产品提供准确的信息。发现并满足消费者需求，是企业经营的目的，也是企业获利的根本途径。例如，海通证券网（www.htsec.com）在券商们纷纷开展网上交易、激烈争夺通道资源时，推出了为客户提供一对一个性化服务的个性化主页，取得了很好的市场效果。

建立消费者数据库可以以消费者个人资料为基础，分析研究世界各个角落消费者的消费习惯与消费动态，使企业按照消费者的需求形态来设计与制造产品，开展有针对性的一对一服务，并根据消费者的意见不断加以改进，使企业提供的产品与服务更能符合消费者的需求，进而增加消费者购买后的满意感，进一步强化消费者对企业及产品的忠诚度。

7. 与竞争对手进行区别竞争

运用数据库与消费者建立紧密关系，企业可使消费者不再转向其竞争者，同时使企业间的竞争更加隐秘，避免公开对抗。那些致力于同消费者保持紧密联系的企业都认为，没有什么东西比拥有一个忠诚的消费者更重要了，而且与寻求新消费者相比，保留老消费者更便宜、更经济。因此，运用邮件信息库经常地与消费者保持双向沟通联系，可以维持和增强与消费者的感情纽带，从而增强抵抗外部竞争的干扰能力。另外，传统营销中，运用大众传媒大规模促销活动，容易引起竞争者的对抗行为，削弱促销的效果，而运用数据库营销，则无需借助大众传媒，比较隐秘，一般不会引起竞争对手的注意，容易达到预期的促销效果。

8. 直接测定营销结果并反馈

传统营销方式的营销效果很难直接测定。数据库中，消费者可通过回复卡、电话等方式进行查询、订货或付款。这样，管理人员就可以得知消费者的反馈信息，每次数据库营销的效果就很容易测定了，而测定上次营销活动的效果可为下次数据库营销提供参考。

8.1.4 数据库营销与传统营销的区别与联系

从营销发展的不同阶段来看，营销先从大量销售开始，然后客户会渐渐减少，于是企业开始对产品进行新功能的开发；接着就进入了产品细分阶段，对产品进行创新，创造品牌，于是又产生了新的客户；再就是对客户服务的阶段，企业进一步认识到客户之间的不同之处；然后是客户分群和渠道细分；最后在企业范围内建立客户数据库，并进行客户管理。因此，旧经济下的传统营销通常都是以产品为中心的营销，在这个阶段，对量化分析的要求有一些，但不会像数据库营销一样，对所有的相关数据都进行归纳分析，也没有将数据化营销提高到整个营销过程中的管理和核心地位。而在现阶段，数据库营销使得企业有能力面对广泛的顾客，并为每一个顾客提供独特的产品。这也就意味着，根据顾客的需要提供产品，在成本上与标准化生产和规模化营销没什么差别，从而使市场营销的许多理论具有了可操作性，逐步从理论走向了实践。

数据库营销与传统营销的区别见表 8-1。

表 8-1 **数据库营销与传统营销的区别**

类 别	传统营销	数据库营销
控制方	商家	顾客
顾客介入设计	有	有
提前获得的顾客数据	低	高
与生产系统的联系	低	高
与顾客系统的联系	低	高
照单定制系统	没有	有

这样，企业利用数据库可以弥补其他营销方式的不足，尽最大可能地争取到客户，从而为许多营销理论奠定基础。但并不是说它就可以取代传统的营销方式（如人员推销、广告拉动等），实践证明，只有两者协调配合、取长补短，才会收到最佳的营销效果。虽然建立和维护一个庞大的数据库会增加企业总的营销成本，但如果能够正确运用，企业从中获得的收益将大大高于其成本。例如，推销人员能够从数据库中熟知消费者的资料，其促销行为更为有效。此外，通过数据库挖掘得到的特殊信息也能帮助决策者及时对市场做出准确的预测，正确制定公司的产品发展与营销战略。换句话说，通过数据库这种企业与消费者之间的新兴的联系纽带，可以使传统的促销手段对顾客的消费需求获得准确预知，收到更好的效果。

而对于广告措施来说，如果所需传递的信息很简单，重复传递同一则信息的时间也比较长，那么通过广播、电视、报纸、杂志等大众传播媒介向整个市场或部分细分市场传递的效果是很显著的。广告可以扩大公司或产品的知名度，塑造企业的良好形象。而如果信息比较复杂，数据库营销则比广告更为有效，其原因不仅是因为广告的费用是随版面（时间）的增加而增加，还在于顾客对广告的接受心理。广告的宣传效果应是大众化的，而数据库营销则可以达到一种个人化的宣传效果，这两者的结合可以使得企业在利用广告营造一种良好的产品和企业形象的基础上，利用数据库营销的策略对顾客进行个人化的服务，使消费者在得到良好服务的同时，也能感受到具有人情味的关怀。

8.2 数据库营销的使用

利用数据库技术开展营销，能帮助市场营销者进行市场分析，开拓市场，确定公司的目标市场，准确制定市场营销活动，使营销活动更能满足顾客的需求、欲望以及对商品的预期需求。营销者可以锁定特定的顾客，追踪个体层次上的顾客需要和欲望，根据准确的顾客信息发现新的机会，赢得新的效益。

8.2.1 数据库营销的建立步骤

数据库营销要求企业必须了解客户个体，并有能力对不同的客户采用差异化的销售策略。数据的分析与挖掘，是精益化营销展开的基础：通过数据分析了解客户，做到“精”；通过数据挖掘，以便对不同的客户采用差异化销售策略，做到“益”。

数据库营销包括数据收集、数据存储、数据处理、寻找目标顾客、使用数据和改善数据这六个基本过程。

（1）数据收集：可以通过市场调查，也可以利用公共记录，如人口统计、信用卡记录等。

（2）数据存储：输入计算机，建立起消费者数据库。

（3）数据处理：运用统计技术、计算机及相应软件，产生产品开发部门、营销部门和公共关系部门所需要的详细数据。

（4）寻找目标顾客：用计算机设计出某产品的消费者特性，以此查找目标顾客，作为营销工作的目标。

（5）使用数据：如通信资费的消费者使用数据库不仅对通信行业有用，对于教育、保险、汽车、资讯、房地产等行业也十分有用。

（6）改善数据库：不断增加各类信息，信息可以从以产品为中心的消费者俱乐部、优惠券反馈、抽奖销售活动登记及其他促销活动中得到。

实施数据库营销与企业的整个管理水平、尤其是营销管理水平密切相关。从长期看，数据库营销是企业未来的选择；但从短期看，企业实施数据库营销的时机是否成熟，还要依据企业资金状况、人力资源状况及产品特色与市场状况等，分析评估后再作决策。对于实力较弱的企业，数据库营销可作为企业营销工作的方向，在营销管理上注重顾客信息的收集，建立初级的消费者数据库；对于实力较强的企业或已经实行计算机管理信息系统的企业，可依据自己的营销规划逐步实施数据库营销。

8.2.2 数据库营销应用实例

数据库营销的出现使得跨国公司以医生作为目标客户提供个性化服务成为可能。某公司利用先进的信息及数据库技术区分医生个体，从大量庞杂、破碎的医生数据库资料中提炼出对公司有价值的信息。这种基于数据挖掘的精确细分技术强化了该公司对医生行为模式与医生价值的判断与分析能力。在日常的数据库营销中，该公司把医生信息的搜集、储存、分析和利用视为公司至关重要的一项工作，并邀请了专业的顾问公司——北京世纪微码营销咨询有限公司（以下简称“微码营销”）来负责这项工作，以帮助公司发现高价值目标，并了解医生的真实意图，对医生数据资源进行有效的管理和挖掘，建立和维护医生关系，从而使企业获得独特的竞争优势。

该公司委托“微码营销”借助业务终端与医生进行互动和富有成效的沟通，并完成医生数据信息搜集工作。通过对这些医生信息的检索、分析、建立模型和输出等内部智能处理过程，该公司形成了包含医生基本资料、消费历史、喜好以及行为预测等高度个性化的客户知识，并指导公司建立良性的客户关系。这些医生数据信息成为该公司制定市场营销策略的基础。

数据库营销追求营销资源的合理配置，要求把重要资源集中到主要客户身上。这样，就需要该公司对企业的所有医生数据进行级别划分，以明确哪些是最重要的客户，哪些次之，哪些是不创造价值的客户。该公司按医生对销售额的贡献程度和发展潜力，将医生客户群体分为三大类：第一类是该公司最重要、最忠实的客户，这类客户的贡献占公司销售额的60%，还包括那些目前销售额虽然不大但却很有发展潜力的客户；第二类客户的贡献占公司销售额的20%。对于前面两种类型的客户，该公司采用直接管理方式，通过医药代表做好“一对多”拜访工作，同时采取个性化营销和服务策略，把主要资源用在他们身上，进行全方位管理，确保医生的每一个需求都可及时得到满足。相对于第一类客户，在每个第二类客户身上，该公司投入的资源相对要少一些，例如，在客户拜访次数上，对第一类客户每周的拜访次数要远远多于第二类客户。至于第三类客户，在该公司的销售额中虽然只占到20%，但单体数量却极为庞大，占整体客户数量的80%，对于这类客户，该公司则通过渠道商来进行管理，由市场人员定期搜集客户需求信息，采用面向整体的推广方式，将相关问题的解决方案推介给第三类客户。

8.3 数据挖掘

如何将数据转化为信息进行应用呢？目前，用于数据库营销的一些技术主要是数据挖掘技术，它是在构建数据仓库的基础上，通过智能化的学习技术、神经网络技术、模糊技术自动挖掘数据仓库中数据的规律，从而发现知识。有了数据挖掘技术，营销商就可以进行数据分析工作了。同时，数据挖掘可以被看做是软件和应用技术，将数据转化为信息，以此完成数据库的应有承诺。

数据挖掘是一个反复的过程，它与客户建立和保持关系的许多方面都会不断地被重复。

8.3.1 数据挖掘定义

1. 数据挖掘定义

数据挖掘（Data Mining，DM）就是对观测到的数据进行分析，目的是发现未知的关系和以数据拥有者可以理解并对其有价值的新颖方式来总结数据。这个定义表明，数据挖掘的主要目标是提示隐藏的、不明显的或者预期以外的数据，来帮助实现公司的目标。通过评估数据特征、特性和规则，发现有意义的关系、模式和趋势。定义中所说的“观测到的数据”，是与“实验得到的”数据相对而言的。一般来说，数据挖掘所处理的数据是为了其他某个目的已经收集好的，而不是为了数据分析本身去收集的，这意味着数据挖掘的目标根本不在于数据采集策略，这是数据挖掘区别于大多数统计任务的一个特征。

数据挖掘把人们对数据的应用从低层次简单查询，提升到从数据中挖掘知识，提供决策支持。

数据挖掘系统通过评价过去和现在的数据来规划未来的商业行动，它使公司管理人员能够通过查询数据仓库发现趋势、有关模式的智能、新的思想设计和规则推导，使公司能够提高数据仓库价值。

2. 数据挖掘在营销中的意义

（1）淘金。数据挖掘是一项分析性工具，能帮助营销管理人士通过描述以往的客户行为，预测未来的商机，它帮助营销者主动地管理业务关系，促进业务的增长，并解答一些复杂的问题。这些问题可能是：谁是最易产生利润的客户或者如何改善客户满意度、客户忠诚度以及长期价值等。通过回答这些问题，可以识别业务机会，并得以实施一些业务战略，从而增加利润、减少支出、取得新的竞争优势。例如，在电信业，运营商在迎接一些特殊的业务挑战时，必须了解数据挖掘的作用所在，这些作用可能包括：①将客户群细分；②预测客户购买新的服务的倾向；③分辨欺诈行为；④增加组织效率。

一旦运营商正确地运用了数据挖掘过程，他们就会看到实实在在的成果。一家欧洲移动运营商为每一个客户计算收入和成本，也就是说，它了解每一个用户的真实价值，而不仅仅是 ARPU 值。

（2）找准矿源。数据挖掘并不是点金石，只要轻轻点一下就能回答任何问题。它是一系列过程，包括确认业务问题、发现和整理数据、建立模型和使用已经取得的信息过程。通常，营销者要花费大量的时间对数据进行预处理和整理，以保证数据的清晰、一致性，并经过正确的组合得出可信的业务情报。而且，成功的数据挖掘的前提是输入的信息必须准确反映整个业务的情况。

（3）深度挖掘。许多人认为进行数据挖掘需要昂贵的专用数据库、数据中心或分析服务器，这样的数据中心不仅购置和维护费用高昂，而且要求为不同的数据挖掘项目提炼数据，这是特别浪费时间的过程。然而，数据库技术的进步使得数据挖掘能够在整个企业的数据仓库中完成，而这个数据仓库同时也是客户和运营数据库，这样就能够在相当程度上减少投资的总成本。

通过把数据挖掘与数据仓库相结合，营销者还可以在其他方面节约成本。首先，不需要额外购置和维护专门用做数据挖掘的硬件设备；其次，运营商还可以最大限度减少为了数据挖掘项目，而将数据在数据仓库中进行的移进和移出是一项消耗人力和资源的过程。

美国一个大型移动运营商运用一种集中 EDW（企业数据仓库），为从客户服务到营销的业务应用方面提供信息。后来通过使用集中企业数据仓库，该运营商可以根据用户的实际行为做出业务决策，而不再凭直觉。

(4) 精挑细选。20 世纪 90 年代初期，数据挖掘的 85% 的用途是将数据进行预加工和从数据库中传送出来。今天，自动化工具已经把数据准备和数据提炼的工作降低到了总工作量的 15%，数据准备时间的减少使得更多的时间可以用来发现新的模式。

所有这些意味着，尽管数据挖掘可以将复杂的工作变得明晰清楚，但它却不像乍听起来那么神秘莫测。实际上，数据挖掘是将下列三个领域的人员的知识融合到一起的过程，他们是：业务人员——他们提出特定的业务问题，并阐释出现的模式，从而指出项目的方向；分析模型师——他们运用对数据挖掘技术、统计学和相关工具的理解，建立解释那些业务问题的模型；IT 人员——他们提供对数据处理和分析理解方面的见解，提供主要的技术支持。

在电信业，数据挖掘已经在许多领域证明其效用，并正在发挥作用，迅速创造投资回报（ROI），这些领域包括客户管理、客户价值测算、财务管理、收入保证以及网络运行优化等。

(5) 尽可能地利用资源。在考虑数据挖掘是否值得时，运营商所拥有的客户数据量不应该成为问题。任何拥有反映公司实际情况或客户情况数据的运营商，都可以建立模型，供公司在进行业务决策时参考。

8.3.2　数据挖掘技术

数据挖掘系统采用的技术越多，得出的结果越精确。因为每一种技术都有一定的适用范围，这主要取决于问题的类型和数据的规模。从功能上分，一般将数据挖掘的分析方法划分为以下四种：

1. 关联分析

数据关联是数据库中存在的一类重要的可被发现的知识。若两个或多个变量的取值之间存在某种规律性，就称为关联。关联分析的目的是为了挖掘出隐藏在数据间的相互关系。有时并不知道数据库中数据的相互关系，即使知道，也是不确定的，因此关联分析生成的规则带有可信度。关联可分为简单关联、时序关联、因果关联。

关联规则挖掘的一个典型例子是购物篮分析。市场分析员要从大量的数据中发现顾客放入其购物篮中的不同商品之间的关系。如果顾客购买牛奶，则他也购买面包的可能性有多大？什么商品组或集合顾客多半会在一次购物时同时购买？例如，买牛奶的顾客有 80% 也同时买面包，或买铁锤的顾客中有 70% 的人同时也买铁钉，这就是从购物篮数据中提取的关联规则。分析结果可以帮助经理设计不同的商店布局。一种策略是：经常一块购买的商品可以放近一些，以便进一步刺激这些商品一起销售，例如，如果顾客购买计算机又倾向于同时购买财务软件，那么将硬件摆放离软件近一点，则可能有助于增加两者的销售。另一种策略是：将硬件和软件放在商店的两端，可能诱发购买这些商品的顾客一路挑选其他商品。

关联规则挖掘过程主要包含两个阶段：第一阶段必须先从资料集合中找出所有的高频项目组（Frequent Item Sets），第二阶段再由这些高频项目组中产生关联规则（Association Rules），即给定一组 Item 和一个记录集合，通过分析记录集合，推导出 Item 间的相关性。比如“72%包含”Item A、B、C 的记录同时也包含 Item D 和 E。其中，百分比 72 称为规则“包含 Item A、B、C 的记录同时也包含 Item D 和 E”的可信度，而 A、B、C 则被称为 D 和 E 的对立面。关联分析可以广泛用于零售业、医疗、保险业等。

2. 序列模式分析

序列模式分析的目的也是为了挖掘出数据之间的联系，它和关联分析法相似，例如我们经常看到的数列游戏，前五个数为 1，4，8，13，19，那么第六个数该为多少？就需要从前五个数据中找到规律，会发现每个数据之间的差分别为 3、4、5、6，那么可想第 6 个数和第 5 个数之间的差为 7，这样的话，第六个数据就是 26（即 19+7）。又如图 8.3 所示，从左图中找出规律，判断下一个图形。根据已给出的图形，从左到右线段数递减，且减少线的位置规律为横、横、竖，所以，第五个图应该减少一条竖线，答案为 B。但是序列模式分析的侧重点在于分析数据间的前后（因果）关系，该方法主要应用于保险行业的分析。保险公司利用序列模式分析法可以预测用户投保后最常采取的医疗措施，从而识别可能的欺诈行为。

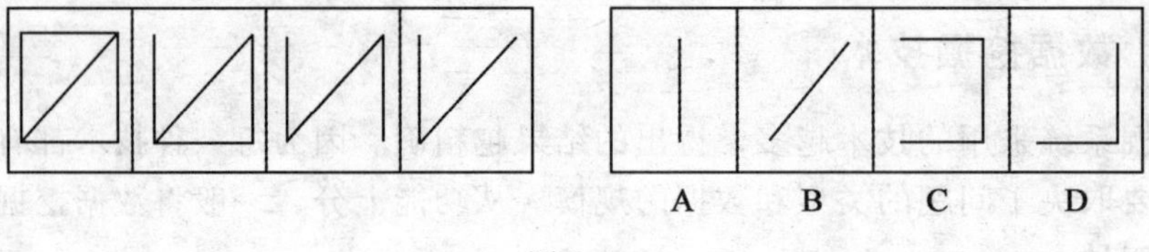

图 8.3

3. 分类分析

分类问题涉及规则的查找，首先要假定记录集合和一组标记，所谓标记，是指一组具有不同特征的类别。分类的目的是学会一个分类函数或分类模型（也称作分类器），该模型能把数据库的数据项映射到给定类别中的某一个。分类分析时，首先为每一个记录赋予一个标记，即按标记分类记录，然后检查这些记录，描述出这些记录的特征。举一个简单的例子，学校的数据库保存着每一位学生的记录，根据考试成绩将学生分为三类：良好、普通、较差。这一过程实际就是将学生记录标定为三类。分类分析法检查这些记录，然后给出一个对成绩等级的显式描述：哪些学生综合成绩在 90 分以上，等级是良好。

4. 聚类分析

与分类分析法不同，聚类分析法的输入集是一组未标定的记录，即此时输入的记录还没有进行任何分类。聚类是把一组个体按照相似性归类，即“物以类聚”，它的目的是使属于同一类别的个体之间的距离尽可能地小，而不同类别的个体间的距离尽可能地大，根据一定的规则，合理地划分记录集合，并用显式或隐式的方法描述不同的类别，而所依据的这些规则是由聚类分析工具定义的。由于聚类分析可以采用不同的算法，所以对于相同的记录可能有不同的划分。

分类分析法和聚类分析法是互逆的过程，例如在最初的分析中，分析人员根据以往的经验将要分析的数据进行标定、划分类别，然后，该分析人员用分类分析法分析该数据集合，得到每个类别的描述，接着，把这些描述作为新的分类规则重新对这个集合（抛弃原来的划分结果）进行划分，以此获得更好的分类结果。这样，分析人员可以循环使用这两种方法直到得到满意的结果。

以上四种方法虽然有不同的适用范围，但在一个数据挖掘系统中经常是综合地利用这四种方法的。

8.3.3　数据挖掘的过程

数据挖掘工作有三个组成部分：数据准备阶段、数据挖掘操作阶段、结果表达和解释阶段，如图 8.4 所示，指出了数据挖掘的全过程。

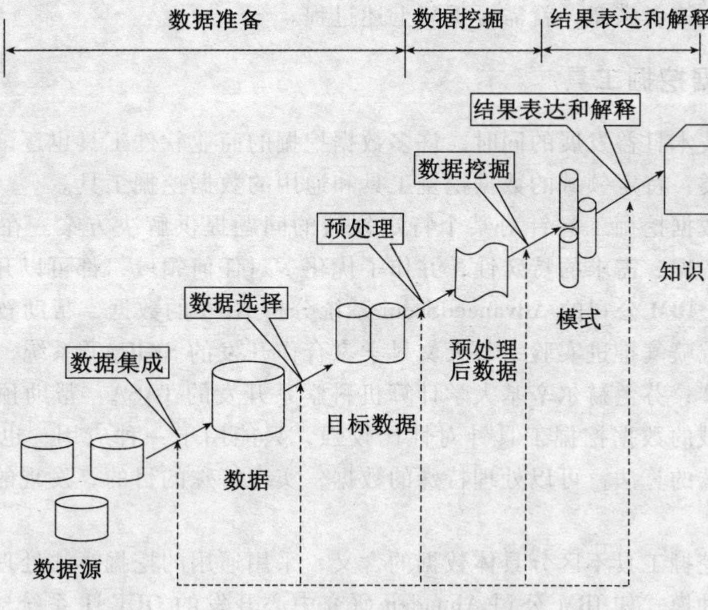

图 8.4　数据挖掘全过程示意图

1. 数据准备阶段

数据准备包括所有从原始的未加工的数据构造最终分析数据集的活动，是数据挖掘过程中最耗时的环节、最占工作量的一步。数据准备阶段包含了三个分步骤：数据集成、数据选择、数据预处理。

(1) 数据集成：将数据库中的所有数据都进行合并处理，将符合一定特点的数据合并在一起。

(2) 数据选择：根据设定的特点，选择需要分析的数据集合，缩小数据处理范围，提高数据挖掘的效率和质量。

(3) 数据预处理：将数据进行提前处理，能够克服挖掘工具自身无法克服的局限性，提高挖掘效率和质量。

2. 数据挖掘阶段

数据挖掘阶段是 Web 数据挖掘过程的核心阶段，它包含的步骤是：产生假设的合理设定、挖掘工具的合理选择、发掘知识的具体操作和对发现知识的有力证实。

3. 结果表述和解释阶段

当数据挖掘完成以后，就是结果表述和解释阶段了，系统需要根据用户的决策目的对挖掘出来的信息进行分析，然后把最有价值的信息提取出来，通过支持工具提交给决策者。所以，这一阶段不仅要把结果表达出来，还要对所提交的结果进行解释，但是如果提交的信息不能让决策者满意，就需要重复上述过程。

8.3.4 数据挖掘工具

在数据挖掘技术日益发展的同时，许多数据挖掘的商业软件工具也逐渐问世。数据挖掘工具主要有两类：特定领域的数据挖掘工具和通用的数据挖掘工具。

特定领域的数据挖掘工具针对某个特定领域的问题提供解决方案。在设计算法的时候，充分考虑到数据、需求的特殊性，并作了优化。对任何领域，都可以开发特定的数据挖掘工具。例如，IBM 公司的 AdvancedScout 系统分析 NBA 的数据，帮助教练优化战术组合；加州理工学院喷气推进实验室与天文科学家合作开发的 SKICAT 系统，帮助天文学家发现遥远的类星体；芬兰赫尔辛基大学计算机科学系开发的 TASA，帮助预测网络通信中的警报。特定领域的数据挖掘工具针对性比较强，只能用于一种应用；也正因为针对性强，往往采用特殊的算法，可以处理特殊的数据，实现特殊的目的，发现的知识可靠度也比较高。

通用的数据挖掘工具不区分具体数据的含义，采用通用的挖掘算法处理常见的数据类型，一般提供六种模式如 IBM 公司 Almaden 研究中心开发的 QUEST 系统，SGI 公司开发的 MineSet 系统，加拿大 SimonFraser 大学开发的 DBMiner 系统。通用的数据挖掘工具可以做多种模式的挖掘，挖掘什么、用什么来挖掘，都由用户根据自己的应用来选择。

1. 几种常用的数据挖掘工具

（1）QUEST。QUEST 是 IBM 公司 Almaden 研究中心开发的一个多任务数据挖掘系统，目的是为新一代决策支持系统的应用开发提供高效的数据开采基本构件。该系统具有如下特点：提供了专门在大型数据库上进行各种开采的功能，如关联规则发现、序列模式发现、时间序列聚类、决策树分类、递增式主动开采等。各种开采算法具有近似线性（O(n)）计算复杂度，可适用于任意大小的数据库。算法具有找全性，即能将所有满足指定类型的模式全部寻找出来。为各种发现功能设计了相应的并行算法。

（2）MineSet。MineSet 是由 SGI 公司和美国 Standford 大学联合开发的多任务数据挖掘系统。MineSet 集成多种数据挖掘算法和可视化工具，帮助用户直观地、实时地发掘、理解大量数据背后的知识。MineSet2.6 有如下特点：使用了 6 种可视化工具来表现数据和知识。对同一个挖掘结果可以用不同的可视化工具以各种形式表示，用户也可以按照个人的喜好调整最终效果，以便更好地理解。MineSet2.6 中的可视化工具有 SplatVisualize、ScatterVisualize、MapVisualize、TreeVisualize、RecordViewer、StatisticsVisualize、ClusterVisualizer，其中，RecordViewer 是二维表，StatisticsVisualize 是二维统计图，其余都是三维图形，用户可以任意放大、旋转、移动图形，从不同的角度观看。提供多种数据挖掘模式，包括分类器、回归模式、关联规则、聚类归、判断列重要度。支持多种关系数据库，可以直接从 Oracle、Informix、Sybase 的表读取数据，也可以通过 SQL 命令执行查询。具备多种数据转换功能，在进行挖掘前，MineSet 可以去除不必要的数据项，统计、集合、分组数据，转换数据类型，构造表达式由已有数据项生成新的数据项，对数据采样等。操作简单，支持国际字符，可以直接发布到 Web。

（3）DBMiner。DBMiner 是加拿大 SimonFraser 大学开发的一个多任务数据挖掘系统，它的前身是 DBLearn。该系统设计的目的是把关系数据库和数据开采集成在一起，以面向属性的多级概念为基础，发现各种知识。DBMiner 系统具有如下特色：能完成多种知识的发现，如泛化规则、特性规则、关联规则、分类规则、演化知识、偏离知识等。综合了多种数据开采技术，如面向属性的归纳、统计分析、逐级深化发现多级规则、元规则引导发现等方法。提出了一种交互式的类 SQL 语言——数据开采查询语言 DMQL。能与关系数据库平滑集成。实现了基于客户/服务器体系结构的 Unix 和 PC（Windows/NT）版本的系统。

2. 数据挖掘工具选择

选择数据挖掘工具应当考虑如下因素：

（1）功能：考虑足够多样的算法，应用于多种类型的数据；能否调整算法和算法的参数；能否随机抽取数据建立预挖掘模型；以不同的形式表现挖掘结果等方面。

（2）可用性：用户界面友好性和易学易用性。

（3）可视化：源数据的可视化、挖掘模型的可视化、挖掘过程的可视化、挖掘结果的可视化。

（4）可伸缩性：运行于不同的平台、连接不同的数据源、操作大数据集时，运行的稳定性。

（5）开放性：与数据库的结合能力，与其他工具集成能力。

（6）辅助功能：是否允许用户更改数据集中的错误值或进行数据清洗，是否允许值的全局替换，能否将连续数据离散化，能否按用户指定的规则从数据集中提取子集，能否自动或手动填补空值，能否将一次分析的结果反馈到另一次分析中。

3. SPSS 数据挖掘工具

SPSS（Statistical Program for Social Sciences）是公认的最优秀的统计分析软件包之一。SPSS 本来是为大型计算机开发的，20 世纪 80 年代初，占领了微机市场。SPSS 是世界上最早的统计分析软件，由美国 Standford 大学的三位研究生于 20 世纪 60 年代末研制，同时成立了 SPSS 公司，并于 1975 年在芝加哥组建了 SPSS 总部。世界上许多有影响的报纸杂志就 SPSS 自动统计绘图、数据的深入分析、使用方便、功能齐全等方面给予了高度的评价与称赞。全球约有 25 万家产品用户，它们分布于通信、医疗、银行、证券、保险、制造、商业、市场研究、科研教育等多个领域和行业。

SPSS 界面友好、操作简单，具有完整的数据输入、编辑、统计分析、报表、图形制作等功能。它用对话框方式实现各种管理和分析数据的功能，如线性回归、T 检验、方差分析等基础统计，判别分析、因子分析、聚类分析等专业统计，多元方差分析、对数线模型等分析。同时，能在屏幕上显示如正态分析图、直方图、散点图等各种统计图表，并以多种格式输出。图 8.5 所示为 SPSS 主窗口。

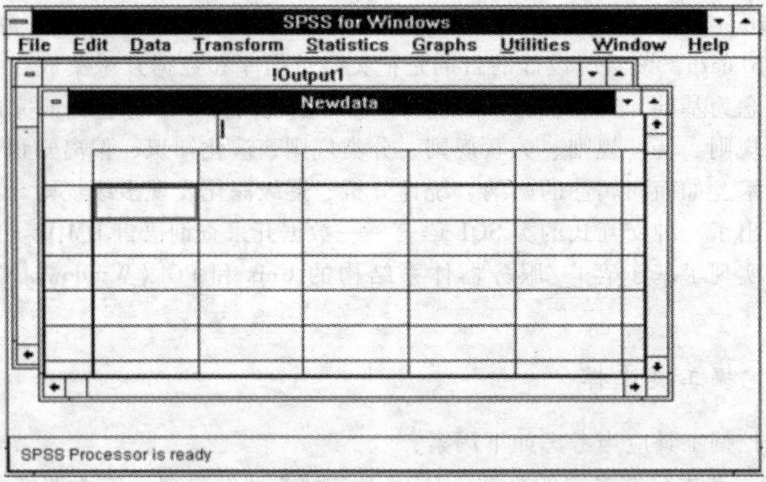

图 8.5　SPSS 主窗口

例如，在住院病人中，研究其受教育程度与对保健服务满意程度的关系，资料整理成表 8-2。

表 8-2　　　　住院病人受教育程度与对保健服务满意度调查结果

对保健服务满意程度（%）	受教育程度		
	高	中	低
满意	65（91.5）	272（93.8）	41（97.6）
不满意	6（8.5）	18（6.2）	1（2.4）

（1）第一步：数据准备。

激活数据管理窗口，定义变量名：实际观察频数的变量名为 freq，受教育程度和满意程度作为行、列分类变量（即独立变量），变量名分别为 educ、care。输入原始数据，结果如图 8.6 所示。为使列联表的频数有效，应选 Data 菜单的“Weight Cases”项，弹出“Weight Cases”对话框（图 8.7），激活“Weight cases by”项，从变量列表中选“freq”点击➤钮，使之进入“Frequency Variable”对话框，点击“OK”钮即可。

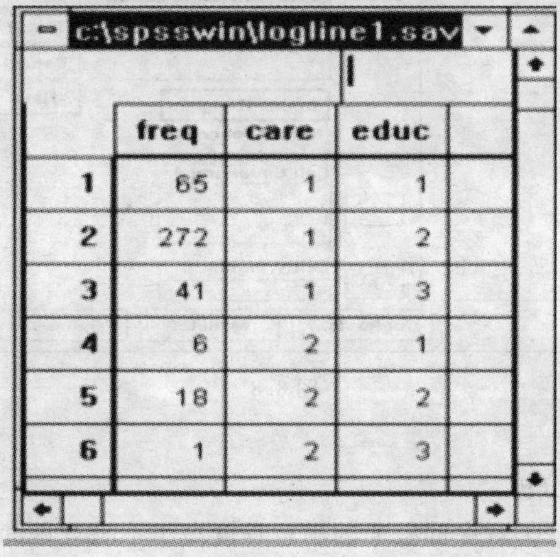

图 8.6　原始数据输入

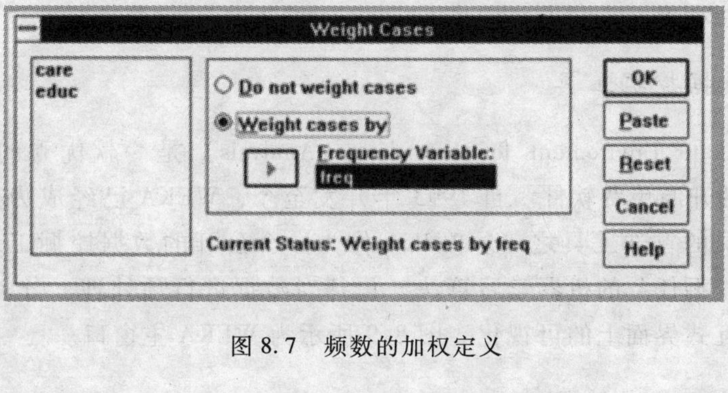

图 8.7　频数的加权定义

（2）第二步：统计分析。

激活 Statistics 菜单选“Loglinear 中的 General…”项，弹出“General Loglinear Analysis”对话框（图 8.8）。从对话框左侧的变量列表中选“care”，点击➤钮，使之进入 Factor（s），点击“Define Range…”，弹出“General Loglinear Analysis：Define Range”对话框，定义分类变量 care 的范围，本例为 1、2，故可在 Minimum 处键入 1，在 Maximum 处键入 2，点击“Continue”钮，返回“General Loglinear Analysis”对话框。用同样的方法，将变量 educ 选入 Factor（s），并定义其范围为 1、3。本例要求计算各分类变量主效应和交互作用的参数估计，故点击“Contrast…”，弹出“General Loglinear Analysis：Contrasts”对话框，选择“Display parameter estimates”项，点击“Continue”，返回“General Loglinear Analysis”对话框，最后点击“OK”钮即完成分析。

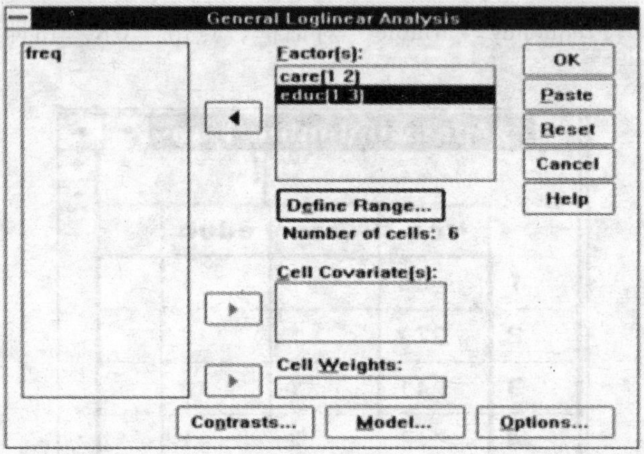

图 8.8

（3）第三步：结果分析。

分析提供的信息是：①对保健服务的满意程度高于不满意程度；②中等教育程度者的满意程度>高等教育程度者的满意程度>低等教育程度者的满意程度；③通过受教育程度与对保健服务满意程度的交互作用研究，结果表明，高、中等教育未能增加人们对现有保健服务状况的满意程度。

4. WEKA 数据挖掘工具

WEKA（Waikato Enviroment for Knowledge Analysis）是一款优秀的、非商业化的、基于 JAVA 环境的开源免费软件。自 1993 年开发至今，WEKA 已经成为全球从事数据挖掘和知识发现人员的首选工具之一。WEKA 作为一个公开的数据挖掘工作平台，集合了大量能承担数据挖掘任务的机器学习算法，包括对数据进行预处理、分类、回归、聚类、关联规则以及交互式界面上的可视化。图 8.9 所示为 WEKA 主窗口。

图 8.9 WEKA 主窗口

8.4 案例分析：数据库营销助力甲骨文(Oracle)赢得中国市场

1. 公司简介

甲骨文公司（Oracle）创立于1977年，最初由3人合制。30多年过去，公司已成为全球最大的数据库软件公司，是仅次于微软的全球第二大软件公司，在全球500强企业中名列37位。目前全球员工人数高达84000多名，公司销售利润也由最初的一年赚不够百万美金，到2008年的224亿美元。现在，世界上所有行业几乎都在应用Oracle技术，且《财富》100强中的98家公司都采用Oracle技术。

2. 公司治理战略

甲骨文公司为了推广公司治理架构及其IT解决方案，制订了全球推广目标，计划投入200万元进行市场宣传，并将关注焦点定位在企业的财务总监、财务经理上。但是，现阶段跨国公司统一的推广方案因为无法兼顾不同国家、地区的客户需求差异和文化差异，虽然投入了巨额营销费用，但传播效果并不理想。那么，甲骨文公司将采取什么样的措施，完成总部的推广目标，使营销活动更有效呢？

3. 推广措施

首先，公司请来微码营销的专家们对市场经过了缜密调研，并从中找到了问题的症结所在。通过细致有效的努力工作，他们发现除了市场竞争激烈，无法突出产品个性、广告投放分散，反馈跟踪匮乏之外，主要的问题是细分市场定位不准确。他们认为，甲骨文公司将目标客户定位到财务总监、财务经理是不客观的，因为经调查发现，我国的财务经理对于公司治理产品的关注程度一般，他们更关心财务类软件，这类公司治理产品的采购权还是集中在公司经理、IT 经理手中。

接下来，微码营销专家设计了一套完整的整合营销方案，来推广公司治理产品。采用了 EDM、Web-Site 网络宣传、财经类网站的 Banner 广告、直邮、针对性报刊夹寄以及电话访问等多种传播形式，计划向企业高层管理者、财务主管、IT 负责人等 100 万目标受众传播甲骨文公司的公司治理理念及产品，挖掘销售机会、提升甲骨文公司的品牌知名度。

准确的数据是项目高效运行的保证。经过仔细甄选，从 Oracle 公司自已、专业合作机构——微码营销公司、中华财会网、《中国总会计师》杂志等处选择了准确、符合要求的目标客户；同时为了更准确地了解受众对活动的反响，还抽样选择了 3000 名客户，通过电话访问的方式获取了丰富的第一手信息。事后证明，这些准确、科学的数据为甲骨文公司正确评价各种广告方式提供了坚实的基础。

4. 数据库营销取得的成功

经过两个多月的紧张实施，宣传效果和收益远远超出预期。这次整合营销传播活动被誉为“最佳实践”（Best Practice），甲骨文公司在竞争中脱颖而出。此次活动向 144 万人传播了甲骨文公司的公司治理理念及 IT 解决方案，有 68.4 万人对活动有兴趣，阅读了宣传资料或访问了宣传网站；有 8392 人写了反馈问卷，并下载、阅读了《甲骨文公司治理架构》；最终挖掘出 3030 多个销售机会，找到近亿元人民币的采购预算。

此次甲骨文公司能在中国市场取得良好的业绩，数据库营销发挥了极大作用。甲骨文中国公司的数据库营销对其他企业来说，也是很有借鉴意义的。

（1）准确的数据是项目高效运行的基础。

本项目通过仔细甄选，从多种途径选择有效、符合要求的目标客户，成为项目顺利进行的保证。

（2）产品诉求迎合了传播对象的关注热点。

公司治理是企业管理层普遍关注的热点问题，伴随国家相关法规的出台，国内公司对此更是高度重视，甲骨文公司适时推出这一理念，立即引起了客户的共鸣。

（3）数据库营销成为整合传播的支撑。

☞知识拓展

客户数据的采集、反馈管理、后期跟踪等数据库营销服务成为良好效果的保证。多种方式组合的整合传播极大地增加了推广效果，吸引了众多客户反馈。

数据库营销需要从多方面考虑，并为企业提供全方位服务，这样才能实现双方利益的最大化，并促进整个行业的良性发展。现在，很多企业在从事数据库营销时，往往会出现以下误区：

1. 数据库营销=直复营销

认为数据库营销就是直复营销，这是概念混淆的误区。比如一对一营销、点对点营销、精准营销等，这些名称往往会让人认为指的是同一件事，都是在描述一种建立在基于客户数据（或名单）的直接沟通和营销方式，而数据库营销和直复营销也包含在内。从广义的定义和实际应用分析来看，真正的数据库营销应该包括数据的采集、管理、分析和营销应用四大环节，而并不是简单的“名单选取+营销通路（如电话、短信、直邮等)”。从这点不难看出，直复营销只是数据库营销的策划和执行环节，不能覆盖数据库营销的全部内涵。因此，营销者在接触第三方数据库营销合作伙伴时，对他们的整个营销闭环运作过程要进行全面了解，这样就可以清楚地判别对方提供的是数据库营销服务，还是简单的直复营销服务了。

2. 这是一种第三方的服务

第三方提供的数据库营销服务，主要用来做销售线索挖掘，即对潜在客户和新客户的获取。但是，如果将数据库营销简单的看成是一种第三方的服务，就显得有点以偏概全了。由于个人信息保护法律体系目前尚不完善，使得牵扯市场利益的各方相互缺失信任，加上大多数第三方服务比较单一，厂商不太可能把既有客户的数据大规模地托管到第三方，并委托以相关的营销服务重任。因此，在这种情况下，厂商方会自己完成一些重要的自有客户信息或者CRM的数据库营销，同时把十分不重要的工作进行外包。这样做的好处是，厂商不但拥有简单的客户基本信息、联络信息和属性信息，还拥有大量的交易信息和服务信息，厂商可以基于分析的结果或模型，进行更为精准的营销，既节约了大量的成本，也更好地维系了客户的关系，实现了可持续的客户营销工作。而由于产品营销将逐渐让位于服务营销，这种针对服务的、特别是售后服务（或客户价值提升）的营销，将会成为厂商的首选，从这个意义来讲，数据库营销和CRM的结合，才是企业的成功之道。

3. 数据库营销就是精准营销

对精准营销来讲，高质量的数据源、合理分析客户的购买习惯和偏好、针对性的营销策划、缜密的营销项目管理，这几个必要条件缺了谁、少了谁数据库，营销就变得“不精准”。如果说数据库营销是一个命题，那么数据库营销就是精准营销则是一个缺少必要条件的命题。而数据库营销的本源和特性就决定了它自身不可避免的“精准性”，同时，为了达到这种精准性，我们就必须按照数据库营销的精深内涵来定义自己的营销实务，坚持不懈地提升客户数据的质量并进行有效的整合，通过描述性统计甚至是预测性统计来建立营销模型，针对不同类型的客户及需求来规划和策划基于不同营销通路的直复营销活动。

4. 数据库营销仅为挖掘销售线索

在目前的市场格局下，数据库营销存在着种种问题。由于B2B和B2C类的数据在各类市场上都可以几乎无风险的低成本买卖，因此，所谓数据库营销的进入成本很低。同时，我国的企业大部分为中小型企业，正处在蓬勃发展时期，对新客户的获取类营销比较关注，而且行业内一些所谓数据库营销公司都是以直复营销为主业，缺乏其他类型的咨询和营销能力。这些都致使数据库营销的利益方把眼光死死盯在销售线索挖掘上，而忽视了数据库营销的本质和前景，因此，单纯地认为数据库营销是用于销售线索的挖掘，不免显得有些短视。

任何事物的发展都要考虑长远的规划，数据库营销的发展也是这样。因此，数据库营销与CRM的结合，特别是与分析型CRM的结合，才是数据库营销的本质和未来。此外，数据库营销的应用也将不仅限于销售线索挖掘，而应更侧重于老客户价值的提升，如二次销售、交叉销售、垂直销售、客户服务、客户满意度、客户忠诚度、客户挽留等诸多客户生命周期中的关键环节。

5. 数据库营销没有法律风险

任何的事情的进行都可能存在法律的风险，特别是在法律没有明确规定的大前提下，数据库的营销风险更大。通常来讲，针对B2B类数据，只要是通过正规途径（如工商局、税务局、征信公司等）采购的，都是合法数据，基本上不存在法律的风险；而企业和第三方数据库营销公司通过自己的营销活动所采集到的B2C类数据，只要是客户授权企业使用自己的信息，并在之后继续向自己发送营销的信息，那么也不存在法律的风险；关键的问题在于，市场上（不论是黑色市场还是灰色市场）存在着大量通过非正规渠道收集到的个人信息，并以非常低廉的价格进行交易，对于这些行为，法律并没有明确规定，这也形成了一个恶性循环：个人信息的滥用、个人信息获取的低成本必然导致一个准入门槛很低并且无秩序、无自律的行业存在状态，相关的营销者也会有恃无恐地积极参与。

6. 数据管理是个技术问题

在数据库营销中，很多企业的营销者都觉得数据管理和自己没太大关系，那是技术部门的事。而事实上，数据库营销的就是数据，如果没有好的数据和数据管理，营销数据库也无从谈起。数据的管理需要技术平台、管理流程和人力三者的相互结合，对于数据管理的流程和制度这一最重要环节来说，如何整合数据并实现客户的单一视图管理，如何通过查重、标准化等方式清洗数据，如何通过多通路提升数据质量或者实现数据“保鲜”，如何实现多客户接触点的客户信息入库和回库，等等，这些则不仅仅是技术问题，它们在更多层面上辐射到数据管理和营销管理的问题。从这个意义上来看，数据库营销人员必须和技术人员共同协作，才能完整地解决数据的管理问题。

7. 通过数据分析就能建模

数据库营销离不开建模，模型是数据库营销的灵魂所在。目前很多所谓的模型大多尚处在理论阶段，很难大规模实际应用，一些专家的经验建模往往又脱离了数据科学性的本质。而通过数据分析建模，由于描述过去和现在的统计性分析较多，对未来的预测指导意义有限。最好的建模方式就是预测性建模，这种建模思路就是通过数据挖掘的方式来建立基于客户生命周期的预测性模型，并真正地指导后期的营销工作。所以说，通过数据挖掘建模，不但具有预测性，而且其科学性也不容置疑，因为答案不是来自于建模的工具或算法，而是来自于数据本身，来自于数据内在的规律性。当然，如果基本的数据条件不允许，就只能通过描述性统计或者抽样调查的方式来建立简单的模型了。

8. 预测模型肯定是精准的

预测性模型的精准性取决于很多的因素，比如通过数据挖掘建模的前提是数据中一定有规律，而且是比较显性的规律；如果数据中确实没有规律或者规律性不强，那么其后的模型自然也就不可能精准。如果数据量不足或者数据整合不充分、数据质量不高，同样会造成模型结果不够精准。同时，中国的市场变化很快，消费者的消费形态变化也同样很快，处在不断变化的大环境下，模型的精准性也会着时间的推演快速下降。因此，预测性模型要定期调试或调优的原因。

9. 用单次营销项目来衡量 ROI（投资回报率）

和其他营销方式一样，数据库营销是需要持续发展的，不能以单次的数据库营销来解决中长期问题。这意味着，在测算 ROI 时，如果只考虑单次营销而不考虑各种营销方式的交叉影响或者对今后营销的铺垫及贡献，并且简单地计算投入和产出的话，那么其结果一定是有误的或不精确的。

从技术的角度来讲，单次营销 ROI 或者单产品营销分析具有很难逾越的难度，因为任意一次的销售，都是诸多营销因素叠加的结果，通过单纯的数据模型也很难把不同营销方式的 ROI 进行细致的拆分。另外，单次数据库营销很难在短期内实现规模效益，而在一个相对的周期内不断地发现、培养客户才是数据库营销应用的最佳形式。建议用某一个营销周期内的整体数据库营销项目来衡量其 ROI，这是一种比较切实可行的方法。

10. 以营销结果来计费

很多企业销售事业部或者产品服务推广部门直接或半直接对企业的销售额负责，多方的压力使他们把“数据库营销”变成了“数据库销售”，通过营销结果来计费，这一种急功近利的做法。试想，企业在电视台做广告，电视台会按照营销结果来计费吗（即使是电视购物节目，也不是完全按照结果来计费的）？同理，为什么数据库营销就一定要按照结果来计费呢？是因为它被高捧的精准性吗？

按照营销结果计费，必然会导致市场的恶性竞争，很多服务商不得不在竞相压价的市场环境下，采用作假的方式来应付企业，甚至有可能把营销结果卖给诸多的企业竞争对手，来弥补单次项目的亏损。因此，在营销结果考核方面，建议企业的营销者能够和数据库营销服务商建立长期稳定的合作伙伴关系，令服务商能够深入到企业客户生命周期的全过程管理当中去，为企业提供基于 CRM 的数据管理、分析、规划、策划和实施全方位服务，这样才能实现双方利益的最大化，并促进整个行业的良性发展。

☞实训与思考

◎实训内容

1. 实训目标

能利用数据挖掘工具进行数据分析。

2. 实训工作任务

用 WEAK 软件对表 8-3 中数据进行数据分类分析。

表 8-3 **weather**

outlook	temperature	humidity	windy	play
sunny	85	85	FALSE	no
sunny	80	90	TRUE	no
overcast	83	86	FALSE	yes
rainy	70	96	FALSE	yes
rainy	68	80	FALSE	yes
rainy	65	70	TRUE	no
overcast	64	65	TRUE	yes
sunny	72	95	FALSE	no
sunny	69	70	FALSE	yes
rainy	75	80	FALSE	yes
sunny	75	70	TRUE	yes
overcast	72	90	TRUE	yes
overcast	81	75	FALSE	yes
rainy	71	91	TRUE	no

3. 实训平台

数据挖掘工具：www. weak. com。

4. 操作步骤

数据准备：在 WEAK 安装目录的"data"子目录下找到 weather. arff 文件。

预处理：在"preprocess"菜单项打开"data"目录下的"weather. arff"文件进行预处理。

关联规则：在"associate"菜单项中，进行数据关联。

分类与回归：在"classify"中用决策树算法建立分类模型。在"filter"选项中选择"tree"下的 J48。在"cross-validation"的"folds"框中填上"10"，即用 10 折交叉验证，右键点击"result list"，在弹出菜单中选择"visualize tree"，看到图形模式的决策树。

聚类分析：用"explorer"打开"weather. arff"，在菜单项"cluster"中，点击"choose"按钮，选择"SimpleMeans"，即为 WEKA 的 K 均值算法。点击"numClusters"为 5，说明我们希望把所有的实例聚成 5 类，即 K=5。在"seed"中设置一个随机数，用来得到 K 均值算法中第一次给出的 K 个簇中心的位置。选中"cluster Mode"的"use training set"，点击"start"，观察"clusterer output"给出的聚类结果。

观察结果。

5. 实训评分标准（见表 8-4）

表 8-4

项目	评分要求	分值	得分
数据转换	能将 .csv 的格式转换为 .arff 格式	15	
预处理	理解预处理结果中数据各属性及实例含义	15	
关联规则	根据 WEKA 的结果分析关联程度	10	
分类与回归	理解决策树算法	10	
聚类分析	分析结果中的数值说明聚类程度	30	
结果分析	观察结果	20	

◎思考题

1. 简述数据库营销的定义，并说明在电子商务应用中的作用。
2. 简述数据库营销与传统营销的区别。
3. 简述数据挖掘的定义。
4. 试述数据挖掘技术有哪几种，并指出它们的使用范围。

第9章 | # 网络事件营销

☞工作项目

（1）结合本章所学内容，策划一个事件（如社团活动、讲座等），通过“借势”和“造势”进行宣传，使该次活动信息广泛传播。

（2）事件结束后，分析该活动的成败。

☞知识目标

（1）掌握网络事件营销的定义和特点。

（2）掌握网络事件的分类。

（3）掌握网络事件营销策划对企业的利与弊。

（4）掌握网络事件营销的四大核心要点和两种模式。

☞技能目标

（1）如何选择网络事件营销的操作模式？

（2）如何抓住网络事件营销策划的新闻点？

（3）如何选择网络事件传播途径？

☞案例导入

2008年5月18日在央视为四川汶川大地震举办的赈灾晚会上，生产罐装饮料王老吉的加多宝公司当场向地震灾区捐款一亿元，创造了民营企业捐款数额之最，也引起了民众的好奇心。

在好奇心的驱使下，人们关注到加多宝集团，从而了解了“王老吉”，一个并不是很赚钱的民营企业的慷慨之举，赢得了民众的信任与喝彩。危急时刻雪中送炭的举动，帮助一个企业快速树立起良好的口碑。

然而，从5月19日开始，一个标题为《让“王老吉”从中国的货架上消失！封杀它!》的帖子开始在众多网站论坛、博客等网络空间被热传。到底是谁敢“没良心”的说话？当仔细阅读后发现，该帖子是醉翁之意不在酒：“一个中国的民营企业，一下就捐款一个亿，真够狠的！平时支持的那些国外品牌现在都哪去了，不能再让‘王老吉’出现在超市的货架上，见一罐买一罐，坚决买空‘王老吉’的凉茶!”这样一个封杀贴一时间出现在所有知名网站、社区、论坛和博客，“王老吉”在多个城市终端都出现了断货的情况。

在地震捐助中，“王老吉”捐出1亿元，但这1亿元却产生了更多的价值。在“王老吉”做出这一善举的3个小时内，百度贴吧内发帖超过14万。

“王老吉”做了什么呢？首先，“王老吉”整合了消费者的爱国意愿；其次，“王老吉”整合了时事，也就是地震事件营销；再次，“王老吉”整合了各大媒体资源，以论坛资源为主的网络新闻等免费资源。正因如此，通过网络媒体可以更好地实现事件营销，使其产生更大的价值，而这也正是广告主所看重的网络价值所在。

后随经证实，“王老吉”这次捐款行为的网络传播是人为操作，但这种雪中送炭的行为和在灾难面前显露出来的企业责任心与社会责任感，即使是以营销为目的，也因为网络事件营销从策划到执行都恰到好处，从而不但帮助企业树立了品牌形象，提升了消费者对于品牌的忠诚度，也迅速提升了“王老吉”的影响力、知名度和美誉度。

从此案例，我们看到，网络事件营销的策划操作者运用自己的智慧捕捉到敏感事物并进行熟练操作，最终促进了销售，完美地运用了互联网的口碑传播力量。

（资料来源：http：//www. siwom. com/52. html）

阅读上述案例，分析以下问题：

（1）试分析封杀“王老吉”网络营销事件的成功点。

（2）该事件对营销的促进作用会不会无限延续？

9.1　网络事件营销概述

互联网的诞生和发展为事件营销创造了机遇。要想在短时间内发动大量的人去做一件事，没有比网络更为便宜和快捷了。互联网本身是内容的载体，网络的很多内容都是由消费者制作生成的。在网络传播中，每个消费者不仅是一个信息接收者，还是一个信息发出者，由此扩散出去的信息，在无形中形成了大众的口碑营销。这种双向互动的网络传播特性，无疑对事件营销的最终目的具有积极的作用。

9.1.1　网络事件营销的概念

网络事件营销是事件营销（Event Marketing）的一个分支，是企业通过策划、组织和利用具有名人效应、新闻价值以及社会影响的人物或事件，通过网站发布，吸引媒体、社会团体和消费者的兴趣与关注，以求提高企业或产品的知名度、美誉度，树立良好品牌形象，并最终促成产品或服务的销售目的的手段和方式。

由于网络事件营销这种营销方式具有受众面广、突发性强，在短时间内能使信息达到最大、最优传播的效果，为企业节约大量的宣传成本等特点，近年来越来越成为国内外十分流行的一种公关传播与市场推广手段，网络事件营销集新闻效应、广告效应、公共关系、形象传播、客户关系于一体，并为新产品推介、品牌展示创造机会，建立了品牌识别和品牌定位，快速提升品牌知名度与美誉度。所以说，运用互联网进行事件营销，应该是未来广告的一个发展趋势。

20 世纪 90 年代后期，互联网的普及与飞速发展给事件营销带来了巨大契机。通过网络，一个事件或者一个话题可以更轻松地进行传播和引起关注，成功的事件营销案例开始大量出现。在公关和营销实践中塑造了许多成功案例，网络事件营销已成为营销传播过程中的一把利器，是企业低成本营销的绝佳方法，也是最快捷有效的营销手段。

国内首家最专业从事网络事件营销的公司是阿凡达推广策划机构，还有中国事件营销网、品牌整合营销传播网等。随着网络事件营销向专业化、行业化发展，出现了一批针对特定行业的网络事件营销公司，如专注旅游行业的黑孩子旅游营销机构等。

9.1.2 互联网带给事件营销的机会

从传播的角度分析，互联网开创了人际传播、群体传播和大众传播在同一载体同时并存的新的传播形态。而对于企业制造的事件营销而言，这种新的传播方式带来的空间主要存在于：第一，互联网快速反应，使公关事件可以在最短的时间内进行传播；第二，互联网为其他媒体形式提供了更多的新闻素材，促进了其他媒体对新闻的转载；第三，网络的可参与性，使一个公关事件可以引起更多的讨论，但不会像传统媒体一样，由于担心出现广告倾向而被拿下版面；第四，互联网使多个资料库互相链接，一些成功的、经典的事件营销可以在出现相关新闻时随时被链接出来。

简单来讲，新闻传播的过程可以表示为：信息采集—选择—加工—发布—反馈。互联网的出现完全影响了这一整个的过程，而事件营销完全则是依赖媒体通过整个流程得到价值体现的。

1. 互联网提供了更快的新闻通道

在互联网出现之前，及时更新信息已经是新闻媒体追逐的潮流，发达国家的广播电视已经实现 24 小时播出，每 1 小时滚动播出一次新闻。日报也开始印刷不同时段的版本，以跟进最新的内容。通讯社的新闻竞争甚至进入以分钟计的阶段。但是，传统媒体总是会面临诸多的其他工作环节，比如后期的编辑、印刷、发行等。电视和广播节目虽然可以实现现场直播的功能，但受到节目设置安排的限制。互联网出现以后，由于新闻的发布不需要经过太多环节，所以及时地发布新闻更加成为可能。所以，一些重大的商业事件完全可以借助这种及时的力量得以迅速地、不受空间限制地得到传播。

2003 年 7 月到 8 月的 9 天时间里，西班牙皇家马德里足球俱乐部受邀到中国参加了一场友谊比赛。中国派出国内最顶尖的足球队员来和这个俱乐部抗衡。由于众多世界知名的体育明星出现，引起了广大体育爱好者的兴趣。从 7 月 25 日皇家马德里足球队抵达云南昆明直到离开为止，皇马超级巨星的一言一行都以最快的速度在互联网上得到了传播，而这一比赛的其他花絮以及赛事赞助者等，都在同一时间搬到了互联网上。

2. 网络让事件更容易被转载

今天的记者可以通过互联网搜索到无止境的信息，接触到以前根本接触不到的秘密信息，而且几乎不受空间的限制。记者还可以进行网上调查，迅速取得专家的反馈。美国哥伦比亚新闻研究生院和纽约米得博格协会对3400名新闻从业人员进行调查表明，上网作为获取新闻线索和新闻采访的手段，其地位已经仅次于报纸记者的面对面采访和杂志记者的电话采访。对于事件营销的策划来说，只要有一个足够引起人们关注的新闻点，就马上可以传遍整个世界。

3. 网络提供对事件营销更方便的反馈和参与

互联网提供了人们可以广泛地发表意见的场所，尤其是网络BBS论坛，使人们可以自由发表对重大新闻事件的观点看法。在此之前，如果人们对某一个事件有了看法，只可以在小范围内通过口耳传播的方式进行，真正把意见传达到大众媒体然后再广泛传播开去的，少之又少。但是互联网不同，只要你有不同的声音，就可随时可以发表在网上，全世界的人都可以看到。企业策划的事件营销往往具有一定的争议性，这种争议在网上爆发以后，就可以非常容易地把这一事件扩大化，从而满足企业的初衷。互联网也为经营传统媒介的媒体提供了除书信、电话、问卷调查之外的新的反馈渠道——在线信息采集。

4. 不用担心编辑的删减

1998年1月17日深夜，一个名叫麦特·德拉吉的自由撰稿人在他的个人网页上最早发布了克林顿与白宫实习生莱温斯基性丑闻的消息，迅速掀起了美国新闻史上前所未有的绯闻报道狂潮。人们称之为麦特·德拉吉现象。与此不同，之前已经获得这条令全球舆论为之震惊的消息的《新闻周刊》，在付印前一分钟抽掉了这条十分敏感的新闻，因为长期形成的媒体意识使他们认为没有理由认为公众的知晓权比私人的隐私权更加重要。

对于具有商业味道的新闻来说，传统媒体的编辑总是有非常多的戒律，他们会尽量把新闻中的商业气息减淡。但是在互联网上，由于把关权的相对分散，新闻本身的新闻价值事实上是相对更加重要的。在互联网出现之前，新闻信息总是通过少数的、集中的、相对易于控制的新闻媒体把关，再传播给分散的、不定量的受众，而互联网使得信息把关权被分散掉了。简单地说，要在传统的媒体上发布信息，可是要花点工夫的，但是要在互联网上发布什么信息，那可就简单得多了。

5. 好事件生命长青

互联网上的新闻成品与传统的有很大不同。现在，记者、编辑在写作和加工稿件时，都将文字、照片、图表、音频、视频材料结合起来处理。多媒体的新闻模式可以提高人们对新闻的兴趣，同时也可以加深人们对新闻的理解和记忆。

链接的使用不仅使新闻中一些重大的“旧闻”将在网上永久停留，并成为新的新闻报道的有机组成部分。“旧闻”的存在真的是太重要了，这意味着你精心策划的一个案例可以永远地被人提到。

9.1.3 网络事件营销的特点

1. 网络事件营销相对于传统营销所具备的特点

(1) 投入小，产出大。事件营销策划和广告策划的目的一样，都是通过对企业的品牌和产品进行宣传，从而推动产品的销售。但相对于广告来说，事件营销策划的费用低得多。每做一个广告，企业必须真金白银地投入；而做事件营销不同，从理论上讲，好的事件营销在媒体传播上是不需要花一分钱的，因为一个吸引人的事件会让媒体主动来争相报道，从而避开国内媒体近年来的高收费，为企业节约大量的宣传成本。

(2) 受众面广，可信度高。由于策划的事件有很强的话题性和消费者的参与性，势必引起新闻媒体的自发报道。而新闻媒体（尤其是大众新闻媒体）面向的是整个社会群体，受众面广，只要事件有话题性，就可以引来全社会的关注。同时，由于新闻媒体在群众心目中有权威性，也给消费者非常高的可信度。

(3) 关注度高。媒体多元化能提升企业品牌的注目率。事实证明，对企业来说，有创意的事件营销无论是在投入还是在知名度的提升方面，回报率都超过其他广告形式。

除了传统的优势之外，网络使得事件营销的成本更加低廉，传播区域更加广泛，但是信息的可信度和关注度却受到了削弱。

2. 网络事件营销特点重构

网络作为事件营销的新媒介，其自身的特点将不断发生改变。根据网络自身的特点结合事件营销的特质，可以将网络事件营销的特点进行重构：

(1) 二重性。网络事件营销是一把双刃剑，它不仅可以树立企业的形象，也可以损毁企业的形象。对于企业制造的网络事件，可能会受到舆论的赞扬，也可能受到舆论的抨击。尤其是在网络的平台上，公众可以各持已见众说纷纭，所以，企业在运用网络事件营销这个促销工具时，要制定详尽的事前安排和事后控制。

(2) 交互性。在网络上传播的网络事件营销往往具有很强的民众互动性，网络传播条件下的信息往往是共享、流动、自由的；而电视新闻则更强调新闻的价值，强调严谨、系统的风格，强调集体、秩序和责任，强调对话语权的把握。在这方面，网络背景下的网络事件营销在某种意义上来讲，重新定义了话语权的归属。从传播学角度来说，"传者"和"受者"之间的界限被淡化了，每个个体都有话语权，这就意味着他们承担着双重身份，信息传播在所谓"传者"与"受者"之间呈交替互动式。

我们需要注意一点，在网络的平台下，新闻的前几个评论尤为重要。因为大部分网民都习惯于"潜水"，即对事态的发展处于观望状态，而靠前的评论如果对事件作出不矫揉造作的评论，就非常容易引起网民的波澜式的共鸣，让整个事件的态度呈现一边倒的形势。

(3) 时效性。这一点是由网络事件营销的传播媒介——网络而引申的，网络媒体的传播速度快捷、信息来源广泛，制作发布信息也更加简便，因此，网络媒体几乎可以随时随地发布新闻，群众也可以在第一时间把握网络事件的发展和知晓其来龙去脉。

但是事件在来得快的同时，去得也快，这对于大部分的网络事件都是一样的，作为一个促销工具，目的就是短期效果，而且大部分的宣传都可能随着时间的增长而消逝，就像长尾理论所说的那样，企业在制造大型网络事件时，也不能忽略中小型的网络事件营销，以及网络事件营销和其他促销工具的结合。

（4）不可控性。网络事件营销虽然是人为制造，但是其态势的发展是完全不可控制以及预期的，因为网络交互性的提升增加了群众的话语权，让更多的人参与在事件的讨论当中，这样，在使事件评论的深度和广度得到增加的同时，也增加了事件的不可控性。

9.1.4 网络事件营销的原则及其应用

1. 导向性原则

导向性原则是网络事件营销策划中最重要的一个原则。因为网络的交互性使得公众更加容易受到影响，更容易趋同地认可或反对一个事物。所以，网络事件营销必须借助公众强烈认可或反对的观点，才能赢取公众的关注，调动媒体，借助其力量来达到公关目的。在我国事件营销的实践中，成功案例至少应具备以下三种导向之一：

（1）政府政策导向。政府政策导向是指策划内容应该符合政府政策的要求。配合政府作政策上的宣传，这种策略往往能够获得更大的宣传回报。

（2）民众心理导向。民众心理导向是指广大老百姓所共有的价值观、心理和情绪等，也是事件营销策略可以借助的一种力量。如“振兴民族工业”、“产业报国”等口号就非常好地把握了民众心理导向。

（3）全球社会发展趋势导向。全球社会发展趋势导向是指符合人类发展需求的那些普遍规律，如环保行为、科技发展等，由于这些内容受到人类追捧和媒体所宣扬，因此都可以在事件营销中进行“借力”。

以上所列举的都是根据社会的主流进行网络事件营销的策划，但是网络事件营销的导向性也可以是逆导向。这里所指的逆导向，并不是说企业的事件营销可以与政府的政策、民众的意愿、社会的发展趋势背道而驰，而是说，企业可以利用这些逆导向引发社会关注和讨论，借此提高自身的知名度。

2. 可行性原则

如果事件营销中只是企业在一边唱独角戏，而没有目标消费者的积极参与，那么整个事件的影响力就打了很大的折扣，起不到应有的作用。网络事件营销并非单纯的炒作就可以制造轰动效应，往往有许多蓄意炒作，难以得到消费者的支持，原因就在于事前缺乏对公众态度的了解，忽略了事件营销的可行性。

3. 新闻性原则

新闻性原则是指策划的新闻必须有很强的新闻价值，而且原则上应该具备第一性，即是对某种新闻事件的第一次报道。因为人们往往只对新鲜的事物感兴趣，同类型的事物出现多了，大家都会觉得疲惫，关注度和参与度就不高了；而缺乏关注和参与，整个事件就显得毫无价值。网络事件营销的主题要通过其他媒体的广泛报道，起到替企业免费宣传的作用。

4. 相关性原则

企业所做的一切传播活动（包括赞助）都应该是对品牌建设的长期投资，这一点无论在传统的事件营销还是在网络事件营销中，都应该是企业所应该遵守的不二法则。某些企业策划的网络事件营销没有将企业或其产品与事件本身建立联系，这样即使事件营销出现效果，但对自身的影响却大打折扣。

9.1.5 网络事件营销的发展趋势

基于网络的发展趋势以及企业对网络事件营销的重视和利用，网络事件营销在未来会出现以下发展趋势：

1. 网络事件营销社区化

网络社区是指包括论坛、贴吧、群组讨论、在线聊天、交友、个人空间、博客、微博等形式在内的网上交流空间。随着网络社区的发展，更多的功能会被整合入社区之内。用户可以更容易地发表观点、分享信息，网友之间的信息传播速度也更快，因此在网络社区之中更容易发现当前的网络热点和网民需求，这为网络营销提供了便利条件，也要求企业随时关注社区动态，建立快速的反应机制，以获得更好的网络事件营销传播效果。

2. 网络事件营销成本上升

随着网络推手的日益专业化、正规化，以及网民对各种炒作事件甄别能力的上升，网络事件营销会花费更多的人力、资源，必然造成成本的上升。

3. 网络事件营销机构的专业化

目前，我国专业的网络事件营销策划公司并不多，大多数从业人员的素质良莠不齐，而随着企业对网络事件营销的不断运用，会有越来越多的人员和机构从事这一行业，而行业的竞争必将带来门槛的提高以及网络事件营销机构的专业化。

4. 网络事件营销与传统事件营销的结合

网络事件营销并不会取代传统事件营销，两者之间会出现互补和相互结合的趋势，从互联网到现实，从网络媒体到传统媒体，立体化、整合化的事件营销将会为企业带来更好的传播效果。

9.2 网络事件营销的策划

网络事件营销如何策划与运作，是互联网时代比较能够引起商家兴趣的话题，也是当今网络环境最热门的话题。要想成功策划网络事件营销，就要掌握以下内容。

9.2.1 网络事件营销策划应具备的特征

网络事件营销可以理解为：通过把握新闻的规律，制造具有新闻价值的事件，并通过具体的操作，让这一新闻事件得以传播，从而达到广告的效果。一个成功的事件营销往往是一个系统工程，它可能会用到软文营销、新闻传播、博客营销、邮件营销、论坛营销、口碑营销、互动营销、搜索引擎营销、播客营销、数据营销、直复营销等所有网络营销的技巧，它不但整合了所有的网络营销要点，还整合了传统营销中的品牌营销战略，整合了导演技术和新闻传媒技术等。

网络事件营销就好比一出戏，需要策划、编剧、导演、剧本、宣传、灯光、摄影等，需要组织得非常完善严密，工程相当浩大，任何一个细节流程都不能有丝毫的偏差，否则就可能影响到最终效果。

那么，网络事件营销究竟是怎么发生的呢？如何才能够策划一个成功的事件营销呢？下面我们先看一个小案例。

一家新公司正在筹备开业，工作人员为一个很重要的问题大伤脑筋，那就是怎样才能让公司开业的消息广为人知。在媒体上大做广告虽然是一种传统的、有效的方法，但由于经费有限，所以不可行。眼看开业的日期越来越近，但如何操作却毫无头绪。

幸运的是，公司窗外是一个大型的广场，广场上盘旋的鸽子群突然触发了经理的灵感。他立刻命令员工买来大量的鸽食，每天从窗口向外抛撒。鸽子们见食物从天而降，纷纷飞来抢食。几天之后，鸽子们已经熟悉了这里的食物，每天一到固定的时刻就会飞来。

到了公司开业的那天，老板吩咐关紧所有门窗，往常喂食的时间一到，鸽子便又飞来了，见不到食物，鸽子开始向窗口飞来。“有鸽群袭击一座大厦！”广场上的市民发现了这一奇观，纷纷围观，并奔走相告。于是有人向市内各个报社、电视台打电话通报情况，大量记者火速赶来，电视台进行了现场直播。某家公司开业之时发生了新鲜怪事的新闻迅速传遍了整个城市，一连几天，市民们都对此谈论不休。这家公司的大名当然也就不胫而走。

在这个案例里，这位经理就是采用了一个完整的事件营销的手法，他的做法已经具备了事件营销的一切特性。对新闻媒体而言，一座大厦受到鸽群袭击当然是特大新闻，而袭击的对象作为新闻的背景也必须在新闻中提及。这样，通过这一新闻事件，这家公司没有花任何广告费，却达到了理想的广告效果。

我们来回顾一下这位老板是如何成功营销的。

第一步：策划并进行了一个事件，让一群鸽子来进攻自己的办公场所。

第二步：由于这一事件本身具有新闻价值，新闻媒体主动地进行了采访。

第三步：由于新闻媒体的报道，这家公司开业的信息得到了广泛的传播。

第四步：由于该公司开业的信息被很多人知道，促进了该公司的经营状况。

通过这个案例我们看到，该企业在资金短缺的情况下，没有直接利用传统的广告策划，而是从企业实际及营销需求出发，按照新闻规律，人为“制造”新闻事件和新闻热点，吸引新闻媒体注意和报道，造成新闻现象与效应，从而大获成功。

要成功策划网络事件营销应具备以下特征。

第一，事件内容要具有刺激性，即必须要吸引网民与媒体；

第二，事件角色的另类性，即事件的创意是最关键的；

第三，事件传播的需求性，即必须考虑会给客户带来什么样的影响。

第四，事件本质的利益性，即事件营销本身是双赢的产物，那么最终的利益是需要提前估算的。

第五，事件的真实性即无论做什么事件营销，你的事件本身必须是真实的，可以是自然形成的，也可以是人为特意安排制造的。

9.2.2 网络事件营销策划对企业的利与弊

正确的运用网络事件营销策划对企业经营会产生一定的益处。首先，可以迅速提升品牌知名度。其次，品牌与事件可以有机结合，还有助于提升品牌的美誉度。再次，通过捆绑热点事件，开展社会营销，有利于塑造企业的社会公众形象。

网络事件营销有好的一面，但如果运用不当，也会产生一定的弊端。因此在策划网络营销事件时特别忌讳：颠倒黑白、指鹿为马、混淆是非；栽赃陷害、弄虚作假、生搬硬套；不顾道德底线、盲目跟风。因为事件营销中的受众有一大特性，那就是对新鲜事物的不断追求，对新鲜事物具有强烈的好奇心和浓厚的兴趣，对事物喜欢追根究底。可想而知，如果发生以上事件，策划者就是搬起石头砸自己的脚，并且会招致社会的口诛笔伐，最严重的还会影响企业的信誉，甚至身败名裂。

因此，网络事件营销的策划者一定要围绕公众利益，创新策划思路，构筑传播议题，及时掌控、引导传播方向，从而为成功打下坚实的基础。

9.2.3 网络事件的分类、制造步骤和策划的关键点

1. 网络事件的分类

网络事件可以分为两种类型：自发型和操作型。自发型的网络事件是网络舆论自发形成的，而操作型的网络事件则是人为操作形成的，这就是二者本质的区别。

2. 网络事件的制造步骤

确定传播目标—分析当下网络舆论环境—制定话题传播方案—组织话题实施步骤。

有了步骤，还要有明确的事件操作流程：

（1）根据被炒作对象特点制定策划方案；

（2）选择适合的论坛（博客、视频站）发帖；

（3）付费网站管理员，特别照顾（推荐或置顶）；

（4）抛出若干个易于流传的言论；

（5）雇佣“水军”唱双簧，引发争议，成为热点；

（6）雇佣“水军”，加大转载与传播数量；

（7）撰写新闻评论进行谴责性或质疑性报道；

（8）期待大量媒体跟进报道；

(9) 爆料内幕;

(10) 维护形象。

3. 网络事件营销策划的关键点

网络事件营销策划的关键是满足受众的窥视欲和好奇心，这是新闻事件运作的根本目的，新闻事件只有通过新闻传播才可以变为真正意义上的新闻，因此，新闻传播是新闻的本质。

前期准备的是否充分直接影响到策划的成败，所以前期准备成败的关键点是：前期制作（视频或文字），传播过程（方向与流程监控），可能出现的质疑点全面分析，质疑点应对策略（准备文案对策），媒体数量与自主网民参与数量。

另外，还要注意一些事件策划中的关键点：理解媒体、解读新闻事件、制造新闻事件。(1) 新闻要典型，要有代表性和显著性。(2) 新闻要有趣，要有让公众感兴趣的点。(3) 新闻要新鲜，应提供与众不同的信息。(4) 新闻要稀缺，应是难得一见、鲜为人知的事实。(5) 新闻要贴近社会公众，越贴近公众，新闻性越强。(6) 新闻要有针对性，紧扣某一事件。(7) 新闻要有时效性，要在第一时间对事件作出反应。

网络媒体传播速度快、互动性强，可以更好地开展企业营销，使其产生更大的价值，这就是事件营销的价值所在。事件营销讲究的是方法和创新，事件营销和其他的广告相比，优势显而易见，一旦成功，带来的效益是不能估量的，但是也需要承担同样的风险。因此，在网络事件营销中，想要达到共鸣的效果，需要的是产品的特性和媒介活动的结合。做事件营销，要想好有亮点的话题，让彼此得到双赢的局面，这样才可以得到人们持续的关注。

9.2.4 网络事件营销策划的成功要素

新闻能否被着重处理，取决于其价值的大小。新闻价值的大小是由构成这条新闻的客观事实适应社会的某种需要所决定的。一则成功的事件营销必须包含下列多个要素之中的一个，这些要素包含得越多，事件营销策划成功的几率越大：

1. 重要性

这是指事件内容的重要程度。判断内容重要与否的标准主要看其对社会产生影响的程度。一般来说，对越多的人产生越大的影响的事件，其新闻价值越大，因此，策划事件营销一定要考虑到如何增强事件的重要性，让更多的人参与到事件营销中来。

2. 接近性

越是心理上、利益上和地理上与受众接近和相关的事实，新闻价值越大。心理接近包含职业、年龄、性别诸因素。一般人对自己的出生地、居住地和曾经给自己留下过美好记忆的地方总怀有一种特殊的依恋情感。所以，在策划事件营销时，必须关注到你的受众的接近性的特点。通常来说，事件关联的点越集中，就越能引起人们的注意。因此，策划事件营销要充分考虑人的趋同心理。

3. 显著性

策划事件营销一定要善于借势，多往名人、名山和名水靠拢。新闻中的人物、地点和事件的知名程度越是著名，新闻价值也越大。国家元首、政府要人、知名人士、历史名城、古迹胜地往往都是出新闻的地方。

4. 趣味性

好奇心是人的本能，大多数受众对新奇、反常、变态、有人情味的东西比较感兴趣。有人认为，人类本身就有天生的好奇心。如果我们没办法找到名人、名山借势，那么就要考虑用好奇心制作亮点。例如，富亚公司本来计划给小猫小狗喝涂料宣传自己产品的健康、环保，然而却遭到动物保护协会的反对，老板情急之下就自己把涂料喝了，这一事件被国内媒体争相转载，满足了人们对新闻新奇性的追求，也使富亚公司产品销量大增。

5. 独特性

事件营销的创意指数越高，则公众关注度越高，效果越好。我们看到，成功的事件营销案例无一不令人耳目一新。

9.3 网络事件营销的传播

9.3.1 网络事件营销传播的内涵与成因

网络事件营销是最终促成产品或服务的销售目的的手段和方式，也是最终促成产品销售的传播行为，它与传统事件营销相比最大的优势在于：传播速度快，成本低廉，受众的参与程度高。2009 年，由网易幕后团队策划的“贾君鹏”事件总共花费不到 20 万元，却获得了超越任何媒体或活动的关注度和参与度，被称为网络事件营销第一案。

网络事件营销备受瞩目，除了事件本身有一定关注度以及网络媒体的交互性和时效性之外，其背后还有深刻的原因。

1. 专业推手的运作

2005 年 10 月，《解放日报》记者陈廷雯在采访“天仙妹妹”事件时，在《“网络推手”打造网络奇迹川女命运三月间改变》一文中，首次明确使用了“网络推手”这一词汇。

所谓网络推手，其实就是网络策划师，与传统行业的策划师相比，他们尤为熟悉网络传播规律，针对网络事件营销，从策划主题、组织发帖、组织顶帖，到组织跟帖、引起热议，已具备了一套专业化的运作流程。目前的网络推手有个人化推手，也有公司化推手，他们的运作使网络事件的目的性更强，效果也更为明显。

网络推手，这一互联网时代的特有产品，最近又再频繁见于报端。2011 年 3 月，一位名为“金泉少侠”的网络推手策划了一场母女跪求的“慈善”戏码，引起了社会多方的议论、甚至是抨击。有舆论认为，即使这位“金泉少侠”策划整件事的出发点是为帮助这对母女，但实际上是欺骗了公众的感情、戏弄了人们的爱心，严重地说，是透支了社会信义。但同时，也有人认为，要不是这位网络推手的事件策划，这对境况凄惨的母女不知道何时才能获得社会的救助。

对于网络推手的出现，有人比喻为“狼来了”，也有人认为只要是符合社会道德，能帮助他人的，网络推手就有其存在价值。值得引起重视的是，网络推手必须在道德和法律规范的约束下从事事件营销传播活动，一旦缺乏道德和法律规范约束，很可能会事与愿违，推手变为“打手”，使网络的信用尽失。

2. 网友的积极参与

尽管有专业人士“抛砖引玉”，但如果没有网友的积极参与，网络事件也无法达到预期的效果。

传统事件营销中，受众只是作为一般的信息接受者，没有太大的参与空间；而在网络营销中，网友在接收信息的同时也成为了次级传播者，甚至是推动事件从发展到高潮的真正主体，2009 年 7 月 16 日发布在百度魔兽世界贴吧里的“贾君鹏你妈妈喊你回家吃饭”一帖，在短短五六个小时内被 390617 名网友浏览，引来 1.7 万条回复，被网友称为网络奇迹，与专业推手的发起和烘托相比，网友的群体力量往往具有无与伦比的巨大威力。

3. 网络整合营销的优势

互联网拥有各种媒体资源，如门户网站、电子商务平台、行业网站、搜索引擎、视频网站、博客、微博、QQ 空间、邮箱等，为信息的快速流通提供了多元化的渠道，同时也为网络营销的开展提供了整合传播的方案，网站上有新闻、论坛中有话题、贴吧里有跟帖、博客里有评论、邮箱中有信件……全方位的包围和轰炸使网民不知不觉陷入事件信息的网络中，并成为事件的传播者。

值得注意的是，做事件营销不要低估了网友的智商。网友的眼球并不在少数人的掌握之中，一种颠覆性的营销理论并未从互联网上产生，以诱导、蒙蔽为手段的网络公关在绝大多数情况下，是逃不过网民们的火眼金睛的。

9.3.2 网络事件营销的传播特点

网络传播是互联网时代的传播媒体，是人人都应该熟悉的一种传播方式，它有速度快、多点传播、影响力大三大特点。

1. 速度快

2011 年 3 月 15 日，央视曝光了河南济源双汇食品有限公司连续多年收购由“瘦肉精”养殖的所谓“加精”猪，尿检等检测程序形同虚设。随后与“瘦肉精”相关的文章出现在各大网站上，各地政府宣布展开瘦肉精排查活动。网络上出现了大量跟瘦肉精相关的文章，百度新闻搜索“瘦肉精”，搜索到的新闻数量有 13 万多篇；新浪微博搜索“瘦肉精”，搜索到的结果有 24 万多条；搜狗搜索“瘦肉精”，搜索到的结果有 484 万多个。

由此不难看出网络传播速度之快，网络事件一旦出现，就会通过传播迅速出现在各种网络媒体上。

2. 多点传播

上面提到的瘦肉精事件发生后，各大门户网站、地方网站、博客、论坛、个人网站等多种媒体同时报道了瘦肉精的相关信息。了解信息详情的人通过 QQ、MSN 等即时聊天工具迅速加以传播，收到信息的人，用同样的方式传播给更多的人，形成多点的层次化传播。跟传统的报纸、电视、杂志等单向传播的媒体不同，网络传播中，信息的接收者同时扮演信息传播者的角色，大大加速了信息传播。

3. 影响力大

瘦肉精事件被曝光后，双汇集团董事长万隆表示，瘦肉精事件影响双汇集团的销售达 10 多亿元。不难看出，负面的网络事件对企业造成了巨大的损失。

此事件提醒企业要想在竞争中脱颖而出，不仅经营手段要合法，而且还要注意社会道德和企业自身的品牌质量。

9.3.3 网络事件营销的传播策略

针对网络事件传播的以上特点，在进行网络事件营销的传播时应采取以下策略：

1. 主动出击策略

所谓主动出击策略，是指给营销主题主动设置一些结合自身发展需要的议题，通过传播，使之成为网民关注的热点。

首先，运用这一策略最重要的是制造相关话题，由此更容易把握当前网民关注的需求和趋势，更容易创造出与产品、品牌相关度更高的事件。

其次，网络的传播效果易于统计，事件的发展形势可根据实际情况加以调整。"贾君鹏"事件、"凤姐"、"芙蓉姐姐"、"宝马女"等人物的出现都是基于幕后团队的精心策划和推广的，例如"贾君鹏"事件最终能够达到一本万利的完美效果，源于策划人员打破了常规的网络红人照片加视频的推介形式，只用一个虚拟的名字、一句简单的话语以及不断制造和发布"贾君鹏之歌"、"贾君鹏传记"、"贾君鹏女友"、"贾君鹏短信"等话题引发网友的兴趣，使之保持较高的关注度，最终达到了魔兽代理商网易所要追求的保持魔兽玩家高人气的传播效果。

2. 巧借东风策略

巧借东风的借力策略在传统事件营销中运用较多，如蒙牛借"神五"进行事件营销。

网络事件营销可以借助某些社会热点话题，将组织议题向社会话题靠拢，从而实现网民从关注社会话题向关注组织议题的转变。借力策略大大缩短了事件营销的成本和时间，使事件一开始就备受关注。如 2009 年流行网络的"奥巴马女郎"，就采用了借力策略。该事件当事人上海交大安泰经管学院研究生王紫菲承认，借着奥巴马访华并在上海交大演讲的机会，在主办方和媒体的共同协助下，她得以在网络上迅速走红。

3. 双剑合璧策略

事件营销的主动策略和借力策略往往没有明显的分水岭，在实战中的运用往往是两者的结合。例如，2010 年 5 月，网络服装品牌凡客诚品选择韩寒和王路丹作为代言人，以极富个性的口吻创作了两则平面广告投放市场，大获成功。不仅品牌的知名度扩大了，其品牌个性也在网友的自由表达和集体娱乐中彰显出来。凡客诚品虽坦诚在整个"凡客体"事件中并未有意为之，纯粹属于网友的自发行为，但凡客诚品已学会顺势而为，公司所考虑的营销策略已明显受到了前期"凡客体"热潮的影响，变被动为主动，变借力为主动出击，筹备设计了新的绿色广告模板，让网民分享和参与互动，并将韩寒为凡客诚品主演的视频广告推向市场。

本章开篇案例"王老吉"的网络事件营销也属于双剑合璧之举，借汶川赈灾捐赠 1 亿元的惊人之举，王老吉迅速在网络上策划和发布了"封杀王老吉"的震撼标题，并借助这一网帖，带来了惊人的点击和转载，甚至引起网友对终端发起直接的扫货行为。

借力和主动的相互融合，发挥各自的特性，往往会有双管齐下的效果。

9.4　网络事件营销的成功因素

网络事件营销在本质上就是让你的策划成为新闻，充分利用网络这个媒介进行互动。所以，事件营销的成功因素就是要分析一下普通的事为什么可以成为新闻。

9.4.1　网络事件营销的四大核心要点

网络事件营销就是企业制造或者放大具有新闻效应的事件，让网络、纸介等媒体竞相报道，通过吸引公众对事件的注意，引发公众对企业或产品的关注。企业要想事件营销获得成功，必须把握好以下几个核心要点：

1. 事件要有新闻点

网络事件营销要想获得成功，就必须有新闻点，即社会关注的热点或重点，或者新奇、有趣，是前所未闻的事情。有了好的新闻点，就抓住了媒体的眼球，抓住了媒体的眼球，就抓住了受众的眼球。

一般来说，大多数受众对新奇、反常、有人情味的东西比较感兴趣。如富亚公司老板喝涂料曾引来满堂喝彩，轰动了整个北京城，这一事件被国内媒体争相转载，满足了人们对新闻新奇性的追求，也使富亚公司产品销量大增。

2. 事件与品牌要有连接点

网络事件营销不能脱离品牌的核心理念，必须和企业品牌的诉求点联系起来，才能达到营销效果。只有品牌与事件的连接自然流畅，才能让消费者把对事件的热情转移到企业或产品。例如万宝路赞助一级方程式车赛 20 余年，一是此活动符合其品牌核心价值，比赛的刺激、惊险、豪放，正是其品牌个性，目标人群也对此感兴趣；二是此活动与万宝路的市场地位相一致，强化其全球领导的印象。

3. 事件要紧抓“公益”关键词

事件营销要想获得成功，就必须牢牢抓住“公益”关键词。因为“公益”是一种社会责任，没有公益性的营销方案就失去了社会意义和号召力，没有了社会意义和号召力，自然就没有受众的参与，而没有受众的广泛参与，就不可能达到营销目的。如“王老吉”抗震救灾捐款事件。“一鸣惊人”是“王老吉”最大的收获，这可能比投放几个亿的广告效果都要好，“王老吉”事件的成功就在于其抓住了“公益”的关键词。

4. 事件要形成整合传播之势

事件营销是为了提升品牌，因此企业在宣传事件时，要整合各种传播手段，放大事件的传播效应，将信息准确、完整、迅速地传达到目标人群。如在“2005 快乐中国蒙牛酸酸乳超级女声”活动中，蒙牛的宣传是全方位的，电视广告、网络宣传、户外广告、促销活动等及时跟进。蒙牛酸酸乳事件营销的成功，其实也是蒙牛整合营销传播的成功。

9.4.2 网络事件营销的两种模式

网络事件营销的成功除了把握以上四个核心要点之外，还要掌握借势和造势两种操作模式。

借势，就是参与大众关注的焦点话题，将企业带入话题的中心，由此引起媒体和大众的关注。造势，就是企业通过自身策划富有创意的活动，引起媒体或者大众关注。两者殊途同归，都是为了提高企业形象或者销售产品。

1. 借势

企业在借助重大事件或社会热点进行营销时，必须把握好以下三个要点：

（1）反应迅速，第一时间介入。

争取在人们对事件的关注处于高潮的时候进入，所取得的营销效果无疑是最大的。如海尔借助“申奥成功”那一激动人心的时刻，成功地进行了事件营销。2001 年 7 月 13 日夜，一个非常紧张的时刻，争办 2008 年奥运会的结果即将揭晓，亿万中国人都守在电视机前观看现场直播。当萨马兰奇念出“北京”之时，全世界的华人都沸腾了。就在申奥成功的第一时间，“海尔祝伟大祖国申奥成功”的祝贺广告便紧随其后播出，与全球炎黄子孙共享这一世纪之荣。当夜，海尔集团的热线电话被消费者打爆，很多消费者致电只是为了与海尔分享胜利的喜悦。从事件本身来看，海尔虽然没有取得直接的效益，但是“申奥成功”的纪念价值和象征意义对于海尔品牌形象的提升以及增强海尔品牌与消费者的沟通方面，价值是不可估量的。

（2）找准关键点，巧妙切入。

从公益角度切入，能够树立企业的良好形象，增强消费者对企业品牌的认知度和美誉度。如 2003 年“非典”期间，素有“国药传人”美誉的正大青春宝药业集团向杭州市第六人民医院捐赠其青春宝片和双宝素产品，用于临危受命的医护人员提高免疫力，凭借其一直以来就存在的良好口碑传播，其短期内销量大增。

（3）与大事件联系，引发公众联想。

在这一点上，值得一提的是邦迪创可贴的案例。2000 年夏季，对峙半个世纪的朝韩终于握手言和，朝韩峰会成为全球关注的焦点。邦迪创可贴敏感地抓住了这个时机，推出广告，在朝韩领导人金正日与金大中历史性地激情碰杯时，在经典画面之外传来旁白："邦迪坚信，世界上没有愈合不了的伤口！"把人们对和平的期盼通过"伤口愈合"巧妙地传达出来，引起消费者的强烈共鸣，也使邦迪品牌形象得到了极好的提升。

2. 造势

借势虽然不失为企业扬名的一个好办法，但有时"势"并非是企业想借就借的，当企业扬名迫在眉睫而又无势可借时，制造热点事件则是另一个办法。企业在造势时，需要注意以下几点：

（1）合理定位。

在"制造"新闻事件前，要进行 4 个方面的定位：一是事件定位，要找到品牌与事件的关联，事件营销不能脱离品牌的核心理念，必须和公众的关注点、事件的核心点、企业的诉求点重合起来，做到三位一体，才能击中目标；二是卖点定位，产品的卖点和事件应有机结合在一起，切不可将事件与产品同时堆砌；三是消费者定位，不同的消费者会关注不同的事件；四是推广定位，事件营销成功关键是事件与其他传播手段的协同作战，包括网络传播、电视广告、户外广告等，形成围绕事件的一个整合传播。

（2）巧妙"制造"新闻事件。

企业制造新闻事件的方法大致有以下几种：①媒体做典型报道，宣传企业的成功经验；②领导同志到企业视察或调查研究，称赞企业，为企业扬名；③策划社会公益活动，双向互动，博得公众好感及社会关注；④策划奇特、反常的行为，引起轰动效应；⑤抓住一些非常规事件或突发事件，借势、造势；⑥抓住新问题、新话题，特别是抓住一些动态的事件，策划一些动感很强、让媒体和社会感到很有新意的新闻。

（3）建立风险防范机制。

事件营销本身是一把双刃剑，它以短、平、快的方式为企业带来巨大的关注度，但也可能起到反作用。

由于媒体的不可控制性和新闻接受者对新闻的理解程度不同，决定了事件营销具有一定的风险性。任何事件炒作过头，一旦受众得知事情的真相或被媒体误导，就极有可能对企业产生反感，最终伤害到企业的利益。如四川秦池酒业连续几年获央视广告标王，给秦池这一品牌注入了无限的活力，但一则关于"秦池白酒是用川酒勾兑的"新闻报道，使秦池彻底地退出了历史舞台。过度的炒作和造势，也可能是一颗定时炸弹，随时有可能给企业带来灭顶之灾。

事件营销中利益与风险并存，因此企业既要学会取其利，还要知道避其害。对于风险项目，首先要做的是风险评估，这是进行风险控制的基础。风险评估后，根据风险等级建立相应的防范机制。事件营销展开后还要依据实际情况，不断调整和修正原先的风险评估，补充风险检测内容，并采取措施化解风险，直到整个事件结束。这样，才能保证网络事件营销获得成功。

9.5 网络互动营销案例分析

9.5.1 案例简介

2008 年 1 月 25 日下午 2 点整，上海大众新一代途安网络上市会准时开始，近千万遍布全国的网友见证了汽车网络营销时代的一次新创举。

为办好这次网络上市会，上海大众公司专门制作了一整套针对网友的视频节目，特邀上海大众相关人士、著名主持人和演艺界、文化界、汽车界的多位名人，把上市会的全过程融入到脱口秀式的畅谈中，将新途安的市场定位、车型亮点，甚至所打赌人群及新生活方式完全展现出来，为广大消费者系统的尝试了解新途安提供了视觉感官的第一手资料。

在线观看整场发布会的消费者可以一面聆听音质一流的脱口秀，一面在网络上市会中点击车型的详细介绍，还可以观看新车的电视广告，在线第一时间直观了解新一代途安从外观到内部的点滴细节，甚至对车身内部也能一目了然，充分体验这款轿车的魅力，这是传统现场观摩方式无法提供的。

在途安网络上市会中，“智赢新途安车模”活动成为上市会上最热门的互动环节。这个在线答题活动，完全将上市会的视频内容作为题库的来源，网友只要观看视频，都能快速地找到相关答案，而且该活动一直延续到 2 月底。即使没能在 25 日下午第一时间在线观看的网友，也能随时通过相关网站观看到网络上市会的全过程。网友们还可以对自己喜爱的节目片断进行反复点播观看，完全打破了以往上市会的时空限制。

据“新途安网络上市会视频”数据显示，新途安网络上市会当天，途安中国官方网站的访问量激增了 780%，在新一代途安网络上市会短短的 1 个多小时中，有 1020 万人次在线浏览了上市过程，再加上后期的浏览，这次网络上市会影响的网络受众估计超过 3000 万人。

9.5.2 案例分析

上海大众新一代途安网络上市会改变了传统的营销模式。传统的新车上市会往往是“办给媒体看”的企业公关活动，发布会地点、形式的创新说到底与消费者并没有直接关系。虽然传统新车发布会也可能进行网络转播，但由于转播设备和内容的限制，网友即使在线收看，也只是上市会全过程的简单再现，视觉音效和视频内容都非常枯燥，消费者对新车的及时了解也只能从网站适时更新的新闻稿上得到，视频转播一直都是辅助形式而已。

这次上海大众新途安上市传统的新车发布仪式，以消费者为中心，全过程面向网络受众，通过大量互动环节的设置，让消费者真正成为新车上市会的主角，直接拉近了厂商和消费者间的距离，意义不同凡响。

☞知识拓展

从开心网游戏谈如何做好网络事件营销

1. 网络营销其实是一场游戏

从某种意义上讲，网络营销就是一场游戏。从游戏的策划到游戏的市场运作，就是一个网络营销策划案从设计到执行的过程。下面以一些网络游戏为例，分析从游戏系统设计、玩法、互动性等角度出发，如何做好网络事件营销。

2. 游戏系统设计——网络事件营销内容策划

游戏都有自己的系统体系。开心农场的偷菜游戏中，玩家根据不同等级和财富值等，可以在农场种不同的东西，也可以偷好友的菜，偷蜂蜜等，转卖成游戏货币。随着等级上升、财富值增长，又可以重复上面的步骤。

呼啦圈等时尚社区游戏中，玩家可根据不同等级、财富值等，买不同的衣服装饰等。而征途这类传统 RPG 网络游戏中，玩家可根据不同情况打怪、PK 等。

网络事件营销可以分为两类，下面分别从主动性事件营销和被动性事件营销来分析。

（1）主动性网络事件营销。就内容策划而言，需要对事件不同的阶段，设计不同的情节内容，而且还需要根据发展进程的不同，设计不同的应对预案。如果系统设计或是应对预案考虑不足，很可能弄巧成拙。

（2）被动性网络事件营销。这类事件营销，事件的发展进程不由主办方控制。因此，就内容策划而言，一方面要保持对事件的关注，要对事件发展进程作出迅速反应，制定相应策划案；另一方面也可以考虑制作预案。说起来貌似有点不可信，但从当年的“芙蓉姐姐”、“木子美”事件等开始，越来越多的网友觉得“弄来弄去就那些套路”。所以当某一事件开始时，某些网友就会去预测事件的结果。虽说有人对这些套路性的东西不太感兴趣，但你会发现，某一所谓热门事件出现时，还是会有很多网友去凑热闹。所以，制作预案是可以考虑的。当然，随着不断发展，以后会不断出现有创意的案子，于是也会不断考验从业人员的市场反应度。

3. 游戏互动性——网络事件营销互动策划

如果说开心网成功的元素是“关系”，那么促进这种关系的，就是其中的开心农场偷菜、抢车位等游戏，而这些游戏的核心就是互动。

不管是主动事件营销还是被动事件营销，其核心目标都是吸引网友眼球，如果能实现有效互动，就能把企业品牌或是某产品更有效地传递出去。当然，前提是产品本身质量等方面有保证。

如何判定网络事件营销的成败

判定网络事件营销的成败，没有一个约定俗成的标准。通常情况下，可归纳总结成一句话：有效才是硬道理。

传统媒体的关注，是网络事件营销成败的一大关键。如果没有传统媒体跟风报道，失败是一种必然。比如“贾君鹏”事件，如果没有传统媒体的推波助澜，断然不会成为人尽皆知的事件。当然，这个事件本身没有商业价值，其背后也没有所谓的推手。这个事件很偶然，也很必然。首先，这是在魔兽世界贴吧的帖子，正值魔兽世界关机。其次，这么简单的一句话，能够引起很多人的共鸣和有效的互动，人人都能够主动地转载传播。

网络事件营销必须了解网友的心态。当网络事件迎合了网民的心理，网民自然而然就会参与进来互动。如果一个事件能够在引爆之后，完全不需要执行方去推波助澜，那这个事件毫无疑问地会成功。但执行方要把控好方向，如果把控不好，同样也会有可能失败。

所以，网络事件营销成败的两个标准：一是媒体跟进，二是网友互动。如果两者不能够完全满足，那肯定就是失败的事件。

☞实训与思考

◎实训内容

1. 在教师指导下，以小组为单位，为同学的网店做事件营销。

要求：明确营销目的；写出策划方案；明确具体执行人和时间；进行前期策划；选择事件营销的模式；事件结束后，由教师组织对该事件的执行过程进行分析。

2. 以小组为单位，根据第3章实训完成的软文（或自选产品），结合当前节气等各类环境，策划一个事件营销，以提高91特价网的点击率（或产品知名度），并应用第3～9章相关知识付之于实践，各小组展示事件营销的策划和实施情况，并组织各小组互评。

3. 标题为“淘宝网内部员工购物入口大揭秘”的文章，在QQ空间被疯狂转载，请结合本章及前面章节内容，分析一下这个事件营销所使用的方法以及主要营销原理。

（1）事件策划迎合了读者或转载者什么心理？

（2）分析链接，找到其中有什么奥妙。

◎思考题

1. 什么是网络事件营销？
2. 网络事件的分类是什么？
3. 网络事件营销策划应具备哪些特征？对企业有哪些利与弊？
4. 试分析网络事件营销的四大核心要点和两种模式。

第 10 章 搜索引擎营销

☞工作项目

(1) 在各个搜索引擎搜索同样的关键词，了解不同的搜索引擎对相关网站的收录情况。

(2) 熟悉重要搜索引擎的使用及搜索工具的应用。

(3) 通过百度首页的“企业推广”，进入竞价排名。了解竞价排名的含义。

(4) 试通过搜索引擎优化，对网站的收录及排名进行检测。

☞知识目标

(1) 掌握搜索引擎的定义和特点；了解搜索引擎的分类。

(2) 掌握重要搜索引擎的搜索工具的应用。

(3) 掌握搜索引擎优化的基本方法和技能。

☞技能目标

(1) 掌握搜索引擎的基本使用方法。

(2) 掌握搜索引擎优化的基本方法和技能。

(3) 学会应用搜索引擎优化的策略。

(4) 学会评价搜索引擎优化的效果。

☞案例导入

十年前，整个互联网上的信息量不大，搜索的结果也很简单，就是把所有相关或者可能相关的信息都呈现出来，供人们自行查找，从某种程度上来说，这是在“制造需求”，引导用户去发现他想要的结果。但是随着互联网的信息量爆炸式增长，用户已不可能将所有相关信息都阅读一遍，这时，搜索结果需要变得更加精准，搜索引擎的目的也不再是“制造需求”，而是“满足需求”。

这些变化给搜索引擎提出了新问题：第一，搜索必须成为跨越各种终端的存在；第二，用户语义分析和需求匹配需要更加精准、智能和个性化；第三，海量计算。

百度近年来大力投入资源的“框计算”技术理念正是在此基础上而诞生。“框计算”的构想是：未来“框”将无所不在，用户的需求在这里提交和分析，并匹配上佳的应用服务，满足其需求。用户从“框”中输入需求，后台服务器对需求进行分析和识别，包括语义分析、行为分析、智能人机交互、并行计算处理等环节，分析出用户的真正需求，随后调用搜索数据库或是由百度开放平台合作方提供的资源，最终满足用户的需求。

“框计算”是百度应对未来的一场技术革新。而这一技术理念的核心其实很简单，那就是一切围绕着“用户需求”运转。这很像古代道家哲学讲究的“顺乎道”（意思是顺着万物的自然规律）。就“框计算”而言，其顺乎道的方式又分别体现在需求提交、数据分析处理以及用户结果呈现三个方面。

在需求提交方面，目前主流的模式还是通过搜索框，不过在交互方式方面，键盘输入文字已经不是唯一的方法，语音搜索、图片搜索、移动搜索都已经进入实际使用阶段，百度则在2010年6月推出了Web手写输入功能。

在数据分析处理方面，用户需求及行为分析、数据挖掘以及相关性匹配等算法的优化以及大规模服务器计算集群的引入，都是推动数据处理更加精准和智能的前提，同时，微博、论坛、博客、团购等服务的兴起对于数据处理精准程度的要求也逐步提高。

而在用户结果呈现方面，过去是最简单也最常见的是网页List形式，现在除了将最精准的答案用文字、图像甚至语音传达给最终用户外，还有基于Web的应用直接在搜索结果中呈现和调用。例如，现在在百度上搜索“计算器”，第一条呈现的结果已经是直接在Web上提供的计算应用模块。

某种程度上讲，随着百度开放平台的日益完善，“框计算”已经为我们呈现出一个基于搜索的Web操作系统。未来，我们或许将不用再配置什么功能强大的硬件终端，而是只需要一台能够联网的小设备，便可通过一个简单的搜索框，拥有和使用整个浩瀚互联网上的全部信息和应用。

阅读上述案例，分析以下问题：

（1）如何理解基于搜索引擎的“框计算”概念？

（2）未来搜索引擎的主要发展方向是什么？为什么？

10.1 搜索引擎基础知识

搜索引擎技术从产生到逐步成熟，其发展历程不到20年，第一个现代意义上的搜索引擎出现于1993年，Matthew Gray开发了一个名为Wandex的搜索引擎，这是第一个同时具有网页索引和搜索功能的程序，也是第一个使用了网络爬虫技术的程序，这也成为后来各种搜索爬虫技术的基础。从1993年发展至今，搜索引擎的技术不断发展，日趋成熟。在搜索框中输入单词或者短语，点击按键，片刻就会看到成千上万的相关网页。搜索引擎所带来的方便和快捷几乎成为人们上网查找信息最重要的一种方式。

10.1.1　搜索引擎的概念及分类

搜索引擎的产生和发展是一个比较短的时期，但其概念和分类是较为明确的，在近年来，搜索引擎的分类有了较多的变化，搜索引擎的发展也越来越朝融合的方向发展，以下是对搜索引擎的概念和分类的简单介绍。

1. 搜索引擎的概念

搜索引擎（Search Engine）是指根据一定的策略，运用特定的计算机程序，从互联网上搜集信息，在对信息进行组织和处理后，为用户提供检索服务，将用户检索相关的信息展示给用户的系统。

2. 搜索引擎的分类

搜索引擎按其工作方式主要可分为三种：全文搜索引擎（Full Text Search Engine）、目录索引类搜索引擎（Search Index/Directory）和元搜索引擎（Meta Search Engine）。

（1）全文搜索引擎：是名副其实的搜索引擎，如 Google 和百度，它们从互联网提取各个网站的信息（以网页文字为主），建立起数据库，并能检索与用户查询条件相匹配的记录，按一定的排列顺序返回结果。

根据搜索结果来源的不同，全文搜索引擎可分为两类：一类拥有自己的网页抓取、索引、检索系统（Indexer），有独立的蜘蛛（Spider）程序、或爬虫（Crawler）程序、或机器人（Robot）程序，能自建网页数据库，搜索结果直接从自身的数据库中调用，上面提到的 Google 和百度就属于此类；另一类则是租用其他搜索引擎的数据库，并按自定的格式排列搜索结果，如 Lycos 搜索引擎。

（2）目录索引类搜索引擎：目录索引虽然有搜索功能，但严格意义上不能称为真正的搜索引擎，只是按目录分类的网站链接列表而已。用户完全可以按照分类目录找到所需要的信息，不依靠关键词（Keywords）进行查询。目录索引类搜索引擎最具代表性的有 Yahoo、新浪分类目录搜索。

（3）元搜索引擎：元搜索引擎接受用户查询请求后，同时在多个搜索引擎上搜索，并将结果返回给用户。著名的元搜索引擎有 InfoSpace、Dogpile、Vivisimo 等，中文元搜索引擎中具代表性的是搜星搜索引擎。在搜索结果排列方面，有的直接按来源排列搜索结果，如 Dogpile；有的则按自定的规则将结果重新排列组合，如 Vivisimo。

其他非主流搜索引擎形式还包括垂直搜索引擎、集合式搜索引擎、门户搜索引擎等。

垂直搜索引擎为 2006 年后逐步兴起的一类搜索引擎。不同于通用的网页搜索引擎，垂直搜索专注于特定的搜索领域和搜索需求（如机票搜索、旅游搜索、生活搜索、小说搜索、视频搜索等），在其特定的搜索领域有更好的用户体验。相比通用搜索动辄数千台检索服务器，垂直搜索需要的硬件成本低、用户需求特定、查询的方式多样。

集合式搜索引擎类似元搜索引擎，区别在于，它并非同时调用多个搜索引擎进行搜索，而是由用户从提供的若干搜索引擎中选择。

门户搜索引擎，如 AOL Search、MSN Search 等，虽然提供搜索服务，但自身既没有分类目录也没有网页数据库，其搜索结果完全来自其他搜索引擎。

3. 搜索引擎的基本组成

(1) 查询界面。搜索引擎的其他部分都隐藏在后台，查询界面是用户唯一能看到的搜索引擎组件。当人们提起“搜索引擎”时，想到的通常也是搜索引擎的查询界面。查询界面就是用户访问搜索引擎时输入搜索词的页面。

现在，网络上的很多搜索引擎的查询界面中都加入了越来越多的个性化内容，以增强其功能性。如 Yahoo 搜索引擎，用户可以根据自己的需求自行定制搜索页面，包括免费电子邮箱账户、天气信息、时政新闻、体育新闻等各种元素。另一种定制搜索引擎界面的方式类似于 Google 提供的功能，用户可以根据自己的需求和喜好在搜索引擎的主页上添加各种小工具。

(2) 爬虫、蜘蛛和机器人。通过蜘蛛、爬虫以及机器人在互联网上抓取网页，并将其整理成可搜索的数据。从基本原理来说，这三种程序都是一样的，它们都是逐个地收集每个 URL 的信息。这些信息按照 URL 的位置进行整理，并存放到数据库中。当用户在搜索引擎中进行查询时，就会搜索数据库中的相关信息，并将搜索结果返回给用户。

(3) 数据库。每个搜索引擎都有自己的数据库，或是会连接到某个数据库。这些数据库中存放着网络中各个 URL 的各种信息（由爬虫、蜘蛛或机器人收集来的）。

可以用不同的方法存储这些数据，通常各个搜索引擎公司还会有自己的一套方法对这些数据进行排序。

(4) 搜索算法。搜索引擎的各个部分都非常重要，缺一不可，但搜索算法（Search Algorithm）是使得各个部分能正常运行的关键所在。更确切地说，搜索算法是构建搜索引擎其他各个部分的基础。搜索引擎的工作方式或用户发现数据的方式都是以搜索算法为基础的。

笼统地说，搜索算法就是一个解决问题的过程：先获取要解决的问题（即需要搜索的单词或短语），然后快速地遍历含有已分好类的关键字及相关 URL 的数据库，接着将含有所搜索的单词或短语的页面返回给用户，在这些页面或指向这些页面的 URL 中就含有用户所搜索的单词或短语。

不同的搜索算法在细节上存在着一些差异。搜索算法可以分为若干种不同的类型，而每个搜索引擎所使用的算法又或多或少地存在区别，这就解释了为什么同一个单词或短语在不同的搜索引擎中会得到不同的搜索结果。常见的搜索算法分为以下几种类型：

列表搜索（List Search）算法：在指定的数据中根据某一个关键字进行搜索。这种搜索数据的方法是一种完全线性的、基于列表的方法。列表搜索的结果通常都只有一个元素，这意味着用这种方法在数十亿的网站中进行搜索将会非常耗时，但可以得到较少的搜索结果。

树搜索（Tree Search）算法：先在脑海中想象出一棵树，再从这棵树的根部或者叶子开始巡视这棵树，这就是树搜索的工作方式。该算法可以从数据最宽广的叶子部分开始，一直搜索到最狭窄的根部；也可以从最狭窄的根部开始，一直搜索到最宽广的叶子部分。数据集就像一棵树：一份数据通过分支与其他数据发生联系，这很像 Web 中网页的组织方式。树搜索并不是唯一一种能成功用于 Web 搜索的算法，但是它确实非常适用于 Web 搜索。

SQL 搜索（SQL Search）算法：树搜索算法所固有的一个缺陷是它只能逐层地进行搜索，也就是说，它只能根据数据的次序，从一项数据搜索到另一项数据。而 SQL 搜索算法就没有这种局限性，它允许以非层方式搜索，这意味着可以从数据的任意一个子集开始搜索。

启发式搜索（Informed Search）算法：在类似树结构的数据集中查找给定问题的答案。顾名思义，由于其所搜索到的答案的固有特点，启发式搜索算法并不是 Web 搜索的最佳选择。但是，启发式搜索算法非常适用于在特定的数据集中执行特定的查询。

敌对搜索（Adversarial Search）算法：试图穷举问题的所有答案，这就像在游戏中试图寻找所有可能的解决方案。该算法很难用于 Web 搜索，因为在网络上，无论是一个单词还是一个短语，都会有几乎无穷多的搜索结果。

约束满足搜索（Constraint Satisfaction Search）算法：在网络上搜索某个单词或短语时，约束满足搜索算法的搜索结果最有可能满足需求。该搜索算法通过满足一系列的约束来寻找答案，并且可以以各种不同的方式搜索数据集，而不必局限于线性搜索。约束满足搜索算法非常适用于 Web 搜索。

在构建搜索引擎时，只有很少几种搜索算法可供选择。搜索引擎通常都会同时使用多种搜索算法，并且在大部分情况下还会创建一些专有的搜索算法。要提升在搜索引擎的搜索结果中的排名，需要了解各个搜索引擎的原理，只有明白了它们的原理，才能知道如何满足搜索引擎的搜索要求，尽可能地增加网站的曝光率。

（5）检索和排序。网络搜索引擎的数据检索是由爬虫（也称为蜘蛛或机器人）、数据库以及搜索算法共同完成的，这三个部分相互配合，根据用户在搜索引擎用户界面中输入单词或短语，从数据库中检索出所需的数据。前面说过，搜索引擎具体的工作方式取决于其所使用的技术、理论和具体的实现代码。

真正棘手的事情是搜索结果的排序，网页在搜索引擎中的排名决定了能有多大的几率被访问到，这无疑会影响到包括收益和广告预算在内的所有事情。不过，想要确切地知道搜索引擎的排序方法几乎是不可能的。在大部分情况下，所能做的只是根据搜索结果，猜测搜索引擎对结果的排序方法，然后据此修改网页，从而提升网页的排名。

频率（Frequency）：关键字在网页中出现的频率有可能会影响到网页在搜索结果中的排名。因此部分网站设计人员就将大量重复的关键字隐藏在网页中，企图人为地提高网页的排名。现在，大部分的搜索引擎都将这种类型的关键字视为垃圾关键字，在排名时会忽略这些关键字，这种网页甚至有可能会被搜索引擎屏蔽。

链接（Links）：网页中链接的类型和数量是一种新出现的影响排名的因素。进入网站的链接以及网站内部的链接数量，都有可能会影响排名结果。根据这个原理，如果网页中的链接越多，或是指向这个网页的链接越多，那么该网页的排名应该就会越高，但并不是每个搜索引擎都是如此。更准确地说，指向该网页的链接的数量与该网页内部的链接数量的比值，及其与网页指向外部的链接数量的比值，对网页在搜索结果中的排名才是至关重要的。

点击次数（Click-throughs）：是一个有可能影响网站在搜索结果中排名的因素就是网站的点击次数是否高于参与排序的其他网页。因为搜索引擎无法监视网络中每个网站的流量，所以只能监视每个搜索结果所获得的点击次数。根据用户对搜索结果的反馈，点击次数的多少就有可能会对将来的搜索结果排序产生影响。

网页排序是一门非常严谨的科学，而各个搜索引擎的排序方法也存在着一些差别。所以，如果网站想要得到最好的搜索引擎优化效果，就必须对所关注的搜索引擎的网页排序方法有所了解。在创建、修改或更新要优化的网站时，就应该考虑到各种有可能影响到网页排名的因素，并尽可能地利用这些因素来提升网页的排名。

4. 搜索引擎发展趋势

搜索引擎经过几年的发展和摸索，越来越贴近人们的需求，搜索引擎的技术也得到了很大的发展。未来搜索引擎的最新技术发展包括以下几个方面：

（1）提高搜索引擎对用户检索提问的理解。

为了提高搜索引擎对用户检索提问的理解，就必须有一个好的检索提问语言，为了克服关键词检索和目录查询的缺点，现在已经出现了自然语言智能答询。用户可以输入简单的疑问句，比如“how can kill virus of computer?”搜索引擎在对提问进行结构和内容的分析之后，或直接给出提问的答案，或引导用户从几个可选择的问题中进行再选择。自然语言的优势在于，一是使网络交流更加人性化，二是使查询变得更加方便、直接、有效。就以上面的例子来讲，如果用关键词查询，多半人会用“virus”这个词来检索，结果中必然会包括各类病毒的介绍、病毒是怎样产生的等许多无效信息，而用“how can kill virus of computer?”搜索引擎会将怎样杀病毒的信息提供给用户，提高了检索效率。

（2）对检索结果进行处理。

基于链接评价的搜索引擎的优秀代表是Google，它独创的链接评价体系是基于这样一种认识：一个网页的重要性取决于它被其他网页链接的数量，特别是一些已经被认定是“重要”的网页的链接数量。这种评价体制与科技引文索引的思路非常相似，但是由于互联网是在一个商业化的环境中发展起来的，一个网站的被链接数量还与它的商业推广有着密切的联系，因此这种评价体制在某种程度上缺乏客观性。

基于访问大众性的搜索引擎的代表是direct hit，它的基本理念是多数人选择访问的网站就是最重要的网站。根据以前成千上万的网络用户在检索结果中实际所挑选并访问的网站和他们在这些网站上花费的时间来统计确定有关网站的重要性排名，并以此来确定哪些网站最符合用户的检索要求，因此具有典型的趋众性特点。这种评价体制与基于链接评价的搜索引擎有着同样的缺点。

（3）确定搜索引擎信息收集范围。

①垂直主题搜索引擎：网上的信息浩如烟海，网络资源以十倍速的增长，一个搜索引擎很难收集全所有主题的网络信息，即使信息主题收集得比较全面，由于主题范围太宽，很难将各主题都做得精确而又专业，使得检索结果垃圾太多。这样一来，垂直主题的搜索引擎以其高度的目标化和专业化在各类搜索引擎中占据了一系席之地，比如股票、天气、新闻等类的搜索引擎，具有很高的针对性，用户对查询结果的满意度较高。

②非 www 信息的搜索提供 FTP 等类信息的检索。

③多媒体搜索引擎，主要包括声音、图像、视频的检索。

10.1.2　搜索引擎优化的基本概念

1. 搜索引擎优化的概念

搜索引擎优化（Search Engine Optimization，SEO）是指一种利用搜索引擎的搜索规则来提高目的网站在有关搜索引擎内的排名的方式。具体来讲，是针对搜索引擎对网页的检索特点，让网站建设各项基本要素适合搜索引擎的检索原则，从而使搜索引擎收录尽可能多的网页，并在搜索引擎自然检索结果中排名靠前，最终达到网站推广的目的。

搜索引擎优化在实施过程中，通过了解各类搜索引擎如何抓取互联网页面、如何进行索引以及如何确定对某一特定关键词的搜索结果排名等技术，来对网页内容进行相关的优化，使其符合用户浏览习惯，在不损害用户体验的情况下提高搜索引擎排名，从而提高网站访问量，最终提升网站的销售能力或宣传能力的技术。

2. 搜索引擎优化的方法

目前搜索引擎优化方法分为黑帽、白帽两大类。黑帽是完全用作弊手段进行关键字排名，如隐藏文笔、链接工厂、桥页、跳页等。白帽是正统的搜索引擎优化途径，也是搜索引擎厂商自身认可的一些手段。

所有搜索引擎都是为用户使用的，它们的目标也是为让用户找到所需要的内容，所以做搜索引擎优化的最高境界就是心中无搜索引擎，而且围绕用户进行研究，研究目标用户的搜索习惯，搜索用关键字，只有这样，才能真正做好优化工作。

（1）搜索引擎优化要从域名开始，域名的选取应注意：

①域名简短易记；

②域名属于英文单词，属于某个行业或某个领域的简称。

（2）网页标题优化要从以下几个方面来进行：

①标题长度：页面的标题内容只要能表达出页面的主题即可。过多的关键字只会分散标题的中心，降低页面的相关性，特别是同时出现多个意义不相关的关键字。因为搜索引擎会根据实际情况从标题中截取相应的内容向用户展示。

②关键字分布：关键字分布是指关键字在标题中出现的位置。很多人喜欢把公司或者网站的名称放在标题的最前面，特别是网站首页的标题。站在搜索引擎优化的角度，这是一个非常不明智的做法，除非你的公司或者网站名称就是主关键字。搜索引擎分析页面时，是在 HTML 源代码中自上而下地进行的，标题内容是网页中最先出现的信息。因此，在标题的最前面加上页面的主关键字，可以有效突出页面的主题，提高相关性。

③关键字词频：很多人以为标题中主关键字出现的次数越多越好，于是在标题中不断地重复该关键字。实际上，不管在页面的什么位置，主关键字的词频都并非越大越好，而应有一定的限制。

（3）使用关键字优化链接：所提交文章的段应加上 HTML 链接，其中包括充分链接代码，这可以让你用你自己的搜索引擎优化关键字为你提供更大的利益。搜索引擎优化链接应包括你的目标关键字，这对于你的 Google 搜索排名提升有非常大的帮助。

（4）高质量的文章：文章内容应该具有一定的深度，这不但有助于提升网站的形象，还可确保你的提交被接受，可以帮助提高文章的价值营销，超越搜索引擎优化。

（5）警惕重复内容：一篇文章提交到很多个目录的时候，有可能会触发搜索引擎的内容过滤器。可以适当对网站做部分修改，这可以确保自己的文章提交到多个目录时，都能够发挥作用。

10.2 搜索引擎工作原理

10.2.1 全文搜索引擎的工作原理

在搜索引擎分类部分我们提到过全文搜索引擎从网站提取信息建立网页数据库的概念。搜索引擎的自动信息搜集功能分两种，一种是定期搜索，即每隔一段时间（如 Google 一般是 28 天），搜索引擎主动派出蜘蛛程序，对一定 IP 地址范围内的互联网站进行检索，一旦发现新的网站，它会自动提取网站的信息和网址，加入自己的数据库；另一种是提交网站搜索，即网站拥有者主动向搜索引擎提交网址，它在一定时间内（2 天到数月不等）定向向你的网站派出蜘蛛程序，扫描你的网站，并将有关信息存入数据库，以备用户查询。由于近年来搜索引擎索引规则发生了很大变化，主动提交网址并不保证你的网站能进入搜索引擎数据库，因此，目前最好的办法是多获得一些外部链接，让搜索引擎有更多机会找到你，并自动将你的网站收录。当用户以关键词查找信息时，搜索引擎会在数据库中进行搜寻，如果找到与用户要求内容相符的网站，便采用特殊的算法——通常根据网页中关键词的匹配程度，出现的位置/频次、链接质量等——计算出各网页的相关度及排名等级，然后根据关联度高低，按顺序将这些网页链接返回给用户。

10.2.2 目录索引的工作原理

目录索引，顾名思义，就是将网站分门别类地存放在相应的目录中，因此，用户在查询信息时，可选择关键词搜索，也可按分类目录逐层查找。如果按关键词搜索，返回的结果跟搜索引擎一样，也是根据信息关联程度排列网站，只不过其中人为因素要多一些；如果按分层目录查找，某一目录中网站的排名则是由标题字母的先后顺序决定的（也有例外）。

与全文搜索引擎相比，目录索引有许多不同之处。首先，搜索引擎属于自动网站检索，而目录索引则完全依赖手工操作。用户提交网站后，目录编辑人员会亲自浏览你的网站，然后根据一套自定的评判标准甚至编辑人员的主观印象，决定是否接纳你的网站。其次，搜索引擎收录网站时，只要网站本身没有违反有关的规则，一般都能登录成功；而目录索引对网站的要求则高得多，有时即使登录多次也不一定成功，尤其像 Yahoo 这样的超级索引，登录更是困难。此外，在登录搜索引擎时，我们一般不用考虑网站的分类问题，而登录目录索引时，则必须将网站放在一个最合适的目录（Directory）。再次，搜索引擎中各网站的有关信息都是从用户网页中自动提取的，所以从用户的角度看，我们拥有更多的自主权；而目录索引则要求必须手工另外填写网站信息，而且还有各种各样的限制。更有甚者，如果工作人员认为你提交网站的目录、网站信息不合适，他可以随时对其进行调整，而且事先是不会和你商量的。

目前，搜索引擎与目录索引有相互融合渗透的趋势。原来一些纯粹的全文搜索引擎现在也提供目录搜索，如 Google 就借用 Open Directory 目录提供分类查询。而像 Yahoo 这些老牌目录索引则通过与 Google 等搜索引擎合作，扩大搜索范围，在默认搜索模式下，一些目录类搜索引擎首先返回的是自己目录中匹配的网站，如搜狐、新浪、网易等；而另外一些则默认的是网页搜索，如 Yahoo。

搜索引擎推广是基于网站内容的推广，这就是搜索引擎营销的核心思想。这句话说起来很简单，仔细分析会发现，这句话的确包含了搜索引擎推广的一般规律。因为网站内容本身也是一种有效的网站推广手段，只是这种推广需要借助于搜索引擎这个信息检索工具，因此网站内容推广策略实际上也就是搜索引擎推广策略的具体应用。

10.3　常用搜索引擎工具的应用

10.3.1　Google

1. Google 简介

Google 是由美国 Stanford 大学的两位博士生 Larry Page 和 Sergey Brin 在 1998 年创建的。1999 年 6 月，Google 通过自己的网站 www. google. com 推出，很快以其特有的技术优势和极佳性能扬名世界。

Google 的使命就是要提供网上最好的检索服务，促进全球信息的交流和共享。Google 开发出了世界上最大的搜索引擎，提供了最便捷的网上信息检索方法，通过对 30 多亿网页进行整理，Google 可为世界各地的用户提供所需的搜索结果，而且搜索响应时间通常不到半秒。现在，Google 每天提供的检索服务在 2 亿次以上。

Google 的核心技术称为 PageRank（TM），这是由创始人 Larry Page 和 Sergey Brin 在 Stanford 大学开发出的一套用于网页评级的系统。Google 并非只使用关键词或代理搜索技术，它将自身建立在高级的 PageRank（网页级别）技术基础之上，这项已申请专利的技术可确保始终将最重要的搜索结果首先呈现给用户。Google 使用一组独特的高级硬件和软件，其搜索速度一方面归功于高效的搜索算法，另一方面则归功于将数以千计的低成本计算机联网，制造出了一部超高速搜索引擎。虽然每天有很多工程师负责全面改进 Google 系统，但是，Google 仍把网页级别作为所有网络搜索工具的基础。Google 的蜘蛛程序名为 Googlebot，属于非常活跃的网站扫描工具。

网页级别可对网页的重要性进行客观的分析，用于计算网页级别的公式包含 5 亿个变量和 20 多亿个项。作为组织管理工具，网页级别利用了互联网独特的民主特性及其巨大的链接结构对网页进行组织整理。实际上，当从网页 A 链接到网页 B 时，Google 就认为

“网页 A 投了网页 B 一票”。Google 根据网页的得票数评定其重要性。然而，除了考虑网页得票数（即链接）的纯数量之外，Google 还要分析投票的网页质量，“重要”的网页所投出的票就会有更高的权重，并且有助于提高其他网页的“重要性”，也就是说，重要的、高质量的网页会获得较高的网页级别。Google 在排列其搜索结果时，会考虑每个网页的级别。因此，Google 将网页级别与完善的文本匹配技术结合在一起，可找到最重要、最有用的网页。Google 所关注的远不只是关键词在网页上出现的次数，它还对该网页的内容（以及该网页所链接的内容）进行全面检查，从而确定该网页是否满足检索要求。Google 目录中收录的网址已达 10 亿个以上，这在同类搜索引擎中是首屈一指的，这些网站的内容涉猎广泛、无所不有。

Google 复杂的自动搜索方法可以避免任何人为感情因素。与其他搜索引擎相比，Google 的结构设计确保了它绝对诚实、公正，任何人都无法用金钱换取较高的排名。因此，使用 Google 可以诚实、客观并且方便地在网上找到有价值的资料。由于 Google 搜索既快又好，因而成为网上搜索的首选引擎。

2. Google 检索方法

Google 支持简单搜索、词组搜索和高级搜索（选择搜索框右侧的高级搜索项即可进入），而且以多语种、多媒体兼容为特色，用户键入搜索框中的任何符号均可得到反馈。如果用户键入了明显的错别字词，Google 会给出提示，显示了一定的智能性（见图 10.1）。

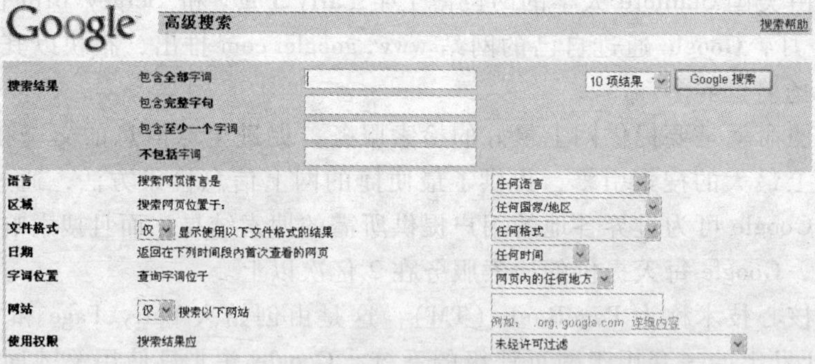

图 10.1 Google 高级搜索

Google 还具有以下特殊功能：

（1）图像搜索。Google 的图像搜索是网络上现今最好的图像搜索工具，收录有超过 3.3 亿张图像供查看。要进行图像搜索，选择主页上方的图像键或直接用 URL http://images.google.com 即可进入，在图像搜索框中输入要查找的图像主题或相关关键词，然后单击“搜索”按钮。在检索结果页上单击缩略图，即可看到原始大小的图像，同时还可看到该图像所在的网页。但注意，由 Google 图像搜索服务提供的图像可能受版权保护，除了可以在网页上查看外，Google 并未授权将这些图像用于其他任何用途。

（2）信息挖掘。如果要查找网络上的 PDF 格式、DOC 格式、GIF 格式等专门格式的文件，只需在检索词后加上“. PDF”、“. DOC”、“. GIF”等信息即可，Google 会自动到服务器甚至数据库中去搜寻这些文件，体现了新颖的信息挖掘功能。

反之，如果只想查找一般网页而不要“. PDF”等文件，则只需在检索词后加上“-filetype：PDF”等就可以了。

（3）手气不错。按“手气不错”按钮，将自动进入 Google 检索到的第一个网页，而完全看不到其他搜索结果。使用“手气不错”进行搜索，表示用于搜索网页的时间较少，而用于检查网页的时间较多。Google 最擅长于为常见检索找出最准确的搜索结果，用“手气不错”按钮就能直接进入最符合搜索条件的网站，既省时又方便。

（4）网页快照。Google 在访问网站时，会将看过的网页复制一份网页快照，以备在找不到原来的网页时使用。单击“网页快照”按钮，将看到 Google 将该网页编入索引时的页面。Google 依据这些快照来分析网页是否符合需求。

在显示“网页快照”时，其顶部有一个标题，用来提醒用户这不是实际的网页。符合搜索条件的词语在“网页快照”上突出显示，便于快速找到所需的相关资料。

尚未编入索引的网站没有“网页快照”，另外，如果网站的所有者要求 Google 删除其快照，这些网站也没有“网页快照”。

（5）类似网页。单击“类似网页”按钮，Google 侦察兵便开始寻找与这一网页相关的网页。Google 侦察兵可以“一兵多用”。如果用户对某一网站的内容很感兴趣，但又嫌资料不够，Google 侦察兵会帮助找到其他有类似资料的网站。例如，如果用户在寻找产品信息，Google 侦察兵就会提供相关信息供比较，使用户能货比三家；如果用户是在某一领域做学问，Google 侦察兵会成为其助手，帮助快速找到大量资料。Google 侦察兵已为成千上万的网页找到了类似网页，但网页越有个性，能找到的类似网页就越少。例如，独树一帜的个人主页就很难有类似网页；对有多个网址的公司，Google 侦察兵为各个网址找到的类似网页可能会有所不同。

（6）按链接搜索。有一些词后面加上冒号对 Google 具有特殊的含义，其中的一个词是“link：”，检索“link：”显示所有指向该网址的网页。例如，“link：www. google. com”将找出所有指向 Google 主页的网页。不能将“link：”搜索与普通关键词搜索结合使用。

（7）指定网域。另一个后面加冒号而有特殊含义的词是“site：”。要在某个特定的网域或网站中进行搜索，可以在 Google 搜索框中输入“site：xxx. com”。

（8）语句搜索。Google 是最早支持自然语言检索的少数搜索引擎之一，目前这一功能仍在不断改善之中。

10. 3. 2 Yahoo

1. Yahoo 简介

Yahoo 是世界上最早的搜索引擎之一，它是 1994 年 4 月由 Stanford 大学的两名博士生 David Filo 和 Jerry Yang（杨致远）研制的，1995 年，两位主要创建人成立了 Yahoo 公司，该公司营业收入主要来自电子广告。Yahoo 拥有第一流的 Web 目录和最佳的新闻链接以及许多附加服务，因而也有人将其专门独立为目录索引类搜索引擎（Search Index/Directory）。Yahoo 主页中栏有检索选择及输入框，输入框下方可选查 HotJobs、Maps、People Search、Yellow Pages 等。输入检索词后点击“Search”按钮，就可进行检索。主页下部是详尽的分类目录，供目录搜索用。

2. Yahoo 常用检索

Yahoo 支持简单搜索，性能良好；支持词组搜索，性能优秀；支持高级搜索，但性能一般。Yahoo 提供的简单搜索和高级搜索具有匹配关系，前者主要检索其分类结构中的一级目录，后者可使用关键词构成布尔逻辑式进行检索，并可以使用“*”作为通配符，支持“+”、“-”操作。Yahoo 的检索软件原来由 OpenText 公司提供，后采用 Google 技术，它们的结合堪称珠联璧合，一个提供强大的高质量的分类主题目录，另一个则提供高水平的全文搜索引擎。

3. Yahoo 特色搜索

Yahoo 的特色和优势是具有独特的目录搜索和系列化的专门搜索功能，并以其优良的性能享誉世界。

（1）目录搜索。Yahoo 的魅力就在于它的可浏览式分类主题目录。按照主题建立分类索引，提供全面的分类体系结构，并结合高质量的检索软件，Yahoo 成功地建立起了一套独特的信息管理和组织机制，使得对网络信息的全面检索变成现实。Yahoo 包含的主题内容经过精心选择，按字母顺序归为 14 个大类，对每个大类所包含的子类有精练的描述，每个子类与数以千计的互联网网站信息相连，范围广泛，汇集了数百万分类 URL，并且能将搜索限制在某一类别内。Yahoo 的 14 个基本大类是 Art & Humanities（艺术与人文）、Business & Economy（商业与经济）、Computers & Internet（电脑与网际网络）、Education（教育）、Entertainment（娱乐）、Government（政府）、Health（健康与医药）、News & Media（新闻与媒体）、Recreation & Sports（休闲与运动）、Reference（参考资料）、Regional（国家与地区）、Science（科学）、SocialScience（社会科学）、Society & Culture（社会与文化）。Yahoo 的目录搜索使用很简单，只要进入其网站，选定所查主题，逐级进入即可。这些目录由于是人工参与建立的，故标引较准确，因而查准率较高，无论是偶尔浏览还是专门检索，使用 Yahoo 都是很好的选择。

（2）专门搜索。Yahoo 针对各国用户和专门用户设计开发了相应的功能检索界面，例如中文 Yahoo 以及专门为儿童设计的搜索引擎 Yahooligans 等，形成全方位的 Yahoo 搜索网站系列，这在目前所有搜索引擎中是独一无二的。

具体检索操作时，值得提醒的是，Yahoo 对大小写字母不敏感，即对输入的检索词大小写字母一视同仁，Yahoo 也支持任意词检索，用户可以控制的选择包括：①搜索的类型：Web（缺省）、Usenet 或 E-mail Address 等；②搜索词之间的关系：OR 或者 AND（缺省）；③后截词检索（使用通配符 *）；④控制每页显示的结果数目：10，25（缺省），50 或 100。

Yahoo 在检索方式上也存在着一些缺陷，如只能进行关键词检索，并且只支持布尔算符 AND 和 OR，未提供 NEAR 等，高级搜索功能平平，但 Yahoo 收购 Overture 后，将推出一系列新举措。虽然目录索引在技术意义上不算严格的搜索引擎，只是按目录分类的网站链接列表，但目录索引在搜索引擎中却具有不可替代性，除 Yahoo，采用目录索引的还有 Open Directory Project（DMOZ）、LookSmart、About 等，搜狐、新浪、网易等国内门户网站在发展早期也用过目录索引形式。因此，从总体上看，Yahoo 仍然是 Web 上独具特色的搜索引擎。

10.3.3　百度

1. 百度简介

“百度”二字取自辛弃疾的《青玉案》“众里寻她千百度”，百度公司 2000 年 1 月创立于北京中关村，是全球最大的中文搜索引擎。

2000 年 5 月，百度首次为门户网站——硅谷动力提供搜索技术服务，之后迅速占领中国搜索引擎市场，成为最主要的搜索技术提供商。2001 年 8 月，发布 Baidu. com 搜索引擎 Beta 版，从后台服务转向独立提供搜索服务，并且在中国首创了竞价排名商业模式，2001 年 10 月 22 日正式发布 Baidu 搜索引擎。2005 年 8 月 5 日，百度在美国纳斯达克上市。现在百度已成为世界上最大的中文搜索引擎，用户能够访问超过 10 亿的中文网页。

2. 百度常用检索

（1）常用功能：百度快照，相关搜索，拼音提示，错别字提示，英汉互译词典，计算器和度量衡转换，专业文档搜索，股票、列车时刻表和飞机航班查询，高级搜索语法，高级搜索、地区搜索和个性设置。

（2）功能介绍：

①百度快照：每个被收录的网页，在百度上都存有一个纯文本的备份，称为“百度快照”。百度速度较慢，可以通过“百度快照”快速浏览页面内容。如果无法打开某个搜索结果，或者打开速度特别慢，“百度快照”能帮助解决问题（见图 10.2）。

②相关搜索：有时候会因为选择的查询词不是很妥当而导致搜索结果不佳，这时可以通过参考别人是怎么搜索的，来获得一些启发。百度的“相关搜索”，就是和你的搜索很相似的一系列查询词。百度“相关搜索”排布在搜索结果页的下方，按搜索热门度排序。

③专业文档搜索：很多有价值的资料在互联网上并非以普通的网页形式出现，而是以 Word、PowerPoint、PDF 等文档格式存在，百度支持对 Office 文档（包括 Word、Excel、PowerPoint）、Adobe PDF 文档、RTF 文档的全文搜索（见图 10.3）。

④高级搜索：把搜索范围限定在网页标题中——intitle，有时候，如果知道某个站点中有自己需要找的东西，就可以把搜索范围限定在这个站点中，提高查询效率。使用方式是在查询内容的后面，加上“site：站点域名”。

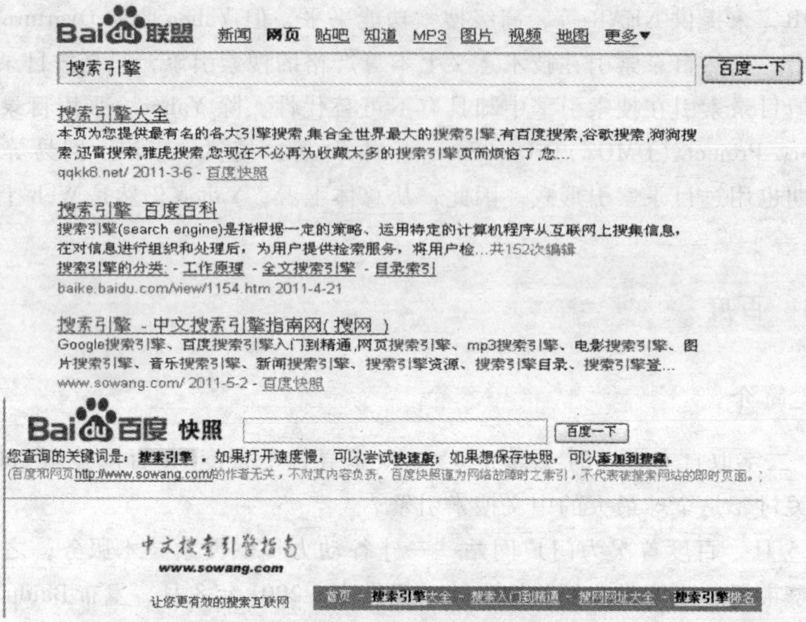

图 10.2 百度快照及快照结果

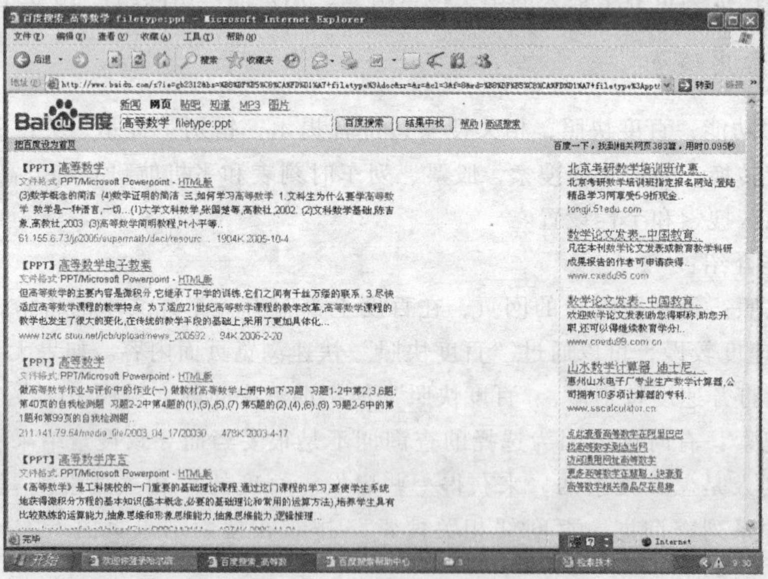

图 10.3 专业文档搜索

10.3.4 其他著名搜索引擎

1. AlltheWeb

AlltheWeb 是当今成长最快的搜索引擎之一，其技术起源于挪威科技大学，后归 Fast

公司，现为 Overture 公司所拥有。它支持简单搜索、词组搜索和高级搜索，目前支持 225 种文件格式的搜索，其数据库已存有约 50 种语言的 31 亿 Web 网页，其性能和名气都直逼 Google。

2. AltaVista

AltaVista 是 DEC 公司 1995 年 12 月推出的万维网搜索引擎，支持简单搜索、词组搜索和高级搜索，目前仍是富有活力的重要搜索引擎。

3. Excite

Excite 是基于 Stanford 大学 1993 年 8 月创建的 Architext 扩展而成的万维网搜索引擎，它能为简单搜索返回很好的结果，并能提供一系列附加内容，尤其适合经验不多的用户使用，也支持词组搜索和高级搜索。

4. Hotbot

Hotbot 曾是优秀的万维网搜索引擎，具有一流的高级搜索功能和新闻论坛搜索功能、图形化的搜索工具以及一系列的过滤选项，尤其是有优良的 Usenet 搜索功能，其对应的 NewsBot 数据库每天都及时地更新，提供来自大约 200 个新闻网点的大量数据，支持简单搜索、词组搜索和高级搜索。

5. Infoseek

Infoseek 是 1995 年 2 月推出的万维网搜索引擎，它是一个综合网点，提供了很多有用的附加服务，包括通过电子邮件发送新闻、外国语搜索、按地理区域的搜索以及个人的金融文件夹等。它的新闻搜索能访问许多一流的资源，如 Businesswire、路透社、CNN 等；它也支持简单搜索、词组搜索和高级搜索。

6. Lycos

Lycos 是 American Online 公司从 Carnegie Mellon 大学收购的万维网搜索引擎，它曾是最早的搜索引擎之一，具有多种搜索选项和内容丰富的目录，执行简单搜索时能返回较好的结果。其最大特色是专门整理了一份占前 5% 的热门网址，在其主页右上方选击“Top 5% Sites”进入。它支持简单搜索、词组搜索和高级搜索。

7. WebCrawler

WebCrawler 是 1994 年 4 月入网的最早的万维网搜索引擎之一，1995 年被 American Online 收购。它支持简单搜索、词组搜索和高级搜索。

8. Ask

Ask 原名 AskJeeves，初出道时只是一个元搜索引擎，后以目录搜索为主。在 2002 年初收购 Teoma 全文搜索引擎后，Ask 很快便成为以实现自然语言检索为特色的全文搜索引擎，并跻身著名搜索引擎之林，在国际互联网上赢得一席之地。

9. 国内常见搜索引擎

搜狐和网易作为两大门户网站，也开发自己的搜索技术，在分类目录搜索方面各有特色。搜狐主要把大量的人力、物力花在网站分类目录的整理上，建立了分类合理的网站分类目录；网易则网聚人的力量，让各行各业的高手参与网易分类目录的制作，形成开放式目录，网易还进一步挖掘搜索引擎的潜力，推出了把搜索结果通过手机短信发送的功能。而号称中文第一门户网站的新浪则依托自身良好的技术实力和新闻优势，推出了综合搜索，省却了用户分门别类搜索的麻烦，只要输入一次想搜索的关键词，就能得到网站、网页、新闻、商品等常用信息，层次分明、一目了然，在保持快速、准确的基础上，给用户提供了更多的选择。从发展看，门户网站与搜索引擎的结合很可能成为一种新的技术趋势。

目前，国内搜索引擎对潜在价值的开发还不够，短期内可望解决或取得明显的进展的是网页数量、网页缓存、动态摘要、重复网页、数据库更新期、动态网页抓取、自动分类、定制搜索服务、BBS 搜索、Frame 网页、不可索引文件的链接索引、切词、死链接、网页搜索和分类目录的结合、错误关键字的提示、pdf/XML 等特殊格式文件索引。但在技术上，国内搜索引擎在短期内还不会在以下方面有真正的进步，如自然语言检索、语音检索、视频检索、个性化检索、交叉语言检索、具有实用性的模糊检索等。不过，一些中文搜索引擎已宣布支持自然语言检索特性。

尚未商品化的国内搜索引擎技术还有北京大学的天网和上海交通大学的纳讯等。由北大计算机系网络研究室开发的天网搜索引擎，收录了大量教育网内资源，使教育网内的资源也能被广泛利用起来，特别是它的 FTP 搜索部分，提供了非常丰富的下载资源。而上海交通大学纳讯高新技术应用研究所开发的纳讯新闻搜索引擎，则以智能化的高速搜索为特色。

10.4 搜索引擎评测指标

在传统信息检索中，衡量系统的基本指标有查全率和查准率，查全率是检索出的相关文档数和文档库中所有的相关文档数的比率；查准率是检索出的相关文档数与检索出的文档总数的比率。对于一个检索系统来讲，查全率和查准率不可能两全其美：查全率高时，查准率低，查准率高时，查全率低。

对于搜索引擎系统来讲，因为没有一个搜索引擎系统能够搜集到所有的 Web 网页，所以查全率很难计算。由于互联网海量信息的特征，查询返回的结果大都非常多，因此目前的搜索引擎系统都非常关心查准率。同时，互联网的信息是动态变化的，搜索引擎必须反映这种变化。

简单来讲，搜索引擎要满足用户对信息查询的需求，提高用户的搜索体验，以下是几个比较重要的指标：

（1）搜索引擎的查全率。既然是搜索引擎，当然搜索引擎的范围大小就应该是首要。

搜索搜索引擎是可以对特定的关键词进行优化的。

(2) 搜索的速度。如果搜索引擎索引的网页虽多，但是搜索一次要五六秒或更长，那么仍然没有优势可言。速度的问题还在于关键词，单关键词搜索得快的不一定多关键词搜索得也快。

(3) 查准率。这个相当重要，搜到的东西即使又多又快，但都不是你想要的结果，那么搜索几乎没有意义。

(4) 死链接和网页更新速度。普遍搜索引擎总会有些搜索结果是点不进去的，根据结果的百分比，死链接和网页更新速度也常被用作评测条件之一。

(5) 用户负担。首先是搜索界面，一个只有搜索框的纯粹搜索引擎界面跟一个带有广告和大量网页内容的门户相比，它们带给搜索负担是很大的。其次是搜索结果描述，如搜索结果网页的文字的长短，网页文字描述采用索引关键词的部分还是索引网页开始几行或索引网页的主要内容，等等，这些对于用户的搜索负担有很大的区别。

(6) 重复信息返回的过滤。返回结果应该尽可能不出现重复。

(7) 搜索服务的系统稳定性。

10.5 SEO策略

SEO策略就是一种通过实践，总结、思考和创新来创造或者组合各种资源来达到SEO效果的技巧，它区别于SEO技术，重点在于思想、创新以及技巧的运用。

10.5.1 网站优化策略

1. 网站内容的重要性

关于网站优化，首先我们要知道优化网站是为了达到搜索引擎的检索以及客户的要求，在网站优化过程中，主要分为软文和外链两个方面，除了外链以外，网站的内容很大一部分决定着这个网站是否排名靠前及形象提升，所以说，网站内容的好坏对于网站优化来说尤为重要。

对于SEO来说，相关性是SEO中重要的一个因素。相关性可以指网站与网站之间的相关性以及网站内部内容之间的相关性。

网站的基础是基于独特的高质量内容建设，如果要发挥好SEO的效果，还要注意如何组合网站内容的相关性。通过对网站内容间的相关性组合，可以让网站的页面更具竞争力，如专题页面、栏目页面、首页等重要页面。

搜索引擎的大部分算法改动目的只有一个，就是为了调整搜索引擎结果的质量，也就是了为提升用户体验，为了给用户返回更好的结果。每一个网站都有自己的主题，搜索引擎当然非常希望每一个网站的内容都是紧紧围绕自己的网站主题来展开。

相关性越好，搜索引擎越喜欢。当用户检索关于你网站主题的关键词的时候，搜索引擎也许就会返回包含你网站的搜索结果给用户。

提升网站的相关性，围绕网站的主题可以展开非常多的内容，内容与内容间的相关性可以通过内部链接的相互调用串联起来，如可以将相关的内容组合成一个专题，然后专题与专题又组合成相关的专题。

通过不断调整网站内容、专题、栏目页面的相关性，从而提升网站页面的 SEO 竞争力。

2. 注意网站外部链接的相关性

外部链接也是 SEO 中的重要因素，基本上每一个网站都会经常和其他的网站交换友情链接。很多人交换链接时，关注的只是对方网站的 Google 页面级别指数高低，而忽略了链接的相关性以及网站的更新频率。

交换友情链接最重要的就是看对方网站与自己网站的相关性指数，PR 值的高低并不是最重要的。还需要注意的是，要维护有效的链接。

3. 做好内链的优化

在网站建设中，内链优化是十分重要的，要做好内链优化可以从以下几方面入手：

（1）导航条优化。

导航条尽量不要用图片和 flash，如果是图片，请加上描述。

在导航条链接的写法方面，首页链接不要用“xxx/index. php”，直接用“xxx. com”。

最好每个页面都有导航条，方便蜘蛛爬出来。

（2）列表页优化。

列表页的链接最好是链接和列表页内容差不多的文章。

列表页的显示形式以及列表页的分页显示最好是每一个翻页都写出来，如 1 2 3 4 5 6 这样的形式，这样方便蜘蛛来爬取。

（3）内容页的链接优化。

①原创性链接：比如在一篇介绍 SEO 培训方法的时候，文章内容中出现了另一个栏目的“净水器网站优化方法”这个文章的标题，那么可以链接到这篇文章，这种独一无二的标题叫做原创性链接。

②名词性链接：比如介绍净水器的一篇文章中出现了“SEO”这个词，那么不能将其链接到 SEO 这个栏目，因为这种链接叫做名词性链接，名词性链接只能链接到同频道（同栏目）内的文章或者首页。而原创性链接则没有这种限制。

（4）网站地图制作。

网站地图的作用是方便蜘蛛抓取网页，有些页面如果太深了，可能蜘蛛“爬”不到。

内容页面内链优化的办法中最重要的准则就是，浏览者体验和搜索引擎优化兼而有之。

10.5.2 关键词与竞价排名

关键词与竞价排名是搜索引擎应用中很重要的一个内容，在搜索引擎中，根据潜在客户或目标用户在搜索引擎中找某网站时输入的语句，便产生了关键字（Keywords）的概念，这不仅是搜索引擎优化的核心，也是整个搜索引擎营销都必须围绕的核心。

关键字的选择，首先确定核心关键字，再围绕核心关键字进行排列组合，产生关键词组或短句。对企业、商家而言，核心关键字就是他们的经营范围，如产品/服务名称、行业定位以及企业名称或品牌名称等。总结起来，选择关键字有以下技巧：

（1）站在客户的角度，考虑潜在客户在搜索你的产品时将使用什么关键词。

（2）将关键词扩展成一系列词组/短语，在单一词汇基础上进行扩展，如设计→网站设计→深圳网站设计。英文关键词可以采用搜索引擎 Overture 的著名工具 Keyword Suggestion Tool 对这些关键词组进行检测，查看你的关键词在过去 24 小时内被搜索的频率，最好的关键词是那些没有被广泛应用而又很多人搜索的词。中文工具可以通过百度的“相关搜索”和 Google 提供的 KeywordSandbox 工具进行关键词匹配和扩展。

（3）进行多重排列组合，改变短语中的词序以创建不同的词语组合。

使用不常用的组合，组合成一个问句，包含同义词、替换词、比喻词和常见错拼词，包含所卖产品的商标名和品名，使用其他限定词来创建更多的两字组合，三字、四字组合。

（4）不要用意义太泛的关键字。

如果你从事包装机械制造，则选择“机械”作为你的核心关键字是无益于吸引到目标客户的。实际上，为了准确找到需要的信息，搜索用户倾向使用具体词汇及组合寻找信息（尤其是二词组合），而不是使用那些大而泛的概念。此外，使用意义太广的关键字，也意味着你的网站要跟更多的网站竞争排名。

（5）用自己的品牌做关键词。

（6）使用地理位置名称对于服务于地方性的企业尤其重要。

（7）回顾竞争者使用的关键词。

（8）不用与自己无关的关键字。总是会有人将热门的词汇列入自己的关键字中，尽管这个热门关键字跟自己网站内容毫不相干，甚至有人把竞争对手的品牌也加入到自己的关键字中，这不仅侵权，可能被起诉（国外多起类似案例），并且由于这些所谓“热门”词汇并未在网站内容中出现，因此对排名并无实质帮助，过多的虚假关键词还可能受到处罚，从而降低排名。

（9）控制关键词数量。一页中的关键词最多不要超过 3 个，然后所有内容都针对这几个核心关键词展开，才能保证关键词密度合理。搜索引擎也会认为该页主题明确。如果确实有大量关键词需要呈现，可以分散写在其他页面，并有针对性优化，让这些页面也具有“门页”（Entry）的效果。这也是为什么首页和内页的关键词往往要有所区分的原因。最典型的情况是拥有不同的产品和服务的情况下，对每个产品进行单网页优化，而不是罗列在一个首页上。

①网页代码中的 Title，META 标签（关键字 keywords 和描述 description）。

例如：e 书 www. ebook. com 的代码：

```
<title>e 书——电子书公益下载中心</title>
<meta http-equiv = " title "  c>
<meta name = " classification "  c>
<meta name = " description "  c>
```

<meta name="keywords" c>

②网页正文最吸引人注意力的地方。正文内容必须适当出现关键词，并且有所侧重，要根据用户阅读习惯（从上到下，从左至右）形成关键词重点分布位置。在页面靠顶部、左侧、标题、正文前200字以内这些地方出现关键词对排名更有帮助。如把一段富含关键词的文本网站介绍置于网站最顶部（这个地方通常被安排用来放banner广告），这样做可以让用户和蜘蛛都以最快速度了解该网站内容，并且以蜘蛛重视黑体显示，对其排名作用很大。

代码显示如下：

<b><font color=#999999>*************** </font></b>（其中，*代表具体要表达的文字）

③超链接文本（锚文本）。除了在导航、网站地图、锚文本中有意识地使用关键字，还可以人为增加超链接文本。如一个童装厂商网站可以通过加上以下行业资源：中国童装网，织里童装网等含有"童装"文字的链接，来达到增加超链接文本的目的。网站在添加友情链接时，链接对象中最好包含有你的关键字或相关语义。

④Header标签，即正文标题<H1><H1/>中的文字。搜索引擎比较重视标题行中的文字。用<b></b>加粗的文字往往也是关键词出现的地方。

⑤图片Alt属性。搜索引擎不能抓取图片，因此网页制作时，在图片Alt属性中加入关键字是好办法，搜索引擎会认为该图片内容与你的关键字一致，从而有利于排名。

10.5.3 搜索策略的技术实施

对搜索引擎最友好（Search Engine Friendly）的网页是静态网页，但大部分内容丰富或互动型网站都不可避免采用到相关技术语言来实现内容管理和交互功能。SEO思想指导下的技术支持，主要是对特定代码的优化和对动态网页进行静态处理的措施。

1. Title标签和Meta标签

以".html"或".htm"为扩展名的HTML文档称为静态网页。Meta称为元标志，用于网页的<head>与</head>中。Meta标签的用处很多，目前几乎所有的搜索引擎机器人都通过自动查找Meta值来给网页分类，借此判断网页内容的基础。其中，最重要的是Description(网站描述)和Keywords(网站关键词)。另外一个基本的属性是Title标签，提示搜索引擎关于本页的主题。Meta和Title的形式在html语言中体现为：

```
<head>
<title>title 标题</title>
<meta name="keywords" c>
<meta name="description" c>
……
</head>
```

尽管Meta本身不足以解决排名问题，但Meta标签的书写，仍然是搜索引擎优化的基础工作，清晰准确的Meta文字与正文内容的关键词相呼应，是排名加分的重要条件之一。

2. 标题(Title)

网页优化可以说是从 Title 开始的。在搜索结果中，每个抓取内容的第一行显示的文字就是该页的 Title，同样，在浏览器中打开一个页面，地址栏上方显示的也是该页的 Title。因此，Title 可谓一个页面的核心。对 Title 的书写要注意以下问题：

(1)Title 简短精练，高度概括，含有关键词，而不是只有一个公司名。但关键词不宜过多，不要超过 3 个词组。企业网站的 Title 通常以“公司名+关键词”为内容。

(2)前几个词对搜索引擎最重要，因此关键词位置应尽量靠前。

(3)最好将 Title 组织成符合语法结构和阅读习惯的短句或短语，避免无意义的词组罗列式 Title。

3. 关键词(Keywords)

Keywords 提示搜索引擎本网站内容将围绕这些词汇展开。因此，Keywords 书写的关键是，每个词都能在内容中找到相应的匹配，这样才有利于排名。

4. 描述(Description)

描述部分用简短的句子告诉搜索引擎和访问者关于本网页的主要内容。在用该网站的核心关键词搜索后得到的搜索结果中，描述往往显示为标题后的几行描述文字。Description 的重要性在 Title 和 Keywords 之后。Description 的书写要注意以下问题：

(1)描述中出现的关键词应与正文内容相关。

(2)应遵循简短原则，字符数(含空格在内)不要超过 200 个。

(3)应补充在 Title 和 Keywords 中未能充分表述的说明。

5. 其他 Meta 标签

为了限制搜索引擎对内容的抓取，可以采用以下几个 Robots Meta 标签：

<meta name="Robots" c>

其中：

all：文件将被检索，且页面上的链接可以被查询；

none：文件将不被检索，且页面上的链接不可以被查询；

index：文件将被检索；

follow：页面上的链接可以被查询；

noindex：文件将不被检索，但页面上的链接可以被查询；

nofollow：文件将不被检索，页面上的链接可以被查询。

但并不是所有的搜索引擎都支持 Meta 中的 robots 标签，但是所有搜索引擎都支持一个功能更强的 robots. txt 的文本文件来达到上述功能，其他常用 Meta 标签还有：

<META name author>：网站作者；

<META name classification>：网站所属目录类别；

<META name copyright>：版权声明；

<META name generator>：网站用什么软件做的。

首页、重要的内页的 Title 和 Meta 标签最好分别书写，针对栏目主题体现不同的内容。

6. 动态网页优化

动态网站是指网站内容的更新和维护是通过一个带有数据库后台的软件，即内容管理系统（CMS）完成。一般采用 ASP、PHP、Cold Fusion、CGI 等程序动态生成页面。动态页面在网络空间中实际并不存在，它们的大部分内容通常来自于与网站相连的数据库，只有接到用户的请求，在变量区中输入一个值以后才会生成。动态网页扩展名显示为“. asp”、“. php”、“. cfm”或“. cgi”，而不是静态网页的“. html”或者“. htm”。其 URL 中通常出现“?”、“=”、“%”以及“&”、“ $ ”等符号。网站使用动态技术的好处是，除了增加网站交互功能外，还具有容易维护和更新的优点，因此为许多大中型网站采用。

但大多数搜索引擎的蜘蛛程序都无法解读符号“?”后的字符，这就意味着动态网页很难被搜索引擎检索到，因而被用户找到的机会也大为降低。因此，建设网站之前，首先要端正思想，即能够采用静态表现的网页尽量不要用动态实现，重要的网页用静态表现。同时，使用技术将动态网页转化成静态网页形式，使 URL 中不再包含“?”、“=”等符号。也可以通过对网站进行一些改动，间接增加动态网页的搜索引擎可见度，即坚持“动静结合，以静制动”的原则。

7. 不同技术的解决方案

针对不同程序开发的动态网页，有着相应的解决方案。

（1）CGI/ Perl。如果你在网站中使用的是 CGI 或者 Perl，可用一个脚本拾取环境变量前的所有字符，再将 URL 中剩余的字符赋值给一个变量。这样，你就可以在 URL 中使用该变量了。不过，对于那些内置了部分 SSI（Server-Side Include，服务器端嵌入）内容的网页，主要的搜索引擎都能够提供索引支持，那些以“. shtml”为后缀名的网页也被解析成 SSI 文件，相当于通常的“. html”文件，但如果这些网页在其 URL 中使用的是 cgi-bin 路径，则仍有可能不被搜索引擎索引。

（2）ASP。ASP（Active Server Pages，Web 服务器端动态网页开发技术）被用于基于微软的网络服务器中。使用 ASP 开发的网页，一般后缀名为“. asp”。只要避免在 URL 中使用符号“?”，大多数搜索引擎都能够支持用 ASP 开发的动态网页。

（3）Cold Fusion。如果你使用的是 Cold Fusion，那么你就需要在你的服务器端重新对其进行配置，使其能够将一个环境变量中的符号“?”用符号“/”代替，并将替换后的数值传给 URL。这样一来，最后到达浏览器端的就是一个静态的 URL 页。当搜索引擎对该转换后的文件进行检索时，它不会遭遇“?”，因而可继续对整个动态页进行索引，从而使你的动态网页对搜索引擎仍然具有可读性。

（4）Apache 服务器。Apache 是最流行的 Http 服务器软件之一，它有一个叫做 mod_rewrite 的重写模块，即 URL 重写转向功能，该模块能够使你将包含环境变量的 URL 转换为能够为搜索引擎支持的 URL 类型。对于那些发布后没有多少更新的网页，可采用该重写转向功能。

(5)建立静态入口。在“静动结合，以静制动”的原则指导下，还可以通过对网站做一些修改，尽可能增加动态网页的搜索引擎可见度。如将动态网页编入静态主页或网站地图的一个链接中，以静态目录的方式呈现该动态页面，或者为动态页面建立一个专门的静态入口页面(gateway/entry)，链接到动态页面，然后将静态入口页面递交给搜索引擎。

要为一些重要的、内容相对固定的页面制作静态网页，如包含有丰富关键词的网站介绍、用户帮助以及含有重要页面链接的网站地图等。网站首页尽量全部采用静态形式，并将重要动态内容以文本链接方式全部呈现，虽然增加了维护工作量，但从 SEO 的角度看是值得的。也可以考虑为你的重要动态内容创建静态的镜像网站。

8. 付费登录搜索引擎

对于整个网站都采用与数据库相连的内容管理系统(CMS)发布的动态网站而言，提高搜索引擎可见度的最直接办法就是进行付费登录，直接提交动态网页到搜索引擎目录，或做关键字广告，以保证网站被搜索引擎收录。

9. 搜索引擎对动态网站支持的改进

搜索引擎一直在提高自已对于动态页面的支持。到目前为止，Google、Hotbot 和百度等开始尝试抓取动态网站页面(甚至包括 URL 带“?”的页面)，但这些搜索引擎抓取动态页面时，为了避免搜索机器人陷阱(spider traps，脚本错误，这种错误会让搜索机器人进行无限循环的抓取，无法退出)，都只抓取从静态页面链接过去的动态页面，而从动态页面链接出去的动态页面都不再抓取，即不会对动态页面中的链接进行深入访问。

10.6　域名及主机对 SEO 的影响

域名是网站的基础，一个好的域名对于网站的意义是不言而喻的。虚拟主机是使用特殊的软件技术，把一台网站服务器划分为若干个虚拟的主机，每个虚拟主机都可以是一个独立的网站，可以具有独立的域名，具有完整的 Internet 服务器功能(www、ftp、E-mail 等)，同一台主机上的虚拟主机之间是完全独立的。从网站访问者来看，每一台虚拟主机和一台独立的主机(采用服务器托管、专线上网等方式建立的服务器)完全一样。

10.6.1　域名对 SEO 的影响

域名是人们进入互联网时对其相应网站的第一印象。人们看到域名就会联想到这是一个什么样的网站。域名应该简洁、明了、好记、含义深刻，好的域名标准如下:

(1)通过域名就可以想起网站名称，记得网站名称就可以输入域名。

(2)字符不要太长，最好在 6 个以内，这样比较容易记忆。

(3)域名中的字符最好少出现远离键盘中心的字母，如 z、x 等，这样用户输入起来比较方便。

(4)域名中的字符最好少出现多音节的字母，如 w、x 等，否则当你向别人介绍你的域名的时候，读起来会很拗口。

1. 域名及网站名称中的关键词

域名中的关键词虽然为网站排名加分影响不是很大，但有条件的最好在域名中能够出现关键词。如果是英文，多个关键词之间要使用短横线“-”来分隔，不要使用下画线“_”。短横线隔开后的关键词组还可以获得更多的词组搜索结果，如 www.madeinchina.com 被认为只有一个词“madeinchina”，而 made-in-china 则被看做正常的 made in China 词组。网站名称中出现关键词对排名影响很大，而且关键词出现得越靠前，作用越大。通常首页的标题就是网站的名称，在进行友情链接时，就相当于为你的核心关键词作了外部链接。

2. 域名后缀

域名后缀有很多，通常是“.com”，“.com”，“.cn”，“.cn”，“.org”，“.net”等。

在同等情况下，代表非商业性网站的后缀“.org”和“.net”有着比“.com”更高的排名优势；对中文网站来说，表示中国域的“.cn”和“.com.cn”又比无地区性的“.com”有一定优势。从用户角度来看，用户记住一个域名，通常是主域名，后缀默认的认为是“.com”，所以不论注册了多少个后缀，一定切记要把“.com”后缀注册上，避免流量丢失。

3. 过期域名

也许你曾经有这样的困惑，刚刚申请的域名，做好的网站，可搜索引擎就是不收录，这是因为这个域名以前被人使用过，由于作弊被搜索引擎删除，所以放弃续费导致域名过期，结果被你重新注册。域名过期是指域名到期后仍未续费，注册机构将域名暂停、DNS 也停止解析、网站无法访问的状况，具体情况如下：

国际域名到期后仍未办理续费，域名暂停、DNS 停止解析、网站无法访问，对其进行续费后，经过 1~2 个工作日，可恢复解析。

国内域名到期后仍未办理续费，Cnnic 会将域名暂停、DNS 停止解析、网站无法访问，对其进行续费后，经过 2~3 个工作日，可恢复解析。

国际域名到期后，30 天内未办理续费，域名将失效；国内域名到期后，15 天内未办理续费，域名将失效。

4. 利用过期域名进行优化

过期域名并不都是因为作弊而放弃续费的，里面有很多因为网站的工作人员疏忽或者网站倒闭而导致域名没有及时续费。重新找回丢失的域名将会花费很大成本和精力。所以，要及时为自己的域名续费。

10.6.2 主机对 SEO 的影响

现在许多小型企业网站都采用虚拟主机的方式。

1. 用虚拟主机建设网站的特点

（1）相对于购买独立服务器，网站建设的费用大大降低，为普及中小型网站提供了极大便利。

（2）网站服务器管理简单，诸如软件配置、防病毒、防攻击等安全措施都由专业服务商提供，大大简化了服务器管理的复杂性。

（3）网站建设效率提高，自己购买服务器以及安装操作系统和应用软件需要较长的时间，而租用虚拟主机通常只需要几分钟的时间就可以开通，因为现在主要的服务商都已经实现了整个业务流程的电子商务化，选择适合自己需要的虚拟主机，在线付款之后马上就可以开通了。

2. 虚拟主机存在的缺点

（1）某些功能受到服务商的限制，比如可能耗用系统资源的论坛程序、流量统计功能等；在网站静态化时，通常不能使用 IIS_ Rewrite 动态库，只能使用 404 错误转发处理，使工作量增加。

（2）网站设计需要考虑服务商提供的功能支持，如数据库类型、操作系统等。

（3）某些虚拟主机网站访问速度过慢，这可能是由于主机提供商将一台主机出租给数量众多的网站或者服务器配置等方面的原因所造成的，这种状况网站自己无法解决，对于网站的正常访问会产生不利影响。另外，如果该主机上有被搜索引擎惩罚的网站，将对你网站的排名带来潜在风险。

（4）有些服务商对网站流量有一定限制，这样当网站访问量较大时将无法正常访问。

3. 服务器托管

服务器托管是指为了提高网站的访问速度，将你的服务器及相关设备托管到具有完善机房设施、高品质网络环境、丰富带宽资源和运营经验以及可对用户的网络和设备进行实时监控的网络数据中心，以此使系统达到安全、可靠、稳定、高效运行的目的。托管的服务器由客户自己进行维护，或者由其他的授权人进行远程维护。

数据中心可以为客户的关键服务器提供机柜及带宽出租服务，使服务器可维持每星期七日、全日二十四小时无休止服务。当你有意建设自己的 Web、E-mail、Ftp 服务器，而你的网站的应用很复杂或网站的访问率很高时，可以选择自己购买服务器，进行整机托管。托管的服务器在 SEO 优化过程中将更灵活，体现在以下方面：

（1）可以自由选择网站静态化策略；

（2）可以查看 IIS 服务详细日志；

（3）有利于搜索引擎更快的抓取页面。

4. 影响主机的其他因素

对于一些高风险的关键词，如“六合彩”，在内地是禁止的，但在香港是合法的，如果在内地做这样的关键词，很可能被封 IP，这个时候就需要使用香港的服务器主机了。

但如果做的关键词是国家严格禁止的，如“法轮功”等，无论网站在何地，都将被屏蔽。

5. 虚拟专用服务器

虚拟专用服务器是利用 VPS（Virtual Private Server）技术，将一部服务器分割成多个虚拟专用服务器的优质服务。每个 VPS 都可分配独立公网 IP 地址、独立操作系统 Windows/Linux、独立超大空间、独立内存、独立 CPU 资源、独立执行程序和独立系统配置等。用户除了可以分配多个虚拟主机及无限企业邮箱外，更拥有独立服务器功能，可自行安装程序，自主重启服务器。

VPS 的优点同托管服务器类似，非常灵活。VPS 的缺点在于，虚拟内存受限制，当内存占用稍大，就会出现 http 1.1 和错误，需要客户对服务器系统安装配置等都非常熟悉，否则容易引起软件故障。

10.7 搜索引擎优化管理

如果说搜索引擎优化体现在网站建设和推广的每一个环节，那么对搜索引擎优化的管理则贯彻于网站推广和维护的长期过程中。在搜索引擎技术不断发展、排名算法不断更新、同行竞争越来越激烈的背景下，任何一个排名的领先或落后都是暂时的现象，没有一劳永逸的结果，只有长期坚持的、优秀的 SEO 管理，才能长期保持排名优势。

搜索引擎优化诊断分析，获得专业的搜索引擎优化诊断分析报告，可以使搜索引擎营销策略更有效。将搜索引擎优化诊断分析报告配合网信工作室专业性评价系统，可以全方位了解网站的网络营销表现，还可以针对存在的问题获得专家的分析建议。

1. Google 沙盒效应

沙盒的意思通常是指新网站在前期很难在 Google 有好的排名，一般时间限制在 6 个月左右。为什么进入沙盒？一般进入沙盒的原因是网站突然增加了大量的外部链接，尤其是垃圾链接，这样的话更严重。

之所以出现沙盒现象，主要是 Google 针对过度进行 SEO，尤其采用了作弊手段，如“制造”大量导入链接而获得高排名的网站采取的防备措施。因此，如果你的网站在发布不久后以核心关键词在 Google 排名中出现由高走低的不稳定现象，多半是被 Google 请进了沙盒。

当然，还有一种观点认为，Google 为了在搜索结果（SERP）中为用户提供更多新信息，往往给予新发布的网站更多“关照”，使得新网站暂时获得排名优势；但随着 Google 数据更新的不断加快，这种对新网站的“照顾”开始解除，于是该网站排名趋向正常。

无论原因怎样，对待沙盒效应，正确的态度和方法是保持冷静，当排名在短时间内迅速上升时不应盲目乐观，因为这是不稳定的表现。应该利用这个有利时机，频繁更新网站内容，提高内容质量，获得更多高质量导入链接，增加网站访问量，才能将排名优势一直保持下去。

2. 网站数据更新

网站经营者都希望发布的重要内容，如新产品信息或重要新闻，被蜘蛛程序快速抓取并出现在搜索结果中。但我们点击搜索结果中的链接，往往进入后发现内容与结果描述不同，这是因为搜索到的结果是蜘蛛程序在上次光顾该网站时抓取到的信息，之后该页内容更新，蜘蛛程序却还没有来得及抓取，从而造成搜索结果与实际内容不符。不过，各搜索引擎都在加快对网站的访问频率，除了每月一次全面的深度检索，还对频繁更新的网站进行数天甚至每天简单检索一次，以保证搜索结果的时效性。总结起来，Google 对网站信息的更新取决于以下因素：

（1）网站自身的更新频率。一个长期没有更新的网站，无论是用户和蜘蛛程序都会减少对它的访问。可以说，更新越频繁，蜘蛛程序光顾越多，你的新信息出现在搜索结果首页的机会也越大，被抓取到的网页数量也越多。

（2）网站的结构。如果一个网站拥有优化的结构，蜘蛛程序访问起来很顺利的话，那么它会更乐意访问该网站。

（3）服务器的性能。如果蜘蛛程序前来索引你的网站，而你的服务器迟迟不能加载页面或根本不能访问，那么搜索引擎就会尝试在下一次更新时再来，如果多次出现同样的情况，搜索引擎就会减少对该网站的访问，或将它在数据库里删除。

（4）PR 值的高低。拥有高 PR 值就意味着拥有了获得高排名的优势，很多业内人士认为 PR 值的高低是搜索引擎判断更新频次的重要因素。

（5）Meta 设置。如有人在 Meta 中设置：<META NAME="revisit-after" C>，以此提示蜘蛛程序每 5 天访问一次。实际上，由于 Google 基本上已经将 Meta 所起的作用降到很低，因此类似标签是没有多大作用的。但是，如果将时间设为 30 天以后的数值，则是有效的。

综上所述，网站维护得力，才是搜索引擎经常更新网站数据的根本原因。

3. Google 数据更新

Google 有 8 个数据中心，共享超过一万台的服务器。一般在每月中下旬开始升级数据库。这期间，新的网站被加入，无效网站被删除，搜索引擎对收录网站进行全面深度检索，也可能在这期间调整算法。由于每次升级都会引起很多网站排名波动，人们直接把 Google 数据更新定义成 Google 重新安排它的搜索结果排名的过程。

Google 数据更新对于 SEO 来说，应注意如下事项：

（1）网站的提交及更新时间。在数据更新期间，新网站被收录的机会增大，因此宜在数据更新期间提交新网站及加大网站更新力度。

（2）静观其变，及时跟进。由于数据调整有一个过程，数据更新期间的普遍表现是排名波动不稳定，忽上忽下。搜索引擎也可能在这期间调整排名算法。所以，宜在数据更新结束后，针对排名升降结果和竞争对手的排名情况调整自己的 SEO 策略。

（3）网站流量分析。网站流量统计分析是网站运营和维护的基础工作。在分析访问数据的基础上，对网站内容及营销策略进行调整，以期获得更好的营销效果，是进行流量分析的最终目的。获取网站访问统计资料通常有两种方法：一种是通过在自己的网站服务器端安装统计分析软件来进行网站流量监测；另一种是采用第三方提供的网站流量分析服务。

对 SEO 来说，流量分析中有两个重要统计指标：访问来源和搜索使用的关键词，即用户通过哪些链接进入自己的网站以及通过哪些关键词找到自己，这些链接可能是各大搜索引擎，可能是某些导入链接，也可能就是你发布在某网站上的文章的 URL，而关键词分析则可以了解哪些关键词及组合能带来访问量。这样，你就可以对网站的链接及关键词需要强化和弱化的方面了如指掌。

网站访问数据分析对 SEO 的指导是多方面的，但由于市面上大部分流量统计软件目前仅停留在统计数据的罗列上，缺乏对营销指导的结论性报告，因此这些模式化的分析结果实际上只是半成品，还需要网络营销专业人士对这些原始数据进行深度剖析，其对于 SEO 的指导作用才能真正发挥出来。

（4）SEO 工具/系统。借助一些小工具或网站系统，可以高效、及时地检测、分析网站优化和运营情况，从而指导运营维护工作的深入开展。

搜索引擎优化的实质，是通过技术性的处理，增加网站的自然排名，而非通过作弊手段，真正的 SEO，必然是网站整体质量的提高。

☞知识拓展

如何制定详尽的 SEO 计划

在网站上线前，SEO 是必不可少的一个重点，但很多网站都没有详细地规划过如何开始动手做 SEO。不管是大网站，还是小网站，制定一个详尽的 SEO 计划尤为重要。

1. 关键词分析

网站 SEO 第一步就是关键词分析，在做关键词分析的时候，需要了解每个子栏目的 SEO 需求，一般从以下几点来分析：

（1）探寻用户的搜索需求。从百度相关搜索中可以看到关键词的受欢迎度，而且可以看出用户需要得到什么样的信息。关键词的相关度在关键词分析中占有的比重也非常高，一般情况下关键词相关度的查询都是到百度相关搜索（http://d.baidu.com/rs.php）。

（2）不能设置多关键词。多关键词的效果其实没有单关键词的效果好，因为多关键词在做的时候相关性已经开始分散，多关键词做上去的时间是单关键词的时间的数倍，精力投入太大。

（3）注意关键词热度。关键词热度一直是 SEO 为之苦恼的问题，热度不能太高，太高了第一页上都是做的竞价，而且竞争激烈；但也不能太低，太低了没有人会关注，关键词热度应该适中。

（4）注意相关度。页面内容与关键词的相关度一定要高，这样既贴近用户需求，又有利于搜索引擎优化。

选择关键词的方法如下：

①确定主关键词。在关键词的选择过程中，应该将出现频率最高、竞争度较小、热度适中的关键词作为网站的主关键词。

②确定辅助关键词。确定主关键词后，再确定几个辅助性的关键词，如主关键词的扩展与主关键词的组合。

③换位思考。试想一下，假如你自己是网站浏览者，那你会搜索什么样的关键词？

④分析竞争对手的关键词。看看竞争对手的网站，看他们使用了什么关键词，现在境况如何。

2. 网页设计层面

(1) UI 设计。在网站 UI 设计中，关键词不能放在 Flash 与图片中，这样不利于搜索引擎抓取。

(2) 代码设计。搜索引擎比较喜欢简洁的代码，因为简洁的代码有利于蜘蛛程序搜索。与页面无关联的信息应该使用框架或者 JS 过滤掉。

3. 内部链接建设

很多网站都在加强内部链接的建设，因为内链具有以下优势：搜索引擎收录多了，搜索引擎自然会对内部链接更加友好；提高搜索引擎的访问效率，达到一定程度，会提高网站的 PR 值。

在建设内链时，需要注意以下几点：

(1) 控制文章内部链接数量。在一篇文章中，内链最好是 2 ~ 6 个，多了则有害。

(2) 内部链接的相关性一定要高。在做内部链接的时候，相关性也是提高搜索引擎友好度的一个重要准则。

(3) 使用绝对路径。这是为了防止打不开网页的情况发生。

4. 外部链接建设

外部链接是每个网站都在做的事情，通常可以通过友情链接、制造链接诱饵、投放带链接的软文等方法来建设外链，甚至可以通过买 PR 高的友情链接来带动自己网站的发展。

(1) 友情链接。友情链接应该是与同行业的网站交换链接，对方网站的链接数最好在 10 个以内，而且不能与被搜索引擎惩罚过的网站做友情链接，避免遇到“链接工厂”而死亡。

(2) 制造链接诱饵：制造链接诱饵是一件省力的工作，这使得对方网站主动地为你添加链接。制造链接诱饵的技巧很多，但是可以用两个字来概括，即“创意”。

(3) 投放带链接的软文。现在很多网站都是花钱请专门的写手写完后发布大型网站。

5. 网站地图

有许多网站对网站地图不怎么重视，这就是为什么有的网站只被搜索引擎收录了数据量的一半、三分之一甚至更少的一个重要原因。连收录都保证不了，怎么去做排名？所以做好一个网站地图是必需的，现在也有不少制作网站地图的工具，下面介绍几款：

（1）Html地图。在做Html地图的时候，应该保持一个良好的网页结构，每个网页指向都不能是死链接，最好每个页面都有指到网站地图的反向链接，这样有利于搜索引擎快速找到网站地图，让网站地图带着蜘蛛程序爬遍全站。DIV+CSS是网站地图制作的标准结构。

（2）Xml网站地图。一般网站地图软件可以完成xml地图，主要针对Baidu、Google等搜索引擎，制作完成后上传到网站根目录即可，Google需要提交网站地图地址。

6. 内容与关键词部署策略

（1）重视Title、Meta写作：例如Meta虽然在搜索引擎的权重已经很低，但是不好的Meta写作（堆积关键词、关键词与内容不相关等行为）反而会产生副作用；而Title的权重较高，应尽量在Title中融入关键词。

（2）内容与关键词的融合：在内容中要适当融入关键词，使关键词出现在适当的位置，并保持适当的关键词密度。

（3）为关键词加入链接：为相关关键词加入链接，或者为本网页出现的其他网页的关键词加入链接，可以很好地利用内链优势。

7. 网站浏览者搜索习惯分析

查询网站的搜索日志信息往往被许多人所忽视，其实这是非常重要的，不过大型网站的日志分析工作难度要更高一些，因为数据量实在太大，所以要具备耐心。一般网站搜索习惯分析的时候需要了解到关键词分析、用户搜索行为分析，当然，也可以通过百度风云榜来制作一些用户关注度较高的热点专题。

☞实训与思考

◎实训内容

1. 实训目标

（1）掌握搜索引擎优化的基本方法和技能；

（2）掌握重要搜索引擎的搜索工具的应用；

（3）掌握搜索引擎优化的基本方法和技能。

2. 实训工作任务

（1）进入所在学校或院系网站，利用所学知识，提出针对提高百度、谷歌等搜索引擎收录和PR值的网站优化方案。

（2）使用百度、谷歌或站长工具，查询91特价网（www.91tejia.net）在各大搜索引擎的收录情况、PR值、网站反链接情况，以及“电子商务”、“特价信息”、“电子商务教学”等关键词的排名情况。

（3）通过百度、谷歌等搜索引擎检索关于自己的信息，若不能精确定位到自己的信息，请重做第3章的思考题。

（4）使用前面章节的知识将该信息在 BBS、BLOG 中发布。

3. 实训平台

互联网系统，网络链接正常。

4. 操作步骤

直接进入百度、谷歌等搜索引擎进行操作。具体步骤请结合工作任务要求进行。

5. 实训评分标准

按 100 分制来给出一个考核标准，重视过程性考核，兼顾操作质量（例如点击率、BBS 营销中的回帖量，又如搜索引擎营销中的百度收录情况），可适当考虑效果的时间周期。

◎思考题

1. 什么是搜索引擎？什么是搜索引擎优化？

2. 利用搜索引擎进行营销推广的方法有哪些？如何实施？试举例说明。

第11章 网络广告

☞工作项目

（1）利用 Banner Shop 制作静态和动态的广告牌；
（2）选择第三方网络广告交易机构发布广告信息；
（3）选择第三方网络，在自己网页里放入广告；
（4）购买百度关键词。

☞知识目标

（1）掌握网络广告的定义和特点；
（2）掌握网络广告的分类；
（3）掌握网络广告的主要表现形式。

☞技能目标

（1）网络广告的设计；
（2）在线制作网络广告；
（3）网络广告交易；
（4）网络广告的效果评价。

☞案例导入

2008年5月11日，阿里妈妈六大创始人之一及资深总监周峻巍广州站长精英论坛上证实，阿里妈妈即将推出一款名为"一夜成名"的战略性新产品，而且此产品将颠覆目前网络广告按效果付费和按点击付费的旧有形式。

周峻巍透露，按照阿里巴巴集团一贯的做法，阿里妈妈的模式与百度及其他网站联盟不同，它就是一个广告位交易平台，拥有方和需求方直接在平台上做交易，但每单交易拥有方需向阿里妈妈支付8%的收益分成。目前，阿里妈妈的广告主要包括国内本土的新兴品牌和地方服务业品牌。

在雅虎中国业务颓势渐显的前提下，阿里妈妈承载了阿里巴巴集团部署互联网广告市场的重大使命，在百度、谷歌等已经成立了成熟的广告联盟，还是不少人认为阿里妈妈“来得太晚了”。

周峻巍断然否认了来得太晚的说法。他表示，阿里妈妈目前具备三大优势，其一，阿里妈妈是国内第一个互联网广告交易平台，具有颠覆性的规则；其二，阿里妈妈有强大的资金后盾，短期没有盈利的压力；其三，阿里巴巴、淘宝和支付宝的中小企业都是阿里妈妈现成的广告主，先天条件得天独厚。

在阿里巴巴强大的庇护伞下，尽管是要从三大门户、百度谷歌的广告联盟和分众等广告巨头的虎口中争食，周峻巍显得毫无惧意，“阿里妈妈显然会比某些户外广告、短信营销更能赢得市场的芳心”。

阿里妈妈自正式上线，据其官方数据，已覆盖超过37万个个中小网站和18万个人博客，日平均覆盖人群数已经突破7000万大关。其目前拥有超过93万个广告位，每天总覆盖PV超过20亿。

（信息摘自：网易新闻，tech. 163. com/08/0512/08/4BNTTQQ7000915BF. html）

阅读上述案例，分析以下问题：

（1）阿里妈妈平台在“一夜成名”产品中的作用和地位。

（2）阿里妈妈平台提供广告交易服务的原理。

11.1　网络广告概述

随着Internet在全球范围的发展，互联网络已成为一个全球性的信息系统，是继报纸、广播以及电视以后的第四大传播媒体。网络广告应运而生，成为一种最新的广告形式，伴随着网络传播的发展和电子商务的应用而成长。网络广告作为信息社会的产物，其数字化特征是与生俱来的。当然，网络广告从设计制作到发布，整个过程都必须是在电脑上完成。

11.1.1　网络广告的概念

1. 网络广告的起源

网络广告发源于美国。1994年10月27日是网络广告史上的里程碑，美国著名的《Hotwired》杂志推出了网络版的《Hotwired》，并首次在网站上推出了网络广告，这立即吸引了不少客户在其主页上发布广告，这标志着网络广告的正式诞生。更值得一提的是，当时的网络广告点击率高达40%。

中国的第一个商业性的网络广告出现在1997年3月，传播网站是Chinabyte，广告表现形式为468×60像素的动画旗帜广告。Intel和IBM是我国最早在互联网上投放广告的广告主。我国网络广告一直到1999年初才稍有规模。历经多年的发展，网络广告行业经过数次洗礼，已经慢慢走向成熟。

2. 网络广告的概念

网络广告，简而言之，是指在网络上做的广告，是利用网站上的广告横幅、文本链接、多媒体等方法，在互联网刊登或发布广告，通过网络传递到互联网用户的一种高科技广告运作方式。

网络广告活动应包含以下几个方面的内容：

(1) 网络广告活动是一种有目的的信息传播活动，其目的在于说服受众购买广告宣传的产品和服务。

(2) 网络广告活动是一种非个体的信息传播活动，或称为非亲身传播活动。

(3) 网络广告是付费使用媒介物的信息传播活动，有别于一般的新闻宣传活动。

(4) 网络广告是一种双向的信息传播活动，大众作为广告的受众，可以自由选择传播的信息。

(5) 网络广告是企业使用的诸多广告形式中的一种，需与其他广告形式、促销手段配合使用，效果才能表现出来。

(6) 网络广告活动是一种富有针对性的企业营销活动。

(7) 网络广告是推广和宣传产品信息、促销信息、网站的有效手段。

总之，网络广告是企业为实现其销售目标而进行的一种崭新的信息传播行为。

3. 网络广告的构成要素

网络广告的构成要素主要分为如下几个部分：

(1) 广告主。广告主即广告的传播者，网络广告的广告主就是通过网络发布自己的广告内容的企业、机构或个人。广告的商业性决定了绝大多数广告主是企业，它们通过广告来推销自己的产品和服务，这一点，网络广告也不例外。由于电子商务和网络广告是随着IT业的发展而来的新生事物，所以网络广告主的分布也不均匀，初期阶段尤其集中在IT类企业。

在我国，首先是一些境外大型IT企业做网络广告，如Intel、IBM、摩托罗拉、诺基亚；随后是一些境外巨型的生活消费品生产企业做网络广告，如可口可乐、P&G；最近以来，国内的几个大型IT企业也做起了网络广告，如联想、长城。总之，在这样一个初期阶段，由IT业的发展带来的网络广告，其生存空间尚未脱离IT业。但是，我们也要注意，现在出现了这样一种趋势，即网络业自身也开始利用网络大张旗鼓地进行广告攻势，如雅虎，新浪等。

(2) 广告讯息。广告讯息就是广告所要传达的内容，要如何设计制作有效的广告讯息，以尽可能达到预定的效果。网络广告的讯息是通过网上发布的，其内容形式有电脑文字、电脑图形图像、电脑动画以及数字声音等。网络广告讯息的特点是更新快、容量大和可附带易于检索的超级链接功能。虽然电脑屏幕有限，且一般网站主页上的广告块面都较小，但网页信息采取非线形的超媒体链接形式，把许多相关网页链接，组成一个有机的整体，这使得网络广告的超大信息量成为可能，并且这种链接可以把广告和购买行为联系在一起，广告效果快速直接。

广告讯息是广告要素的主体，对于受众，他们直接接触的就是广告讯息。科学地制定广告讯息，要建立在广告调研的基础上，广告讯息的具体内容则是根据广告策划的方针制定的。网络广告的内容要根据具体的广告目的，通过网上调查、分析，确定广告策略而制定，做到有吸引力、有说服力、有针对性。当然，广告讯息必须是真实的、健康向上的、合法的。

（3）广告媒介。广告媒介是指传递广告讯息的载体。网络广告的媒介就是国际互联网络。更具体地说，网上一个个 Web 页面，就是网络广告的载体。当然，准确地讲，那些经过相关部门审定批准，可以在特定网站上发布的广告才是合法的网络广告。

网络广告媒介与传统广告媒介最大的不同是网络广告媒介所具有的实时互动性，因此网络广告媒介也被称为互动媒介。在网上，人们可以自主地搜索、选择广告，想看什么就看什么，对于受众，这种广告媒介更具自主性和娱乐性。

（4）广告受众。广告受众即广告所针对的目标对象，即广告讯息的接收者。商业广告的对象就是目标消费者，网络广告的受众就是广大上网的人——网民，所以，上网企业做广告就必须去研究目标市场（区域）网民的构成特征、消费行为等，做到有的放矢，这也是现代广告的一个基本要求。

就目前看，我国网民的年龄和教育层次构成不太理想，根据 CNNIC 最新的统计报告表明：18～30 岁的网民占全体网民数量的 3/4，这个年龄层次从商业的角度来说，是一个不成熟的组织结构，他们想做的事挺多，但钱不够，看广告看得多，但真正购买的人不一定多。但随着全社会信息化的推进，网民的年龄组成将向低年龄层次与高年龄层次发展，这两个层次都是消费水平较高的，那时网络广告的真正价值就体现出来了。

（5）广告效果。广告效果是指一次特定时期内的广告所取得的结果及其与预先目标的距离。广告的最终效果直接体现广告的成功与否。衡量一个广告的效果并不是仅仅看广告的到达率或广告前后的销售量增幅，因为广告的目标是多层次的，有的时候还要看广告是否增加了企业和产品（品牌）的知名度、信任度；是否更新了顾客的观念，增进了沟通和理解；是否产生远期的效果等。

同样，网络广告也必须是注重广告效果，而不是漫无目的。网络广告效果的最直接评价标准是显示次数和点击率，即有多少人看到了此广告，并且又有多少人对此广告感兴趣并点击了该广告。同时，网上一些标志性的广告所带来的品牌传播作用也不容忽视，比如一些网站主页上的页眉广告，它的传播效果则直接取决于网站的访问率。

4. 网络广告的功能

网络广告是网络企业进行网络宣传的主要媒介手段，它具有如下一些功能：

（1）传播信息功能。网络广告最大的功能是能将广告主的信息传递到广告受众，不受时间和空间的限制，全天 24 小时将信息传播到世界各地。广告受众只要能上网，点击广告，就能随时随地浏览广告信息。

（2）塑造企业形象的功能。网络广告具有多媒体技术的支持，能够利用音频、视频及动画技术多方面地展示企业品牌，塑造企业形象，将企业的品牌定位传递到目标受众。

（3）沟通供需和促销功能。网络广告还具有交互性，能够成为买卖双方沟通和交流的工具。利用广告，企业可以发布产品供应和促销信息，方便用户选购；用户可以了解企业信息，刺激购买欲望，达成交易。

（4）诱导和说服功能。网络广告还具有诱导和说服功能，吸引用户，促使购买行为。网络广告的载体基本是多媒体和超文本格式的文件，可以使消费者能亲身体验产品、服务与品牌，这种让顾客身临其境的广告，更能诱导和说服用户，完成广告目标。

5. 网络广告术语

CPA（Cost per Action）：每次行动的费用，即根据每个访问者对网络广告所采取的行动收费的定价模式。它对于用户行动有特别的定义，包括形成一次交易、获得一个注册用户、或者对网络广告的一次点击等。

CPC（Cost per click）：每次点击的费用。根据广告被点击的次数收费。关键词广告一般采用这种定价模式。

CPM（Cost per Thousand Impressions）：每千次印象费用，即广告条每显示1000次（印象）的费用。CPM是最常用的网络广告定价模式之一。

CPO（Cost per Order）：也称为Cost-per-Transaction，即根据每个订单/每次交易来收费的方式。

PPC（Pay per Click）：是根据点击广告或者电子邮件信息的用户数量来付费的一种网络广告定价模式。

PPL（Pay per Lead）：根据每次通过网络广告产生的引导付费的定价模式。例如，广告客户为访问者点击广告完成了在线表单而向广告服务商付费。这种模式常用于网络会员制营销模式中为联盟网站制定的佣金模式。

PPS（Pay per Sale）：根据网络广告所产生的直接销售数量而付费的一种定价模式。

CPTM（Cost per Targeted Thousand Impressions）：经过定位的用户（如根据人口统计信息定位）的千次印象费用。CPTM与CPM的区别在于，CPM是所有用户的印象数，而CPTM只是经过定位的用户的印象数。

11.1.2 网络广告的特点及优势

1. 网络广告的特点

网络广告是新生代的广告媒介，它是随着国际互联网的发展而逐步兴起的，它具有传统媒介广告所有优点，又具有传统媒介所无法比拟的优势。网络广告可以分为广义和狭义两种，广义的网络广告是指企业在互联网上发布的一切信息，包括企业的互联网域名、网站、网页等；狭义的网络广告一般是指建立一个含广告内容的www节点，目前多为标题广告，用户通过点击这一含超链接的标题，将被带至广告主的www节点。网络广告主要有以下特点：

（1）广泛性。网络广告传播范围比较广，并且内容详尽。传统广告由于受媒体的时间和版面的限制，其内容只能删繁就简，突出重点；而网络广告则基本不受这样的限制，可以将广告做得十分详尽，以满足想进一步详细了解有关情况的用户的需要。形式多样也是网络广告的广泛性的体现，网络广告的表现形式包括动态影像、文字、声音、图像、表格、动画、三维空间、虚拟现实等，它们可以根据广告创意需要进行任意的组合创作，从而有助于最大限度地调动各种艺术表现手段，制作出形式多样、生动活泼、能够激发消费者购买欲望的广告。网络广告的对象是与互联网相连的所有计算机终端客户，通过互联网将产品、服务等信息传送到世界各地，其世界性广告覆盖范围使其他广告媒介望尘莫及。

(2) 表现手段丰富多彩。网络广告采用文字介绍、声音、影像、图像、颜色、音乐等于一体的丰富表现手段，具有报纸、电视的各种优点，更加吸引受众。网络广告制作成本低、时效长，越来越多的工商企业选择网络广告作为重要国际广告媒体。

(3) 内容种类繁多，信息面广。庞大的互联网网络广告能够容纳难以计量的内容和信息，它的广告信息面之广、量之大，是报纸、电视无法比拟的。随着我国计算机的普及和发展，越来越多的国内工商企业和个人在国际互联网上建立站点或主页，打出广告，推销自己，推销产品，使网络广告信息量激增。

(4) 多对多的传播过程。报纸广告基本是一对一的传播，电视传媒则是一对多的传播，而互联网上的广告则是多对多的传播。之所以这样，是因为在互联网上有众多的信息提供者和信息接收者，他们既在互联网上发布广告信息，也从网上获取自己所需产品和服务的广告信息。

(5) 即时互动性。网络广告是一种"推"、"拉"互动式的信息传播方式。广告主将相关产品的所有信息组织上网，等待着消费者查询或向消费者推荐相关的信息。消费者成为交流的主动方，他们主动、自由地去搜寻有用的信息，并可按照自己的自身需求直接向广告主（公司）发出咨询。

网络广告是一种交互式的广告，俗称"活"广告，查询起来非常方便，由一般受众感兴趣的问题，一步一步深入到具体的信息。只要受众在一般介绍中的关键词上用鼠标一点，便出现对这个关键词的内容的详细介绍的新画面。所谓网络广告的互动性，是指工商企业或个人将广告信息内容准备好，放置于站点上，所有网络用户都可以通过上网及时查看，获取广告信息，即人-机-人模式。例如，一家公司通过网络广告将公司产品信息传播到世界各地的互联网计算机终端客户，当个人收到该信息后，对该公司的产品产生了兴趣，开始在网上交互查找该产品信息，以期获得更多的有关信息。进一步，此人可通过电子邮件、网络电话、网络传真等向该公司询问各类有关问题，得到满意答复后，可通过电子商务手段实现商品购买。传统的销售渠道中间环节过多，既增加了广告成本，又减慢了商品信息传递的速度，难以满足飞速变化的市场需求；而利用网络广告则可将产品信息几乎在生产的同时，就同步传递到用户网中，等于在同一时间对无数受众做了广告宣传。例如，山东省的许多乡镇企业将自己农、副、土、特加工品在互联网上发布广告后，获得了国外大量订单，开拓了国际市场，为国家赢得了外汇，而这在过去几乎是不可能的。

(6) 非强迫性。我们知道，电视、广播、报纸、户外路牌、霓虹灯广告等都具有强迫性，它们要想方设法转移受众的视觉、听觉，将有关信息塞进受众的脑子，而网络广告却是非强迫性的，它具有类似报纸分类广告的性质，让受众自由查询，受众既可以只看标题，也可以完整查看；既可以粗略浏览，也可以详细查看，这样就使受众大大节省了时间。

(7) 实时性。在传统广告媒体上，广告发版后很难改变，或者说改换广告版面的经济代价太大，因而难以实现；而在 Internet 上做广告，则能按照需要及时变更广告内容，包括改错。例如，一则有关电视机促销广告的电视机销售价格变动了，更改价值只需要一两分钟，更改成本则可以忽略不计。这样就可以很容易做到经营决策变化与广告变化之间的无延迟。

(8) 经济性。目前，在 Internet 上发布广告相对传统媒体而言便宜得多。

网络广告是 Internet 问世以来广告业务在计算机领域新的拓展，网络广告已经成为当今最热门的广告形式，通过这几年的发展，网络广告发展势头良好，它具有传统广告的特点，也有自己的优势，有传统媒体无法比拟的优势。

2. 网络广告的优势

与传统的四大传播媒体（报纸、杂志、电视、广播）广告及近来备受垂青的户外广告相比，网络广告具有得天独厚的优势，是实施现代营销媒体战略的重要一部分。Internet 是一个全新的广告媒体，速度最快、效果理想，是中小企业扩展壮大的很好途径，对于广泛开展国际业务的公司更是如此。

目前，网络广告的市场正在以惊人的速度增长，网络广告发挥的效用越来越重要。因而众多国际级的广告公司都成立了专门的网络媒体分部，以开拓网络广告的巨大市场。

(1) 巨大的商机。随着互联网经济的不断拓展，越来越多的企业开始进入网络市场。网络广告因其成本低廉、覆盖范围广，而成为企业开拓业务、推广品牌的必备工具。网络广告市场蕴藏巨大的需求，对众多广告公司而言隐含着巨大的商机。

(2) 自主、方便。对比传统广告，网络广告的优势在于，网络广告的任何一方都可以自由方便地进行选择，广告提供商可以选择任意的网络广告平台发布广告，价格和时间可自由拟定；广告主可自由选择广告发布的网站，设计网络广告的形式；广告受众可以根据需要选择点击广告，查看详细内容，获取广告信息。

(3) 一对一模式。由于网络媒体的特点，在传统广告市场无法提供的一对一个性化服务，在网络媒体上则可以轻松提供。传统广告的设计及传播都是大面积的、无针对性的，而网络广告则可以依据用户的不一样，提供不一样的广告形式和内容，实施一对一的个性化服务，目标用户定位更精准，营销更有效。

(4) 大信息量。网络广告对比于传统广告的另一个优势是，网络广告可以集成更多的信息。传统媒体广告由于受到费用、空间、时间等影响，只能传递一些最基本的广告信息；而网络媒体具有多媒体技术，不受时间空间影响，可以发布用户需要的各种信息，信息量广泛。大信息量有助于网络广告的效用提高，实现网络广告的目标。

11.1.3 网络广告的分类

1. 按照投放目的划分

按照投放目的划分方法，是以网络广告投放最终的需求来分类的。

(1) 信息传播类。信息传播类的广告的目的是将某个消息传播出去，其目的主要是将新产品上市的信息让更多的人知道。

信息传播类的广告的效果衡量标准，根据广告的具体内容，有一些区别，如果信息属于网络的内容，那么点击效果（包括点击量、点击有效性等）是衡量的主要标准；如果信息是属于一个传统的活动（如某商场开业酬宾），那么其效果比较难评估，一般的办法是将这个活动的一些属性提取出来，成为网络内容（如提供一个有奖网络调查、活动的网络报名）。

（2）品牌广告类。品牌广告是针对某一个品牌进行的宣传，其目的是为了提升品牌的知名度和美誉度。

网络上的品牌广告可以通过点击效果和互动活动来综合衡量。另外，这类广告的投放也有讲究，因为属于品牌广告，其投放地点将直接影响投放的效果。

（3）销售/引导类广告。销售/引导类广告的目的就是为了销售产品。比如我们经常看到的SP的图铃广告都可以归到这类。

如果销售的产品是网络产品，那么可以通过实际的销售结果进行衡量，这类广告是属于"抓到老鼠就是好猫"的一类广告，一般不管投放到什么地方去，只要能卖出去东西就可以。

2. 投放形式

随着网络广告的不断发展，网络广告的投放形式也不断翻新。现在的网络广告形式主要有以下几种：

（1）固定位置广告。固定位置的广告形式是最早采用、也是最常见的广告形式。其特点是，在某一个或者某一类页面的相对固定位置放置广告。

这种广告一般是定期更换，手工或者自动地通过统一的系统进行投放。广告由广告主与网站主协商确定，与内容无关。

（2）上下文相关广告。上下文相关广告是在固定位置广告的基础上，增加广告与上下文的相关性，由广告投放平台通过分析，投放广告的页面内容，然后从广告库中提取出相关的广告进行投放。

（3）弹出广告。弹出广告早期是在页面打开的时候，使用JS代码打开新窗口的方式显示广告。后来，逐步有所变化：①JS打开的窗口不再是一个广告窗口，而直接是内容页面；②部分弹窗广告采取后弹模式，也就是说，当页面载入完成后弹在当前页面后；③部分弹窗广告采取关闭触发的模式，也就是说，当用户关闭窗口或者离开当前页面的时候弹出。弹出广告严重影响用户的访问体验，但是，因为其对ALEXA排名的提升效果好，宣传效果突出，很多广告主对它很是喜爱，价格也比较高。

（4）内文提示广告。内文提示广告也叫"画词广告"，即在内文中，画出一些关键字，然后当鼠标移动到上边的时候，使用提示窗口的方式显示相关的广告内容。这种广告形式比较新颖，与上下文相关，不占用页面位置。

（5）插件/工具条安装广告。随着网络的发展，很多插件、工具条为了获得大量的用户，开始有了推广的需求，软件/插件安装广告即应运而生。

早期的插件/工具条的安装都会有明确的提示，因为部分用户网络知识匮乏，以及对网站的信任，安装率非常高。后来，随着插件的泛滥以及插件给电脑本身带来的危害，用户开始拒绝插件安装。后期的插件开始使用病毒手段，在不提示的情况下，强制安装。

随着舆论的声讨以及插件服务商之间的争斗，垃圾插件被广泛质疑，插件/工具条安装广告也开始逐步走向没落，但是在一定范围内，特别是在部分个人网站上仍然存在。

11.1.4 网络广告的主要表现形式

网络广告具有多种表现形式，能利用综合的多媒体手段传递更丰富的信息。

1. 网幅广告（包含 Banner、Button、通栏、竖边、巨幅等）

网幅广告是以 Gif、Jpg、Flash 等格式建立的图像文件，定位在网页中大多用来表现广告内容，同时还可使用 Java 等语言使其产生交互性，用 Shockwave 等插件工具增强表现力。

2. 文本链接广告

文本链接广告是以一排文字作为一个广告，点击可以进入相应的广告页面。这是一种对浏览者干扰最少，但却较为有效果的网络广告形式。有时候，最简单的广告形式效果却最好。

3. 电子邮件广告

电子邮件广告具有针对性强（除非你肆意滥发）、费用低廉的特点，且广告内容不受限制。特别是针对性强的特点，它可以针对具体某一个人发送特定的广告，为其他网络广告方式所不及。

4. 赞助式广告

赞助式广告多种多样，比传统的网络广告给予广告主更多的选择。

5. 与内容相结合的广告

广告与内容的结合，可以说是赞助式广告的一种，从表面上看起来，它们更像网页上的内容，而并非广告。在传统的印刷媒体上，这类广告都会有明显的标示，指出这是广告，而在网页上通常没有明显标示。

6. 插播式广告（弹出式广告）

访客在请求登录网页时，会强制插入一个广告页面或弹出广告窗口，这就是插播式广告。它们有点类似电视广告，都是打断正常节目的播放，强迫观看。插播式广告有各种尺寸，有全屏的也有小窗口的，而且互动的程度也不同，从静态的到全部动态的都有。浏览者可以关闭窗口不看广告（电视广告是无法做到的），但是它们的出现没有任何征兆，而且肯定会被浏览者看到。

7. Rich Media

Rich Media 一般指使用浏览器插件或其他脚本语言、Java 语言等编写的具有复杂视觉效果和交互功能的网络广告。这些效果的使用是否有效，一方面取决于站点的服务器端设置，另一方面取决于访问者浏览器是否能查看。一般来说，Rich Media 能表现更多、更精彩的广告内容。

8. 其他新型广告

如视频广告、路演广告、巨幅连播广告、翻页广告、祝贺广告等。

9. EDM 直投

通过 EDMSOFT、EDMSYS 向目标客户定向投放对方感兴趣或者是需要的广告及促销内容，以及派发礼品、调查问卷，并及时获得目标客户的反馈信息。

11.1.5 网络广告的发展趋势

1. 未来发展的前景

与电视、报纸广告每年几百亿美元的收入相比，网络广告的收入是微不足道的。但是互联网以其跨时空、跨地域、图文并茂的双向传播信息的超凡魅力，创造了无限商机。从市场营销角度来看，互联网使广告和商业交易充分地结合在一起，其发展速度迅猛，前景诱人。我国把 1999 年定为政府上网年，这表明我国政府非常重视网络资源的利用。随着计算机水平的日新月异，网络传输速度加快，上网费用降低，电子货币、网上采购安全性等技术性问题解决后，将有更多的个人和公司成为网络用户。互联网的种种优势使其成为一种具有巨大商业潜力的传播媒介，为网络广告的发展带来巨大的契机。

2. 我国网络广告未来发展趋势分析

推动互联网广告费快速增长的因素有数量不断扩大的上网用户群、用户上网的时间越来越长、电子商务交易方式的日益普及以及可上网销售的货物品种越来越多。

(1) 中国网络广告产业形态逐步成熟。

虽然经历了金融危机的影响但中国网络广告市场迅速反弹，一方面基于整体宏观环境的改善，各行业网络广告投放预算增加；另一方面，互联网自身媒体价值的提升，成为获得广告主认可的主流媒体之一也是其整体市场规模依旧保持较高增速的原因，尤其如视频网站，社交网站等新媒体价值的凸显以及垂直媒体（Rich Media）广告费用快速增长成为 2009 年中国网络广告市场主力增长点。

搜索引擎广告、富媒体广告以及其他新广告形式将成为推动网络广告市场发展的主要动力。中国的网络广告市场的产业形态发展得越来越成熟完整，从日益专业化的网络媒体，到数量不断增多的网络广告代理公司，到技术不断升级的网络广告管理系统技术提供商，再到提供网民访问量监测和竞争品牌分析的专业调研公司的介入，整个网络广告的产业链发展更加完整，产业也更加成熟。网络广告的这种发展态势，会使越来越多的人介入这个行业，并将逐步完善我国网络广告行业的发展。

(2) 网络媒体间竞争更加激烈，行业需要资源整合。

门户网站的网络广告收入发展稳定，今后依然是中国网络广告媒体收入的最主要的组成部分，但是随着特色专业媒体的激增，网络媒体间的竞争会愈演愈烈。在网络媒体的竞争中经济实力是基础，服务质量是根本，媒体权威是品牌，加强基础，确保根本，追求品牌，才能在竞争中取胜。

网络媒体并不是尽善尽美的，而且并不是所有产品都适合投放网络广告。不同性质的媒体有不同的功能及特点。报纸广告不易更改，传阅者多，直接呈现的广告信息量大，具有一定的权威性；杂志广告制作精美、信息保存时间较长；电视广告受众多、影响力强、表现形式生动。网络广告与传统媒体广告合作，不但不会威胁到传统媒体广告的生存，相反，会激活其广告市场，从而实现双赢。

网络广告在色彩、音效上的优势使网络广告比报纸广告更有吸引力，但由于网页版面的限制，网页广告大多受到尺寸的限制，往往需要通过链接才可找到产品的详细资料，报纸广告丰富的信息容量与网络广告相似，适合那类需要详细叙述功效或使用方式的产品，而且相对于网络广告，报纸广告可随时翻阅，不会受到设备的影响。虽然电视广告的表现形式和网络广告比较接近，但电视还是当下最受欢迎、最普及的媒体，尽管电视广告稍纵即逝，但是在网络广告后投放简短的电视广告，有助于唤回消费者的产品记忆。

（3）搜索引擎融入网络广告市场。

经过几年的发展，搜索引擎已经成为互联网业最有潜力的市场之一，搜索引擎市场竞争已进入白热化的程度。新搜索工具有数十款，从桌面搜索、新闻搜索、mp3 搜索、图片搜索、图书搜索、购物搜索以至论坛搜索、blog 搜索，几乎无所不有。

在搜索引擎广告方面，尤其是竞价排名的广告形式，已经凸现出网络广告的一种特性——按广告效果付费。现在，百度、Google 等的主流搜索引擎已经能够提供按照关键字搜索而显示图片形式的广告。

（4）网络广告代理公司快速发展，专业化分工日益明显。

网络广告代理公司在快速发展，较大的网络广告代理公司广告经营额一般都取得了大幅增加。目前，代理公司的发展进入了专业化分工阶段。广告代理公司深入了解某一个行业广告主的宣传需求，并进行一系列的专业化网络营销服务，会是未来服务型网络广告代理公司的发展趋势之一。

（5）传统消费品类网络广告份额上升。

各个行业的网络广告主在网络广告投入的总费用越来越大。网络服务类客户中，主要包括网络游戏类和电子商务类企业，网络经济的热潮让网络服务类行业的广告预算今后几年仍然会继续大幅增加。

（6）富媒体网络广告形式进入新纪元。

富媒体（Rich Media）广告的定义是指由 2D 及 3D 的 Video、Audio、Html、Flash、Dhtml、Java 等组成的效果，这种广告技术与形式在网络上的应用需要相对较多的频宽。Rich Media 能够提高广告的互动性，提供更广泛的创意空间。最新的网络媒体技术甚至允许用户在广告界面上直接留下数据，从而有效地促进了用户与广告的交互。

有关数据显示，在品牌宣传上，富媒体比一般简单的 Flash 的效果高出 67%；比一般非富媒体广告的效果要高出 153%。在直接反馈上，富媒体广告几乎是非富媒体广告的客户转化率的 4 倍；广告点击率为非富媒体的 5 倍以上；富媒体广告平均为 1.57%，非富媒体广告为0.29%。由此可见，一个新事物的诞生、发展会让首先尝试的人占据先机，尤其在外力因素的催生下，富媒体广告必将成为网络营销新宠。

网络视频广告播放器（iCast）是一种不需要受众安装任何插件就可以播放的整合视频、音频、动画图像、双向信息通信和用户交互功能的新一代网络广告播放器。在以前看过 iCast 网络视频广告的网民中，有 76% 的人对 iCast 网络视频广告的视觉效果表示有好感。网民在看完 iCast 网络视频广告后，只有 5% 的网民认为是在打发时间，其他绝大多数人都表示对 iCast 网络视频广告消费倾向或是被其广告画面所吸引。

(7)“技术含量”在网络广告中有着不可忽视的作用。

以百度为例，其相继推出的“关联广告”、“竞价排名”等新型广告策略都是依靠其搜索引擎技术。互联网实践证明，搜索引擎“推”的力量比“拉”的力量大，因为搜索引擎把网民尽量“推”到其想要去的地方，而不是轻易将其“拉”进来。

百度每天有1.5亿次的搜索请求，百度对中文关键字有最好的理解，它可以通过中文语义分析技术从网民的搜索内容中分析其最关心什么，有什么趋势，了解网民上网行为。其关联广告就是基于此分析，根据广告主的需求，把搜索内容化解成最准确的关联广告，投放给相应人群，从而增强了广告主的投放信心。

同时，网络广告的创新在很大程度上依赖于技术的创新，只有新技术才能有吸引力。创新的广告形式本身就是最好的广告。在网络广告初期，总是在模拟电视上的形式，没有创意，虽然网络广告已有多种形式，但应用得过于频繁也会使人厌烦，技术商可以增强广告的个性化，把广告融入各类信息中，设计成页面或专项服务形式，使人们在无形中接受了广告。

(8) 网络媒体需要增强自己的核心竞争力。

网络媒体要吸引更多的广告投放量，应增强自己的核心竞争力，从而吸引与自身目标消费群一致的产品广告。

迈克尔·波特曾提出了著名的三大基本竞争战略：差异化竞争战略、技术领先战略和成本领先战略。可见，差异化是创造核心竞争力的基础，只有对受众需要有超乎他人的观察，并且能创造性地实现对受众需要的满足，才能获得同行业的竞争优势。

而从实际操作来看，网络广告发展现在有四种趋势：

第一，管理从无序状态趋于有序状态，就是说，管理更加规范化，这由两方面的因素来推动：首先，国家对网络广告管理的重视，比如国家工商局刚刚颁布了一些试行的规范和要求，从中也可以看得出政府对网络广告经营的重视。其次，网站本身也需要把网络广告管理规范化和完善化，在创业的阶段，网络的人员素质、管理经验都存在一些薄弱的环节，而现在网络公司逐渐走向成熟了。

第二，价格问题。价格战一直在混乱中进行，有些网站甚至完全免费，这是因为网站数量增加得很快，有些网站为创造知名度、增加一些市场份额，把价钱压低，使得竞争非常激烈；另外，客户在市场中日渐成熟，甚至比某些从业人员还在行，因此价格的透明化势在必行。

第三，网络广告的形式已经开始多样化和复杂化。

第四，客户也趋向于多样化。从刚开始的 IT 企业，如联想、诺基亚、Intel 等客户，发展到如房地产、汽车、药品等客户，消费品行业也开始介入网络广告，希望通过网络推广形象和产品。

另外，客户行业的类型也有很大变化，原来的很多客户都是一些跨国企业，基本上是一些国外知名的大公司，现在很多国内企业，包括民营的、国营的、甚至私营的，也愿意投入网络广告。

总而言之，有一点可以肯定，我国互联网应用尚属初级阶段，新技术的不断出现必然会带给网上广告更广阔、更多样化的发展空间。

11.2 网络广告的制作和发布

网络市场的发展带动了网络广告市场的繁荣和兴旺，越来越多的国际广告公司纷纷设立网络部，开始在网络上开辟自己的新市场。网络企业也需要通过这一新的信息媒介提高企业信息的传播范围，获取更多的目标用户。

11.2.1 网络广告的策划

网络媒体的特点决定了网络广告策划的特点，如网络的高度互动性使网络广告不再只是单纯地创意表现与信息发布，而是考虑到与目标用户的互动交流；网络广告效果的即时性意味着企业可以根据广告效果的评估随时调整自己的网络广告。

1. 用户对网络广告的心理变化

网络广告策划之前，首先需要了解用户的心理。网络广告用户也符合传统广告的AIDAS定律。

（1）Attention：在网络广告中，用户通过接收到的网络广告信息，逐渐对广告主的产品或品牌产生认识和了解，引起注意。

（2）Interest：网络广告受众注意到广告主所传达的信息之后，结合其自身需求对广告提供的产品或品牌发生了兴趣，想要进一步了解广告信息。比如，他可以通过网络广告提供的企业站点链接进入到企业具体的详细页面去了解产品或服务信息。

（3）Desire：感兴趣的广告浏览者对广告主通过商品或服务提供的利益产生“占为己有”的企图，他们必定会仔细阅读广告主的网页内容，这时就会在广告主的服务器上留下网页阅读的记录。

（4）Action：广告受众把浏览网页的动作转换为符合广告目标的行动，可能是在线注册、填写问卷参加抽奖或者是在线购买等。

（5）Satisfaction：使消费者购买后感到满意。网络与传统市场相比，最大的优势就是可以近距离与用户进行沟通。在消费者购买后，企业通过售后服务，来获取他对品牌的忠诚度，达到多次购买的目的。

2. 确定网络广告的目标

广告目标的作用是通过信息沟通，使消费者产生对品牌的认识以及情感、态度和行为的变化，从而实现企业的营销目标。基于用户对广告的认知步骤，网络广告的目标一般可以设计为如下几个方面：

（1）品牌推广。随着网络竞争的白热化，越来越多的网络企业开始采用品牌策略。通过网络广告进行品牌推广，成为众多网络企业的首选。网络广告的多媒体特性，可以将企业的品牌定位及内涵充分表现出来，将这些信息完美地传递到目标受众。

（2）网站推广。网络广告的目标也可以设计为网站推广，通过在其他网站上设立一些旗帜广告、Banner广告等方式，让用户在点击后进入到企业网站，增加网络的流量，以争取更多的转换量。大量门户网站上的广告目标都设计为网站推广。

（3）销售促进。网络广告的目标还可以是销售促进。通过网络广告影响用户的购买决策，尤其当网络广告与企业网站、网上商店等网络营销手段相结合时，这种产品促销活动的效果更为显著。网络广告对于销售的促进作用不仅表现在直接的在线销售，还表现在通过互联网获取产品信息后对网下销售的促进。

不同的广告目标需要不同的广告形式，针对不同的媒体制作不同内容的广告。网络广告的目标决策，为后续广告渠道的选择、广告的制作等奠定了坚实的基础。

3. 确定网络广告的目标群体

网络广告的受众不可能是所有互联网用户，只有产品的目标用户才可能对广告产生兴趣。企业在设计网络广告时，应结合产品的目标客户分析结果，确定网络广告的受众特征，即广告希望哪些人浏览，希望他们具有什么样的特征。对目标群体的确定也能为后续的广告发布确定合适的平台。

4. 设计网络广告创意

网络广告成功与否的关键在于创意，在巨大的互联网信息海洋中要想脱颖而出、获取目标用户的眼球，创意是最重要的决定因素。一个好的网络广告创意具有如下的一些特点：

（1）要有明确有力的标题：好的标题是广告成功的一半，病毒性的广告标题有利于吸引消费者点击查看详细信息。如王老吉采用的标题“封杀王老吉”，正话反说，吸引了众多用户的点击。

（2）简洁的广告信息：互联网用户的一个重要特点就是没有耐心，因此设计简洁、朗朗上口的网络广告信息有利于广告的传播和推广，比如新浪微博设计的广告词“随时随地，分享快乐”。

（3）发展互动性：网络广告的优势之一就是互动性好，可以通过小游戏植入网络广告，利用游戏吸引用户参与，从而接收广告信息。

网络广告的创意是无限的，只要有新的创意就能为企业带来更多的目标受众，创意是网络广告的灵魂。

5. 合理安排网络广告发布的时间

网络广告的发布时间、频率、时限都是策划的重要组成部分。根据目标受众的特点决定网络广告的投放时间，如淘宝网上用户的购买时间是有规律的，企业可以根据这个特点决定淘宝直通车广告的发布时间。网络广告的频率是指广告在一定时间内的播放次数；时限指的是广告开始投放到结束的时间，这些均需要根据目标受众进行确定。

6. 确定网络广告费用预算

企业应根据网络营销的整体费用决定网络广告的费用，从而选择合适的网络广告发布渠道，还可以根据不同平台网络广告的反馈效果决定费用的投放。

7. 设计好网络广告的测试方案

网络广告设计完成后，可以设计不同的测试方案，如不同时间投放，观察广告效果；有差别地设计内容，查看被点击的情况，等等。由于互联网广告的可测试性，企业可以根据反馈决定最佳的网络广告方案。

11.2.2 网络广告的线下制作

网络广告的制作可以利用众多工具软件，如 Photoshop、Bannershop GIF Animator、Flash 等，本节以 Bannershop 为例，论述网络广告的制作方法。

1. Bannershop 工具概述

Bannershop GIF Animator 是一款用来进行网络广告制作的软件工具，可以用来制作不同尺寸的旗帜广告。相比于 Photoshop 和 Flash 以及其他网络广告制作工具，Bannershop GIF Animator 简单好用，普通用户也能使用这个工具完成一般网络广告的制作。

2. Bannershop 的界面介绍

Bannershop GIF Animator 的主界面如图 11.1 所示，上面有一些快捷菜单的工具，我们将用这些工具来完成网络广告的制作。

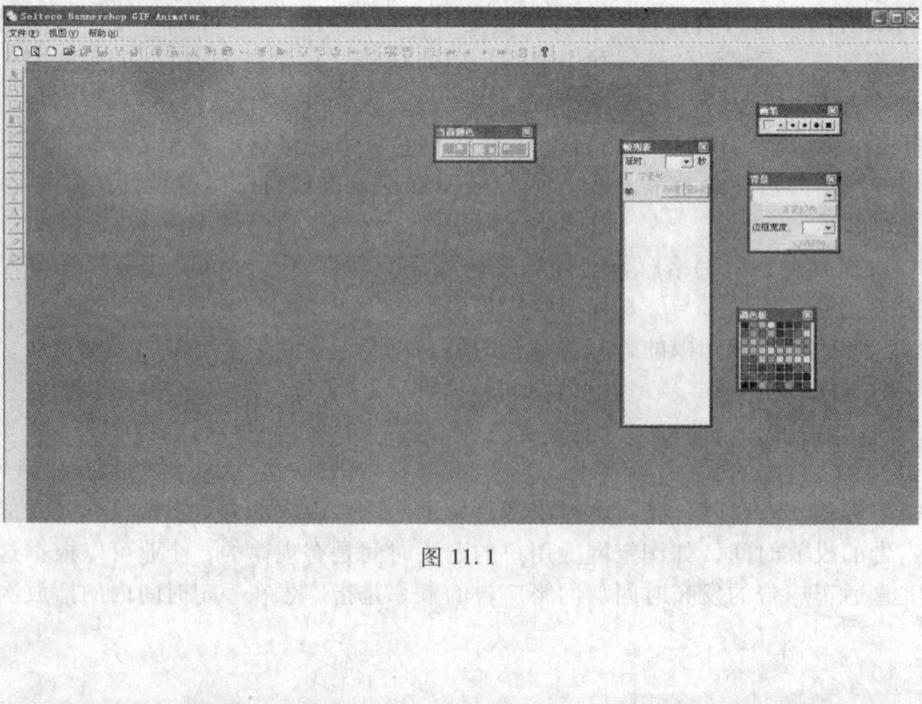

图 11.1

3. 制作网络广告的步骤

（1）选择“文件”，“新建动画向导”，如图 11.2 所示。

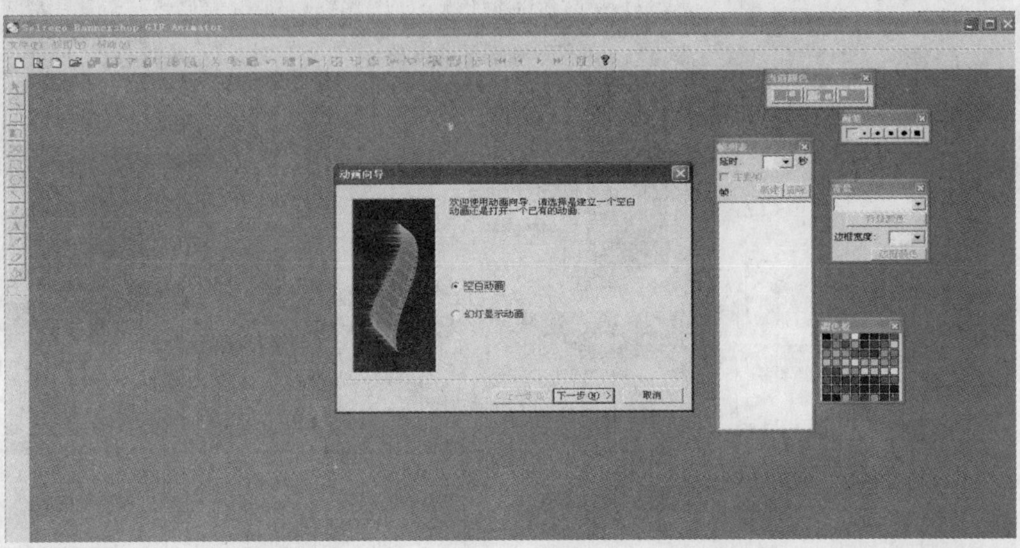

图 11.2

（2）点击“下一步”，选择制作广告的高度和宽度，如图 11.3 所示。

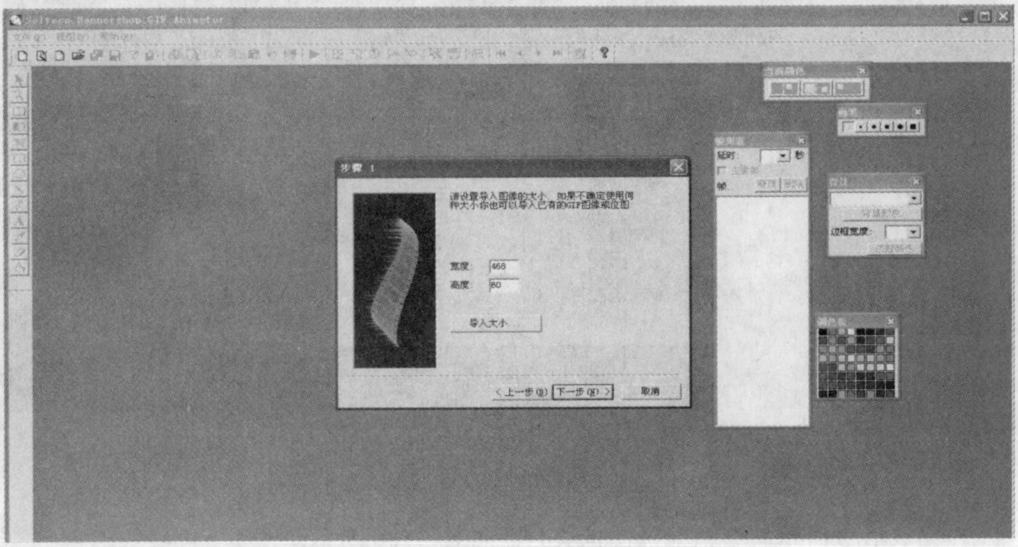

图 11.3

（3）点击“下一步”，选择你的网络广告的帧的数目，如图 11.4 所示。

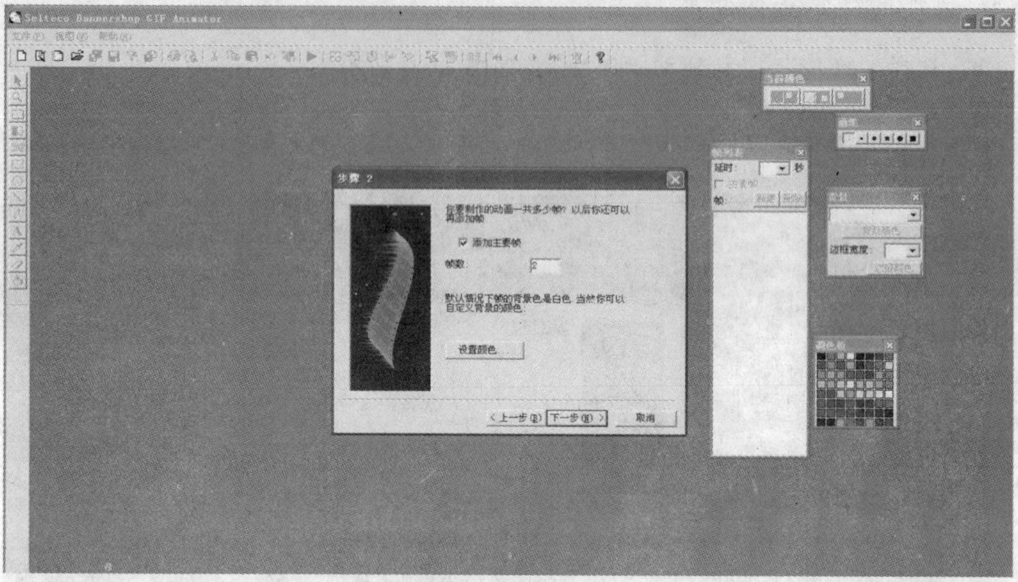

图 11.4

（4）点击“下一步”，选择你的网络广告帧的播放时间间隔，如图 11.5 所示。

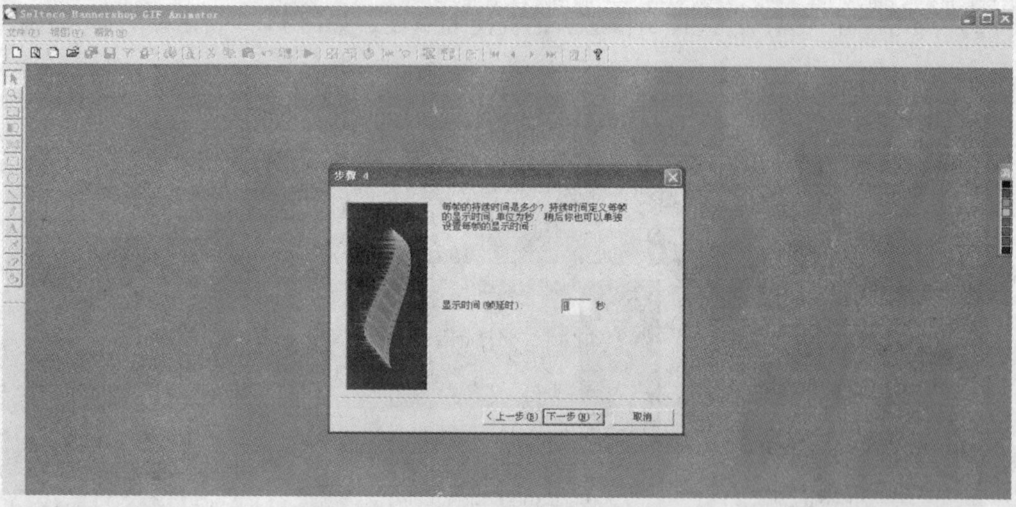

图 11.5

（5）完成后，给每一个帧导入图像文件，如图 11.6 所示。

（6）图像文件导入后，选择“文件”菜单，将制作完成的图片以“gif”的格式保存，完成网络广告的制作，如图 11.7 所示。

（7）最后的效果如图 11.8 所示。

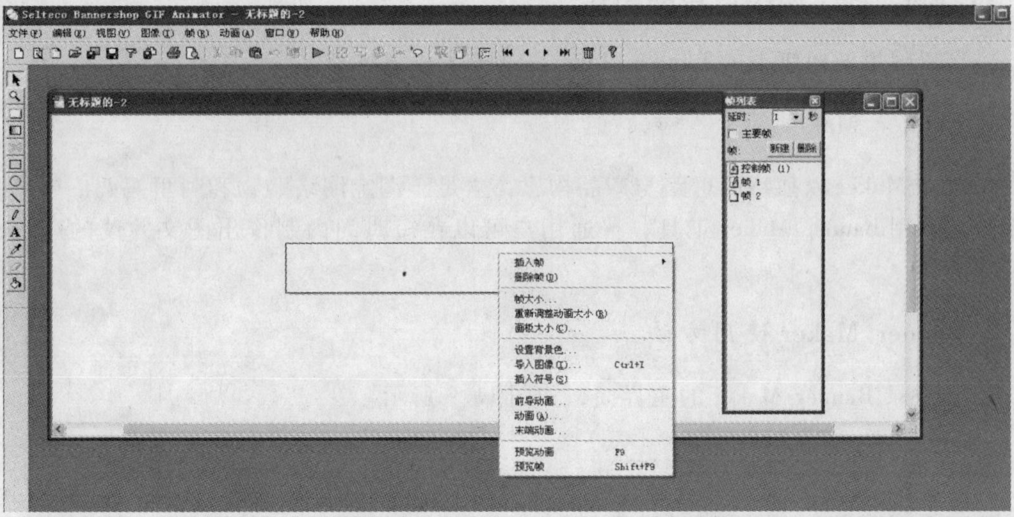

图 11.6

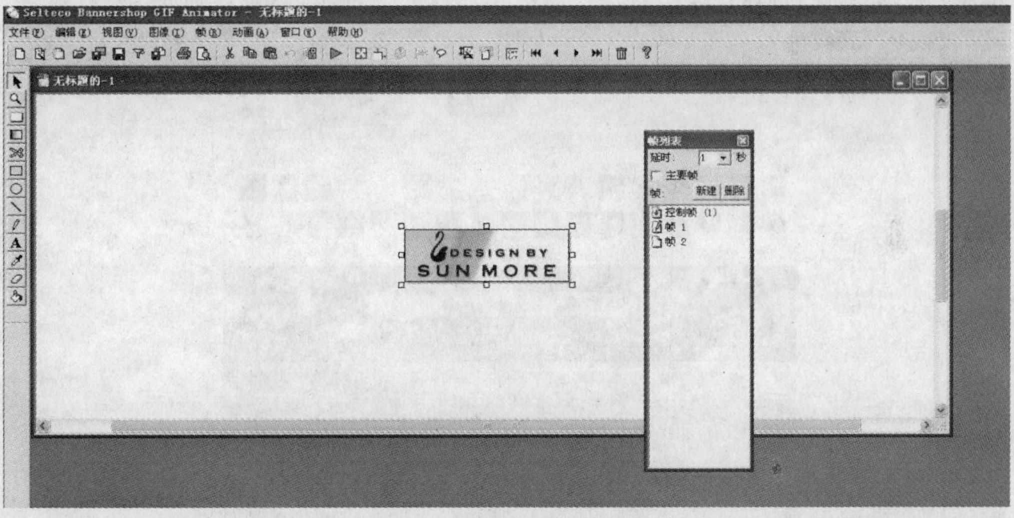

图 11.7

图 11.8

11.2.3 线上网络广告的制作

本节以阿里妈妈旗下的 Banner Maker 为例进行介绍。

1. Banner Maker 简介

Banner Maker 以独特的思路与产品构思，立足于淘宝网络购物和阿里妈妈广告产品营销系统。利用 banner Maker 工具，普通用户可以在短时间内制作出图文并茂的广告，操作简单方便。

2. Banner Maker 使用方法

（1）登录 Banner Maker 的主界面，如图 11.9 所示。

图 11.9

（2）根据广告需要，选择一个模板。Banner Maker 提供了通栏/店招、图文、贺卡、手机店招以及阿里巴巴广告等多种形式的内容选择，同时，在每个类目下又对模板按照产品、行业等进行了详细分类，用户可以根据自己对广告的需求，选择相应的模板，如图 11.10、图 11.11 所示。

（3）选择好模板后，对模板进行个性化设置。如图 11.12 所示，点击模板上的“开始制作”按钮，进行广告制作。这时，会弹出一个新的窗口，选择好的模板会出现在新窗口的中间，旁边会出现工具栏，如图 11.13 所示。

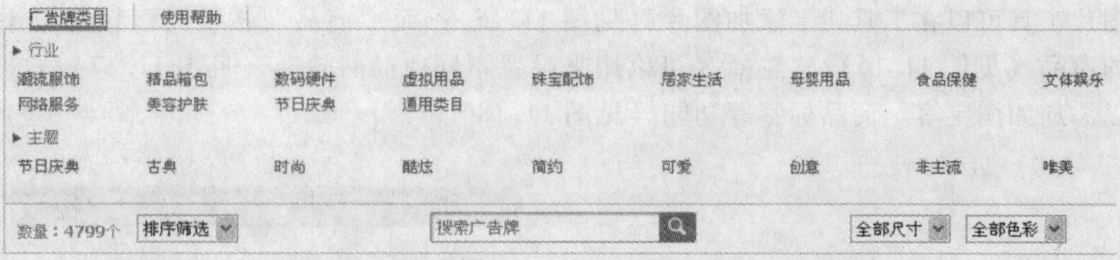

图 11.10　类目图像示例

图 11.11　模板示例

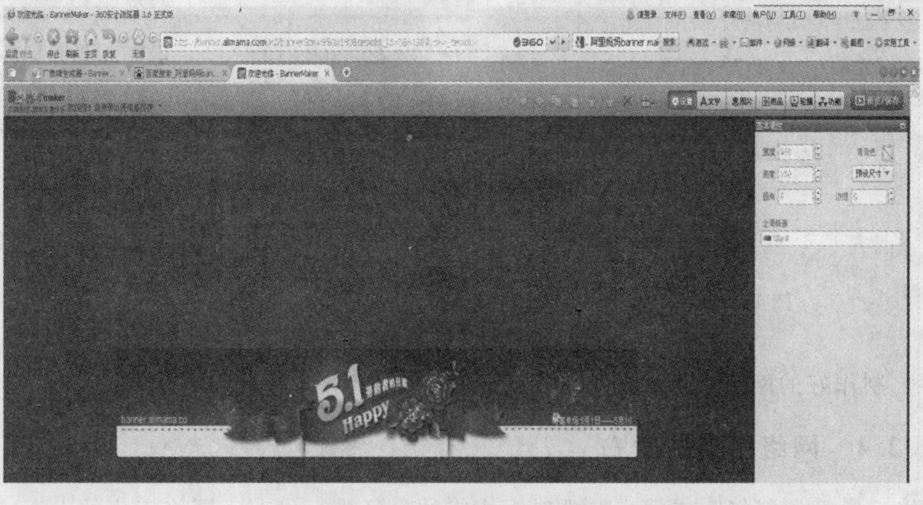

图 11.12　弹出新的窗口

图 11.13　可用来编辑的工具栏

利用工具栏中的文字菜单，可以在模板上添加静态或者动态文字（见图 11.14）；利用图片工具可以在工具栏上添加图片（见图 11.15）；而“商品”按钮可以让用户添加广告的商品（见图 11.16）；“轮播”可以用来设置不同商品的轮播（见图 11.17）；“功能”可以添加如淘宝客、商品标签等功能（见图 11.18）。

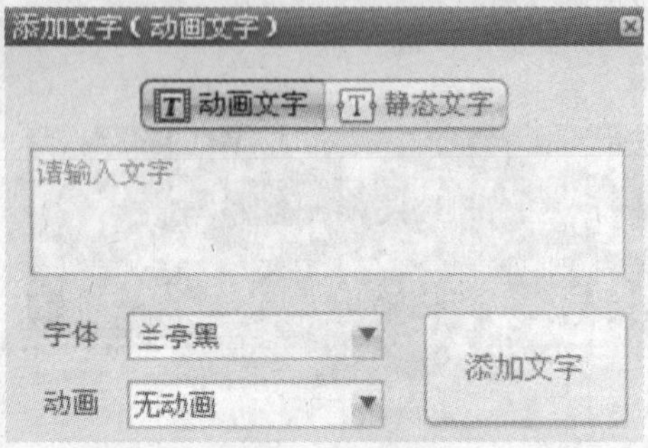

图 11.14

图 11.15

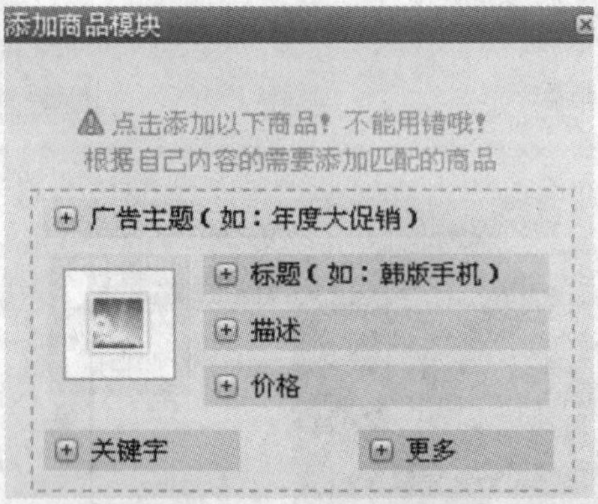

图 11.16

图 11.17

（4）制作好的网络广告如图 11.19 所示。

11.2.4 网络广告的发布

网络广告策划制作完成后，需要选择相应的途径进行发布。网络广告的发布方式有很多种，每种方式都有自己的特点，企业可根据自身情况进行选择。

1. 企业网站

企业发布网络广告最重要的途径就是在网络上建立自己的站点，网站可以树立企业的形象，同时也是宣传企业产品和品牌的重要工具。其他的网络广告发布形式，如黄页、网上名录或者是搜索引擎广告，归根结底都是提供到企业网站的路径。因此，建立企业网站

图 11.18

图 11.19

对企业在网络上进行宣传推广必不可少。随着互联网经济的不断发展，企业网站将成为和公司地址、电话、品牌等一样的必备要素，成为企业的重要资产。因此，网络广告的首选平台是企业自己开发的站点。

2. 门户网站

门户网站一般免费提供很多用户感兴趣的内容与服务，包括各种新闻、评论、生活、财经、在线游戏等，这些信息吸引了大量的网站流量，如新浪的日均 IP 访问量约为 2000 万，搜狐的日均 IP 约为 1000 万。因此，在门户网站上发布网络广告可以获得更多的用户受众，信息传播范围比较广。

3. 行业垂直网站

除了可以在门户网站上发布网络广告外，互联网上还有众多的行业垂直网站，它们是行业领域中的知名网站，优点是目标用户针对性更强。企业可以根据所处行业选择行业垂直网站发布自己的网络广告。

4. 企业名录

一些 Internet 服务商或政府机构将一部分企业信息融入他们的主页中，如香港商业发展委员会的主页中就包括汽车代理商、汽车配件商的名录，只要用户感兴趣，就可以通过链接进入选中企业的主页。国内的一些政府站点也将该政府所辖范围的知名企业网站链接发布在政府网站中，方便用户点击。

5. 免费的 E-mail 服务

在互联网上有许多服务商提供免费的 E-mail 服务，很多上网者都喜欢使用。企业也可以与这些邮件服务商合作，通过在邮箱首页放置网络广告，将信息传递到用户那里。

6. 搜索引擎

由于互联网信息量巨大，网络用户寻找信息必须通过搜索引擎，搜索引擎成为今天流量最大的站点。企业发布网络广告可以选择搜索引擎，如百度、Google 等。通过在网站关键词上投放广告，让目标用户在搜索该关键词时能第一时间发现企业站点，并通过搜索引擎提供的超级链接访问企业网站，为企业带来更多的网络流量。

7. 网络报纸或网络杂志

随着互联网的发展，国内外一些著名的报纸和杂志纷纷在 Internet 上建立了自己的主页，更有一些新兴的报纸或杂志放弃了传统的“纸”的媒体，完完全全地成为网络报纸或网络杂志。通过这些网络媒体，企业也可以投放自己的网络广告，将信息传播给目标用户。

8. 论坛

论坛是互联网用户进行交流与沟通的重要平台，也是企业可以用来发布广告的渠道。一般论坛不允许发布广告帖，但是企业可以通过软文广告将信息发布到论坛，获取目标用户。

9. 博客与微博

随着博客与微博的不断壮大，它们也成了广告发布平台的重要生力军。博客与微博与论坛相比，最大的优势是不受限制，企业可以利用它们发布任何网络广告。

11.3　网络广告交易平台

伴随着网络广告的发展，出现了网络广告交易平台，即第三方网络广告交易机构。网络广告交易平台的出现为广告主和广告用户创造了一个方便快捷的双向选择渠道，推动了网络广告的发展。

11.3.1　网络广告交易平台的发展

网络广告交易平台的发展历经了几个阶段，最初的广告交易平台的出现源自于当时互联网催生的众多的个人站长，相比商业网站，个人站长们所拥有的资源有限，个人网站为了进行网络的推广，站长们通过站长联盟的方式交换链接和获取流量，而逐步壮大的个人站长联盟又让站长们看到了新的盈利机会，通过将难以单一出售的个人网站广告资源进行整合，统一向有需求的企业销售广告位。但是由于站长联盟的自发性质，这个阶段的广告交易平台也暴露出了很大的局限性，如缺乏运营经验、缺乏统一管理、网站质量参差不齐等。

为了弥补个人网站联盟的不足，有组织、有管理经验的商业网站开始介入到网络广告交易平台。例如，一个由彩铃联盟发展起来的网络广告交易平台，因为在创建之初就有着明确的发展模式和规划，有一定的管理经验，平台会有意识地选择符合条件的网站，更符合广告主的价值；而对网站站长而言，虽然需要支付给平台一定的佣金，但是可以增加目标客户的流量，因此平台的发展会带动广告主、网站站长以及平台三方的共赢。

阿里巴巴集团旗下的阿里妈妈网站的上线，更是真正推动网络广告交易平台格局变化。阿里妈妈将广告看作为一种商品，买家和卖家均可以在平台上自由选择，自主交易。网站站长可以在平台上发布自己的网站广告位信息及价格，广告主可以根据自己的商品类别选择合适的广告网站，甚至连个人博客也可以在阿里妈妈上出售自己的广告位。

11.3.2　网络广告交易平台的功能

网络广告交易平台提供了广告主和网站站长之间交易网络广告的桥梁，广告主和网站站长均可自由地发布信息，快捷地进行交易。

1. 自由发布广告位信息

以阿里妈妈为例，在阿里妈妈上，任何网站站长、博客的博主均能发布自己的广告位信息、提供自己的流量信息及广告位价格供买家选择。同时，买家还可以看到其他买家对该广告位的评价，以供参考。

2. 自主选择广告位

在阿里妈妈上，广告买家可以自主选择广告位。阿里妈妈将发布广告位的网站按照行业类别进行分类，买家可以根据商品的特点及目标客户情况自主选择。选择时，可以参考网站流量及网站目标客户情况，方便找出性价比最高的广告位信息，买家还可以像购买实体商品一样参照其他买家的评价信息，作出更准确的广告位选择。

11.3.3 阿里妈妈网络广告交易平台的交易过程

1. 出售广告位流程

（1）注册阿里妈妈账号，和支付宝账号进行关联。首先进入 www.alimama.com 网站，选择注册信息，填写注册的账号密码等信息，并激活，然后与支付宝账号进行关联。

（2）登记网站并发布广告位。用已经注册的用户名和密码登录后，选择发布新网站的功能按钮，在弹出的对话框中详细介绍网站的情况，特别是网站目标客户的特征和网站的流量信息。然后选择广告位的类别、广告计费方式和广告的大小样式，最后是投放广告代码，等待阿里妈妈工作人员的审核，通过后，信息就能发布在阿里妈妈平台上（见图11.20）。

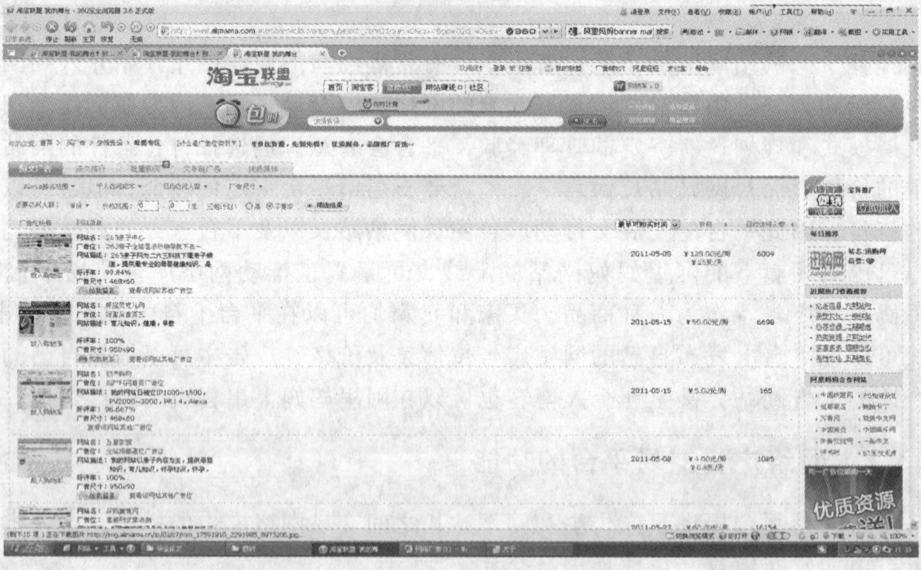

图 11.20 阿里妈妈广告交易界面

2. 购买广告位流程

（1）选择广告类别。广告主需要针对自己产品的种类及特征选择适合的网站购买广告位，阿里妈妈提供很多类目的选择，同时，在挑选广告位时，应关注该网站的目标客户群是不是和准备推广的产品目标客户一致。

（2）查看广告位情况及其他买家的评价。通过查看广告位的基本介绍可以了解广告位的情况，比如流量、价格、计费方式等，还可参考其他买家的评价来了解该广告位的实际效果。通过各方面指标的衡量与对比，选择性价比更好的广告位（见图 11.21）。

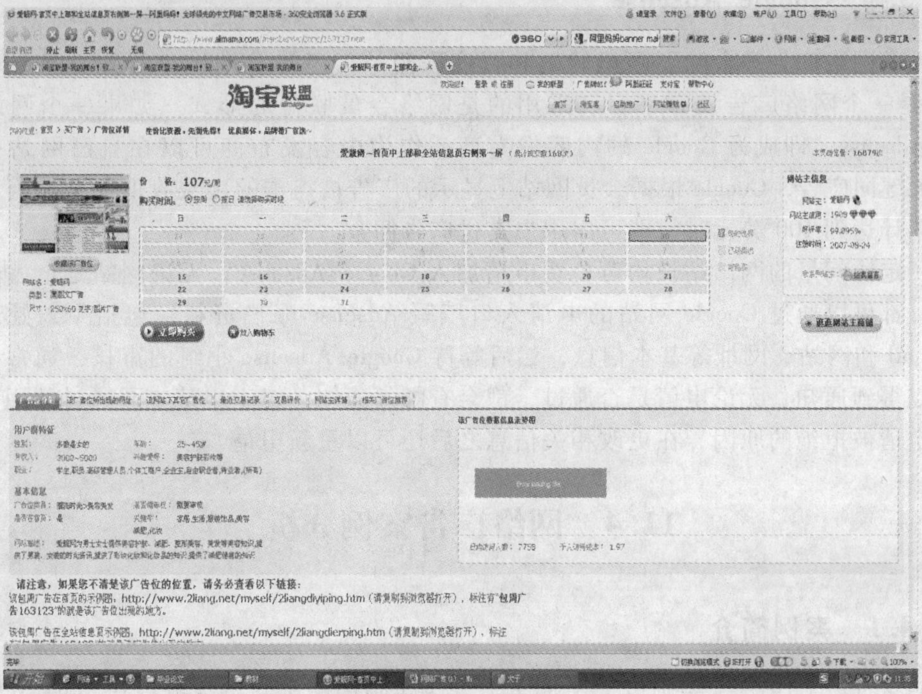

图 11.21 广告位详细情况

（3）选择广告发布的日期和延续时间。广告位的介绍上有明确的该广告位可购买的日期，如果不能确定该广告的实际效果，买家也可以购买 1 天作为尝试。

（4）付款，投放广告。选择完成后，买家直接通过支付宝付款，然后就可以在购买的网站上投放广告。在广告投放结束后，还可以对该广告位进行评价。

网络广告交易平台的发展促进了网络广告的不断壮大，给广告主和网站站长、博客博主们提供了网络广告交易的空间，使得网络广告的作用越来越重要。

11.3.4 百度联盟

百度联盟隶属于全球最大的中文搜索引擎百度，依托百度强大的品牌号召力和成熟的竞价排名模式，经过多年精心运营，已发展成为国内最具实力的广告联盟体系之一。百度联盟一直致力于帮助发布商挖掘专业流量的推广价值，帮助推广客户推介最有价值的广告投放通路。

自成立以来，百度联盟已成功运营了搜索服务、主题推广及其他增值业务。加盟百度的合作伙伴累计超过十万家，不少网民美誉度极高的网站及软件也在和百度联盟的合作中获得快速成长，这些合作伙伴的影响力几乎覆盖所有中文网民。百度联盟建立在诚信、创新的基础上，为会员提供可持续的服务增长模式，从而实现网站与百度联盟的共同成长，实现共赢。百度联盟有大批来自互联网领域资深的产品和业务人员，他们负责新业务拓展和创新产品的开发，从而保证了联盟业务的可持续增长。

11.3.5 Google Adsense

常见的网络广告平台除了阿里妈妈和百度联盟外，还有 Google Adsense。Google Adsense 也是一个网络广告发布平台，采用的是网络会员联盟的形式。如果一个网站加入 Google Adsense，即成为 Google 的内容发布商，作为内容发布商可以在自己网站上显示 Google 关键词广告，Google 根据会员网站上显示的广告被点击的次数收取佣金，当某个月底佣金累计达到 100 美元时，即可向用户支付广告佣金。

有一定访问量的网站站长均可免费申请加入 Google Adsense，无论网站是个人的还是商业的，都可以通过 Google 网站的申请入口填写 Adsense 账户资料，包括个人姓名、地址、E-mail 和网站、网址等基本信息，然后等待 Google Adsense 小组的审核，通常在 2 天左右可以得到通知，无论申请是否通过，都会有邮件通知。对于申请未予通过的用户，将被告知申请被拒绝的原因，在更改相关信息之后还可以重新申请。

11.4 网络广告案例分析

11.4.1 案例简介

2009 年 12 月 19 日，一则以“旱冰宝宝”为主角的美国网络视频广告被评为 2009 年点击率最高的视频之一，并以 4500 万次的点击率入选吉尼斯世界纪录（见图 11.22）。

这则由一家矿泉水公司制作的广告，共使用 96 个特效技术制作了“旱冰宝宝”。这段视频共长 60 秒，是为法国依云矿泉水做的一个创意网络广告，体现依云矿泉水“保持年轻”（Live Young）的品牌宗旨。视频一开始，伴随着说唱团体“糖山帮”的 HipHop 单曲“说唱者的喜悦”的音乐声，几名穿着纸尿裤的宝宝脚踩旱冰鞋，隆重出场。别看这些宝宝还只是婴儿，他们却拥有无比的神力，旱冰鞋在他们脚下如飞火轮一般自如。他们忽而跳跃，忽而跳上栅栏，忽而翻跟头，忽而又大跳 HipHop，简直比专业 HipHop 明星还要酷。广告中，身穿内衣并且还戴着尿不湿的婴儿在说唱音乐的伴奏下，表演起滑旱冰绝技，非常可爱。

从 2009 年 7 月 3 日上线起，这段视频在短短一周内已累计被下载了 800 万次。这几个旱冰宝宝更是成为网上的超人气明星。在 CCTV 的晚间新闻节目少有地报道了这一网络新事物，并将其称之为新“病毒式营销”的成功之作。并称，网友纷纷将这部广告转帖、发送给自己的朋友。正如病毒传染一般，这段视频很快就传遍了网络。

11.4.2 案例分析

旱冰宝宝的网络视频广告取得了 4500 万的点击次数，覆盖了大量的网络受众，而其

图 11.22

制作传播的成本却相对低廉。该视频广告体现了网络广告的广泛性，利用了一段 60 秒的视频，将依云矿泉水的品牌内涵“保持年轻”蕴含于中，并将产品也展示于广告中；同时，利用多媒体技术，将一些旱冰绝技植入到宝宝身上，表现手段丰富多彩；广告上线后，受到大量网络用户的追捧，并发送给自己的亲朋好友观看，整个过程都是网友自发完成，传播成本低廉。并且，随着网络广告受众的不断增加，还获得了传统主流媒体的关注，广告还在 CCTV 的晚间新闻里面播放。

这段网络广告之所以能够以较低的成本获取如此大的成功，主要基于如下原因：首先，广告非常有创意，利用可爱的宝宝做出精彩绝伦的旱冰绝技，将永远保持年轻的内涵寓于广告之中，得到了品牌的目标客户——年轻网友的认同；其次，利用了视频的表现形式，该表现形式很好地诠释了品牌的内涵及价值，在传递宝宝们的超难度动作的同时，也将依云矿泉水的品牌定位传达到了目标客户的心中；再次，利用了网络媒体传递信息的方便快捷性以及广告受众的自主性，广告信息在网络用户之间自发进行传递，成本低廉，价值巨大。

☞知识拓展

据国外媒体报道，过去几年来，网络广告量逐步增加，根据统计显示，全球网络广告费用将会由 2004 年的 180 亿美元增加至 2013 年的 870 亿美元，若换算为新台币，网络广告费用将从 2004 年的 5940 亿元，增加到 2013 年的 2.87 万亿元，网络广告占整个广告市场的占比将会从 2004 年的 4% 提升到 19%。

看准网络市场产值一年比一年提升，再加上历经金融海啸后，业者大幅减少电视、报纸广告预算，而改以费用较少、精准度却更高的网络关键词广告为主，网络市场两大巨头谷歌与雅虎均较过往更努力地推动关键词广告，希望能借此提升广告业务量，增加营业收入来源。在消费电子产品界称霸的苹果也打算要进入网络广告市场，分一杯羹。

根据广告公司 Mobclix 的统计显示，苹果在线商店提供的 10 万种应用程序中，有 1/4 是免费的，苹果不仅不能对这些免费的应用程序收费，也不能对免费程序中所刊登的广告收费，因此，市场人士指出，苹果先前希望收购移动广告公司 AdMob，借以获得 AdMob 在 AppStore 的应用程序广告市场。

业者表示，AdMob 在应用程序中销售广告，不仅可以收取广告费，也可以更清楚了解移动市场动态，当然，苹果也会想要借此涉足网络市场，只可惜，苹果还是晚了一步，被谷歌在 11 月初以 7.5 亿美元的价格，收购了 AdMob。

随着互联网的广泛普及、应用，企业的传统市场营销活动都不同程度地向网络营销倾斜，中国网络广告市场表现强劲。有机构统计，2009 年第三季度中国网络广告的规模达到 57.4 亿元，较第二季度增长超过二成。如此大的市场份额将需要更多的专业网络营销人才来支撑（见图 11.23）。

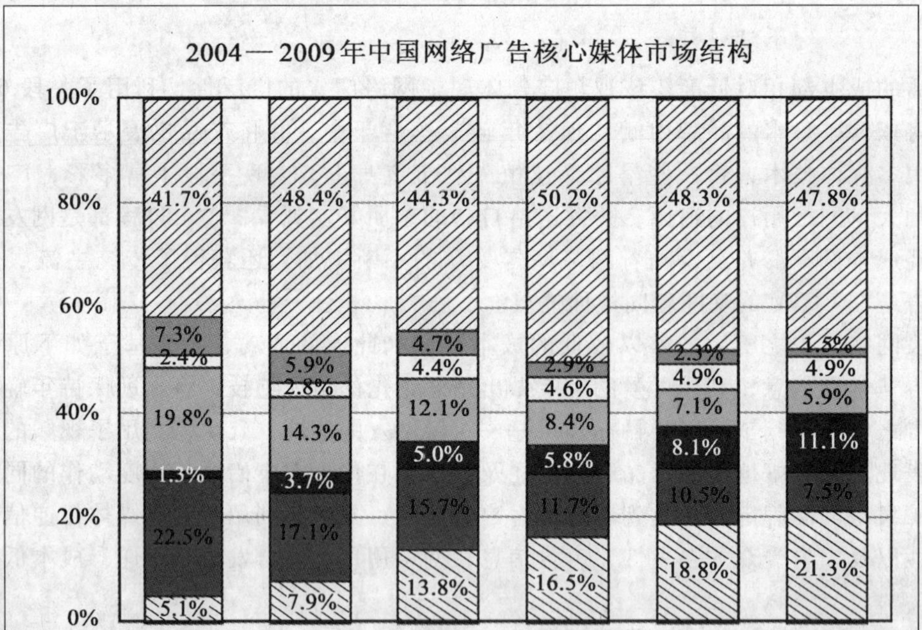

图 11.23　2004-2009 年中国网络广告核心媒体市场结构

目前，受互联网覆盖率影响，美国、英国、德国等欧美国家企业网络营销已经被广泛应用且形式多样，而中国网络营销受互联网普及和专业人才限制，虽越来越受企业青睐，但仍然处于一个早期发展阶段，优秀网络营销人才的短缺现象如果继续延续下去，将会成为中国网络营销的短板。

☞实训与思考

◎实训内容

1. 实训目标

掌握网络广告的策划过程，能自己制作并发布网络广告。

2. 实训工作任务

完成 www. 91tejia. net 网站的网络广告策划及发布。

3. 实训平台

www. 91tejia. net，www. alimama. com。

4. 操作步骤

（1）策划 www. 91tejia. net 的网络广告；

（2）利用 www. alimama. com 提供的网络广告制作工具制作 www. 91tejia. net 的网络广告；

（3）选择与 www. 91tejia. net 网站相同的目标客户网站提供的广告位，购买该广告位；

（4）评价网络广告效果。

5. 实训评分标准（以一个月为周期）

（1）网络广告制作完成（25 分）

（2）顾客成交量（25 分）

（3）网站增加流量（25 分）

（4）网站用户浏览时间增长（25 分）

◎思考题

1. 网络广告与传统广告相比，主要优点和缺点有哪些？
2. 试分析网络广告的发展趋势。
3. 如何选择网络广告发布商？
4. 评价网络广告效果的方法有哪些？
5. 网络广告交易流程是怎样的？

第12章 网络公关

☞工作项目

（1）学习网络公关的基础内容。

（2）进行网络公关活动的深入分析。

（3）开展一般的网络公关活动。

☞知识目标

（1）掌握网络公关的基本知识和技巧。

（2）使用网络公关知识分析网络公关案例。

（3）学习网络公关活动实施的知识和方法。

☞技能目标

（1）具有较强的网络公关案例分析能力。

（2）能够开展一般公关活动。

（3）具备开展网络公关关系的能力。

☞案例导入

“雇佣”网络公关公司发帖损害伊利商誉案件

一起在网络上风起云涌的“商战”、一起牵动无数人神经的奶品质量安全事件，经警方调查，居然是一起雇佣网络“打手”，用键盘和手指对竞争对手实施的商业诽谤案。

2010年10月20日下午，新华社“中国网事”记者从内蒙古呼和浩特市公安局经济技术开发区分局获悉：网上有关伊利“QQ星儿童奶”遭遇恶意攻击一事，经公安机关侦查，是一起有预谋的商业诽谤案。

10月19日起，网络若干论坛及微博开始流传伊利集团旗下生产的“QQ星儿童奶”遭到恶意声誉损害是网络公关公司受雇实施的行为。网民纷纷表示

"震惊"，纷纷发帖"求真相"。

而要找回真相，就必须回到事件发生的源头。

2010年7月16日，某报刊登了一篇所谓"深海鱼油造假严重"的新闻，随即网上相继出现大量宣传"深海鱼油不如地沟油"的攻击性文章。

之后，网络攻击深海鱼油的行动有组织地向深层次发展，攻击添加深海鱼油的产品不能食用，最后矛头直指伊利实业集团股份有限公司生产的"QQ星儿童奶"，煽动消费者抵制加入了深海鱼油的伊利"QQ星儿童奶"。

随后，相关文章纷纷出现在我国大型门户网站论坛、个人博客和百度等主流网站的问答栏目。

伊利集团公司迅速向呼和浩特市公安局经济技术开发区分局报案，呼和浩特市警方随即立案侦查。

警方经过为期两个多月的缜密侦查发现，这起看似商战的事件，是网络公关公司受人雇佣，有组织、有预谋、有目的、有计划，以牟利为目的的实施的损害企业商业信誉案。

警方证实：2010年7月14日，蒙牛"未来星"品牌经理安勇与北京博思智奇公关顾问有限公司共同商讨炒作打击竞争对手——伊利"QQ星儿童奶"的相关事宜，并制定网络攻击方案。

据警方介绍，这些网络攻击手段包括：寻找网络写手撰写攻击帖子，并在近百个论坛上发帖炒作，煽动网民情绪；联系点击量较高的个人博客博主撰写文章发表在博客上，并"推荐到门户网站首页"、"置顶"、"加精"等，以提高影响力；以儿童家长、孕妇等身份拟定问答稿件，控诉伊利乳业公司，并发动大量网络新闻及草根博客进行转载和评述，总计涉及费用约28万元。

整个网络炒作历时一个月，其中点击量最高的一个帖子点击数达20余万人次。

阅读上述案例，分析以下问题：

（1）伊利为什么深陷"鱼油危机"？

（2）网络公共关系对企业有什么意义？

（3）怎样规范网络公关活动？

12.1 网络公关概述

12.1.1 公关概述

1. 公关的定义

公共关系涉及组织、公众和传媒三方面。有时候，组织可以委托专业的公共关系公司代理它的公关事务，这时就可能出现第四方——专业的公关人员，公关的专业化说明了该领域受重视的程度和其中所包含的技术含量。

公共关系是一种管理职能。成功的公共关系必须有组织领导层的大力支持，而且还需要细致的调查、周密的计划和有效的控制。公共关系意味着交流或者双向传播。

首先，公关不是广告。广告是运用各种媒介手段介绍劝诱性的销售信息，目的是推销商品；公关则是利用各种传媒手段唤起人们的好感、兴趣、信赖和信心，目的是争取理解、树立形象。其次，公关不是宣传。宣传是单向传播和灌输，公关则是双向的沟通与交流。公关既要收集、传递信息，还要反馈信息，因此公关需要宣传，但不等于宣传。再次，公关不是庸俗关系学。庸俗关系学就是平常所说的"拉关系"、"走后门"等庸俗的社会现象，它是一种非正常的、不健康的、庸俗化的人际关系，以损公肥私、侵占他人利益及危害社会利益为特征，是一种赤裸裸的私利关系。

2. 公关的目标

公关的基本目标是为一定的组织机构在社会公众面前树立起一个美好的形象，而美好形象的集中表现就是知名度和美誉度。激烈的商业竞争使各个企业都在想尽方法做宣传，打出自己的知名度。

3. 公关的原则

（1）信誉。信誉是组织生存之本，企业发展之源。

（2）实事求是，以诚相待。公关需要宣传，但绝不是吹牛骗人。

（3）信义。不背信弃义，不坑蒙拐骗。

（4）平等待人，一视同仁。好好留住每一位顾客公众，可能就此会增加许多顾客公众。

4. 公关的任务

公关的工作对象是公众，公众是指受企业影响并影响企业的特定个人或组织。公关的任务就是要协调好企业与公众的关系，做到"外迎四方客，内结一片情"。

5. 公关的职能

（1）树立形象；

（2）建立信誉；

（3）增进效益；

（4）协调社区关系。

企业社区关系主要是指企业与周围相邻的工厂、机关、学校、商店、医院等单位以及市民的相互关系。

社区是企业生存的土壤、发展的根基。首先，企业的生产经营活动依赖于周围的各种社会服务。同时，企业职工及家属的日常生活也必须依赖社区的社会公共设施。其次，企业的新职工主要来自周围的居民区。最后，企业的经营活动必然对周围的环境发生影响。

12.1.2 网络公共关系

1. 网络公共关系的定义

广义上的网络公关，是指网络化组织以电信网络、有线电视网络以及计算机网络为传播媒介，来实现营造和维护组织形象等公关目标的行为。

狭义上，网络公关是指组织以计算机网络即互联网为传播媒介，来实现公关目标的行为。我们主要使用的是狭义上的网络公关概念。

2. 网络公关的传播

网络公关属于传统公关范畴。与平面媒体、广播电视媒体的公关相同，网络公关也是在解决“传播什么、向谁传播、在何处传播”的问题。

（1）确定传播内容。传播内容取决于传播目的。与传统公关目的相同，网络公关目的也存在于两个层面，一是组织层面，提升组织的知名度，塑造良好的组织形象；二是产品层面，宣传组织的产品特色、优势，促进产品销售。

（2）确定传播对象。“向谁传播”，即确定网络公关的受众。网络公关的受众分为两大类型：一种是围绕组织，由利益驱动形成的垂直型网络用户，包括投资者、供应商、分销商、顾客、雇员及目标市场中的其他成员；另一种是围绕某一主题形成的横向网络用户，包括竞争对手、行业协会、联合会等。目前网络公关逐渐成为组织与内外公众沟通的主要方式。

（3）选择合适的媒体。“在何处传播”，是媒体选择的问题。一般来说，网络公关的媒体是互联网，但是为了取得最佳传播效果，目前许多企业组织采取网络媒体与传统媒体相结合的方式。两者结合又分为两种模式，一是先传统媒体后网络媒体；二是先网络媒体后传统媒体。

①先传统媒体后网络媒体

传播从少部分平面媒体开始，到网络媒体的转载，通过网络高强度的传播力，把消息迅速扩大，从而引发相关媒体的关注和跟踪，形成又一轮的平面媒体聚焦，形成“逆向二次传播”，实现最大的传播效果，充分发挥其互动性强、时效性强、传播形式多样、受众广泛等优势。如果先选择传统媒体做独家新闻，随后大量转载，通过传统媒体和网络媒体的配合，利用传统媒体的攻心力和网络媒体的传播力，既扩大影响，又节约成本。

②先网络媒体后传统媒体

这种模式主要用于特殊事件和信息，如尚未最终核实的信息或太新太快的信息，可以先实施网络传播，寻找合适的关键信息，在最恰当的网络媒体上发布。通过专业网站的第一时间发布，随后报纸等其他传统媒体开始新闻跟踪，之后，报纸、刊登出综合评述，从不同角度有故事性地报道相关内容，其间网络又不断转载、反馈，实现传播的最大化，成为一段时间的热点。

3. 网络公关的主要形式

（1）发送新闻。通过在组织本身网站、有影响力的门户网站是与传统媒体相结合发送新闻来实施网络公关。通过传统媒体发布新闻时，更应注意与新闻记者建立友好关系，原则是开诚布公，成为其可依赖的有效信息来源。

（2）论坛。首先是信息发布功能，组织和受众都可以通过BBS发布信息；其次是非实时讨论功能，组织可以将要发表的信息写成文章后，以比较条理和完整的方式发表在BBS相应的讨论区；最后是实时讨论功能，组织可与公众在“聊天区”进行实时交流，拉近组织与公众之间的距离。

（3）新闻组。新闻组中聚集着有共同主题的公众，他们就共同感兴趣的问题进行讨论、评论和分析。新闻组可以建立和巩固组织与新、老顾客的关系，开展公关所需的市场调查研究，通过信息监测，可以进行危机预防与控制。

（4）电子邮件。个性化的电子邮件会增加人情味，实现一对一传播。

此外，组织可以通过网络开展一些公关活动、公益性活动，如帮助网络社区成员解决问题，以提高组织形象、建立组织的网上信誉；为社区成员安排活动，吸引网民。

12.2 网络公关的对象——公众

12.2.1 网络公众

1. 网络公众的含义

公共关系不是单位个体的单方面行为，而是关系主体与客体在社会活动中，因价值需求而形成的一种公众关系。客体是与主体有着利益关联的对应者，属公共关系对象，主要由主体的内部关系对象与主体的外部关系对象（利益关联的所有个人、群体、组织、团体等网络公众）构成，具有广泛性、独立性等特点。

网络公众是指与网络公共关系主体因价值需求而相互联系、相互影响的相关个人、群体、组织和团体，是网络公共关系对象的总称。

2. 网络公众的特点

（1）广泛性。网络公众不是单一的个体，相对一个主体而言，包括所有与之相关联的内外网络公众环境，涉及社会各个领域和阶层。不同主体面对的网络公众是不一样的，如城市政府的网络公众包括内部的公务员、各行政单位、司法机关、上级单位等，还包括外部的社会民众、社会企事业单位、新闻媒介、社区、异地平行单位及外交等组织和团体；企业的网络公众包括内部的职工、股东、职能机构等，还包括外部的顾客、供应商、分销商、协作单位及新闻媒介、政府行政单位等关系对象。

（2）独立性。网络公众不是一个单一体，它通常由若干个分散的单位（可以是个体）组成，各个单位都具有独自的特点。针对不同特点的网络公众，关系主体需要找到网络公众共鸣的利益点，选择合适的网络公共关系手段，促进双方情趣相投、交往融洽。

（3）同属性。网络公众尽管具有独立性的特点，但并不是一盘散沙，各个网络公众可根据共同需求、共同利益、共同志向、共同背景等共性特点划分成不同类别的网络公众。网络公众类别具有交叉性，各类别的网络公众不是绝对分割的，是具有多个共性特点的不同组合，如一个工厂对环境的污染，会影响到周边人们的健康，受到影响的网络公众就会一起向工厂索赔或施加压力，反对工厂污染行为的群体就构成一类网络公众。又如一家制造企业的部分协作单位向其出售原料时，与其他供应商构成了一类网络公众；当这部分协作单位向制造企业购买产品时，又与所有消费者构成了一类网络公众。

（4）动态性。社会是一个开放系统，处于不断变化之中。网络公众是社会的主体，随着客观环境变化，网络公众的性质、数量、利益点、关系范围、态度、行为也会不断变化，从而对网络公共关系产生不同的影响。关系主体随客观条件、经营行为及价值目标的变化、转移，同样也会对网络公众的意见、态度、印象产生变化。有的关系建立了，有的关系消失了；有的关系紧密了，有的关系疏远了。为此，针对客观环境，关系主体应以发展的眼光来认识自己的网络公众。

（5）多样性。网络公共关系是一个复杂体，从而导致网络公众形式的多样性。针对主体而言，网络公众可以是单一的个人、群体、组织、团体，也可以是多个的群体、组织、团体，而且不同个体、群体、组织、团体之间的身份、地位还有层次之分，比如，消费者可以是松散的群体，也可以是一个利益团体，还可以是一个组织的隶属单位。网络公众与主体的关系还会因双方价值需求吸引力的不同而形成不同的紧密程度。网络公众的多样性决定了网络公共关系建立、维护与手段等要素的多样性。

（6）相关性。社会是一个大集体，网络公众不是绝对独立的，它相对于不同的关系主体而存在。网络公众在按某种标准划分成一个类别时，同相关类别的网络公众依旧存在一定的相关性和互动性。网络公众的态度、观点、意见往往会共同对关系主体产生直接或间接的影响。同时，主体的任何一个决定和行为都有可能对不同网络公众产生相同的影响和反映，这就要求主体在建立和维护关系的过程中，要善于把握网络公众的共性，找到网络公众的共鸣点，有效确立关系目标，选择具有普遍影响力的关系手段。

12.2.2 网络公众的类型

社会是一个关系复杂体，针对不同的利益、观念、策略、人员结构等客观条件，不同主体面对的网络公众会有所不同，而且网络公众也存在多种划分标准。为确保网络公众分类的针对性，我们首先需要对社会组织的类型有基本的了解。不同社会组织对网络公众的分类和态度往往会不一样，尤其是缺乏竞争和服务意识的组织，最容易怠慢自己的网络公众，不但封闭网络公众的信息，还时常侵犯网络公众利益，从而产生负面的舆论，引发网络公共关系危机。

不同组织选择的网络公众不同，并且同一个组织也可以采用多种方式来选择网络公众，但同一个组织之间的网络公众与不同组织之间的网络公众相比，要多一些共性的特点。认识了社会组织之后，就可以针对最有代表性的社会组织，进行网络公众的分类了。

1. 根据所处的环境，可分为内部网络公众、外部网络公众

内部网络公众是主体内部的职能机构、群体和个体等网络公众的总称。相对企业而言，内部网络公众包括员工、股东、职能机构等；相对政府而言，内部网络公众包括公务员、同级别单位、上下级行政单位等。外部网络公众是主体控制能力范围外涉及的个体、群体、组织和团体等网络公众的总称。相对企业而言，外部网络公众包括供货商、分销商、新闻媒介、政府机关、消费者等；相对政府而言，外部网络公众范围尤其广泛，包括企业、企事业单位、新闻媒介、社区、社会群体、公益协会等。

2. 根据关系程度，可分为松散网络公众、至交网络公众、紧密网络公众

松散网络公众是对主体生存和发展影响不太直接，主体只与其有简单业务关系往来的网络公众，比如与主体有一点业务关系的包装公司、礼品公司等；至交网络公众是对主体生存和发展产生直接影响，主体与其建立了长期联系及互利协作关系的网络公众，比如供应商、分销商、第三方物流公司等；紧密网络公众是同主体有着切身利益关系、荣誉与共的网络公众，比如战略伙伴、子公司、上下级单位等。网络公众之间关系的程度是相对的，并且可以相互转化。划分网络公众关系程度的目的主要是利于资源调配，确保关系投入和产出的平衡。

3. 根据对主体的态度，可分为赞誉网络公众、逆意网络公众、游离网络公众

赞誉网络公众是指对主体的行为满意，并有支持与参与热情的网络公众；逆意网络公众是指对主体的行为不满，并有反对与抵触情绪，甚至采取抗议行为的网络公众；游离网络公众是指对主体不甚了解，对主体的决策、行为、传播无动于衷的网络公众，属于网络公众的主流。主体需要加强个性化塑造，注重自身形象维护，争取更多网络公众的关注和支持；同时，尽力改变在逆意网络公众中的不良印象，借助媒体舆论，主动平息谣言，澄清事实，不断提高赞誉网络公众的比率。

4. 根据稳定性，可分为短效网络公众、长效网络公众

短效网络公众是指与主体利益或与主体社会活动仅在一段时间内具有关联性的网络公众，比如足球闹事球迷、春运车站滞留的旅客、盖厂房的建筑队等。针对短效网络公众，主体应根据关系环境，临时制定关系计划，应注重培育对突发事件的紧急应付能力。长效网络公众是指与主体具有长期利益关系，且关系紧密、稳定的网络公众，比如合作伙伴、职能机构、忠实顾客等。针对长效网络公众，主体应注重维护双方利益，秉承诚信互惠的交往宗旨，加强沟通与交流，确保关系的紧密和久远。

5. 根据主体需求价值，可分为互惠网络公众、排斥网络公众、仰慕网络公众

互惠网络公众是指同主体意愿、行为、利益保持一致，积极迎合主体建交意向的网络

公众；排斥网络公众是同主体利益相冲突，不被主体认可和接受的网络公众，比如缺乏诚信的组织、团体和个人，向主体提出过分要求的行业组织等；仰慕网络公众是指主体极力想交往，但难以产生共鸣或吸引不了交往兴趣的网络公众，比如一些知名人士、大品牌企业、执法单位等。针对仰慕网络公众，主体应讲究交往技巧，尽可能寻找到共鸣点，把握时机，主动出击，以真诚、务实获得网络公众的好感和信任。

6. 根据发展形态，可分为非网络公众、潜在网络公众、目标网络公众

非网络公众是指不属主体网络公众范畴内的网络公众。潜在网络公众是指隐性的，未来即将对主体产生影响和作用的网络公众，这类网络公众容易被主体忽视，主体应善于分析关系形态，做好开发潜在网络公众关系的铺垫，并妥善处理可能隐蔽的矛盾或冲突。目标网络公众同主体有直接利益关系，是指已经建立关系桥梁或正在建立关系桥梁的网络公众，该类网络公众要求主体及时沟通，加强联系与合作，促进关系的和谐、紧密。同时，主体要擅长使用宣传舆论，满足网络公众知情的欲望，增进彼此的了解和信任。

12.2.3 企业网络公众

因规模、人才、业务范围等要素不同，关系主体划分网络公众的标准就会不同，并且因利益点不同，关系主体同各网络公众的关系程度也会不同，企业网络公众还可以分为国际网络公众和其他网络公众。划分网络公众时需要注意，各类网络公众都是由诸多单位或个体组成，根据各类网络公众的特点，企业应明确目标网络公众，以便有针对性地制定网络公共关系策略。通常，大型企业的网络公众按独立单位大致可划分为以下类型：

1. 股东

股东是按一定比例出资，享有股东会表决权和利润分配权，并在工商部门备案登记的投资者，是企业的所有者。在经营过程中，企业要注重维护股东的利益，定期向股东会汇报经营情况，遇重大决策问题应及时向股东会申报，通过交流、沟通以获得股东的信任和支持。

2. 员工

员工是企业各岗位的工作人员，属于企业内部首要网络公众，相对于外部网络公众，员工又属于网络公共关系的主体。企业需要建立激励机制，加强员工培训、沟通，营造良好的人文环境，通过有效协调企业团体、个体之间的利益关系来调动员工的积极性，培养员工的认同感、归属感，以提高各部门之间的协作精神，增强企业的凝聚力和创造力，促进企业强健发展。

3. 消费者

消费者是指购买企业产品或服务的相关顾客，是与企业有着切身利益关系的外部网络公众。企业应以市场为导向，为消费者提供合格的商品和满意的服务，加强信息的传递和沟通，坚持诚信经营，正确引导消费，勇于创新，积极塑造良好的网络公众形象，同消费

者建立广泛而紧密的依附关系。

4. 竞争者

竞争者是指同企业共同分割市场份额的经济组织。企业需要形成经营特色，摆脱价格大战的困境，积极预防和应对竞争者的攻击；同时，要注重维护行业利益，遵守行业约定，尽可能避免采取相互挑衅或不正当竞争的经营策略，选择能产生优势互补效益的竞争对手进行技术、资金、人才等资源的交流与合作，共同挖掘市场潜力，获取新的发展商机。

5. 供应商

供应商是向企业供应原料、耗材等物资或商品的经济组织。企业应注重与供应商的信息传递，恪守合同条款，加强沟通，定期拜访，促使双方达成利益统一的紧密合作关系。

6. 分销商

分销商是销售企业产品的批零商户。企业应负责按时向分销商提供保质、保量的产品，维护价格体系，不断开发有竞争力的新产品，注重品牌培育，加大支持力度，制定积极的销售政策，将企业利益同分销商利益捆绑在一起，可定期举办分销商会议，加强信息沟通，增强分销商的信心，围绕共同目标使双方获利。

7. 金融机构

金融机构是融集资金和出售资金的场所。企业的发展，离不开金融机构的支持。企业应与金融机构保持紧密的关系，以便为企业的规模化成长打通资金渠道。

8. 政府机关

政府机关是管理社会公共事务的政府部门，包括工商、税务、交通、治安、环保、法院等行政机构。企业应熟悉政府各项政策、法规，积极参与政府组织的社会公益活动，帮助政府解决就业、环保等难题，以获得政府的政策支持。

9. 社区组织

社区组织是企业所在地的区域性群体和单位，包括区域群众、基层管理机构、地方团体、区域经济组织等。企业应同社区组织保持友好往来，维护社区共同利益，积极参与社区组织的社会活动，主动承担必要的社区责任和义务，积极营造祥和、关爱的社区环境，以赢得社区的赞誉和支持。

10. 市政单位

市政单位主要指城市能源供应和市政设施管理单位，包括电力公司、自来水公司、煤气公司、天然气公司、公交公司、污水处理中心等。企业应遵守市政管理规定，按时缴纳能源费用，积极配合能源单位检修、查验等工作，有选择性的支持、赞助市政建设，这样会容易获得能源的充足保障，并能获得良好的口碑宣传。

11. 社会团体

社会团体主要指以共同兴趣、爱好或利益自愿集合在一起的合法民间组织及社会相关非营利机构，包括民间组织、协会、医院、学校、慈善机构等。根据企业经营活动范围，有选择地同社会团体建立协作、联谊等友好、互助关系，能开阔企业视野，丰富信息资源，并能扩大企业在社会中的影响力，树立良好的网络公众形象。

12. 新闻媒介

新闻媒介是传播新闻和信息的传媒机构，包括广播电台、杂志社、报社、电视台等，是企业向社会网络公众传递信息、进行沟通的桥梁，是企业形象宣传的窗口。企业应同新闻媒介保持长期联系，加强同新闻记者的关系维护，有选择地赞助新闻事业，积极营造新闻热点，通过吸引新闻媒介的关注，扩大企业社会影响力。

13. 名流人士

名流人士是指在社会网络公众舆论中具有显著影响力和号召力的人物，包括政界、商界、学术界、娱乐圈、体育界、科研等领域的权威和知名人士。企业与社会名流建立良好关系，可以向权威专家请教，提高决策能力，并且可以借助社会名流的地位、身份和声誉，提升企业的身价和知名度。利用名流的关系网络，还能扩大企业网络公共关系范围，搭建吸纳社会资源的通道，创造更多利于企业发展的商机。

12.3 网络公关活动

12.3.1 网络公共关系的活动方式

网络公共关系的活动方式是指以一定的公关目标和任务为核心，将若干种公关媒介与方法有机地结合起来，形成一套具有特定公关职能的工作方法系统。按照网络公共关系的功能不同，公共关系的活动方式可分为以下五种：

1. 宣传性公关

这种公关方式主要是运用报纸、杂志、广播、电视等各种传播媒介，采用撰写新闻稿、演讲稿、报告等形式，向社会各界传播企业有关信息，以形成有利的社会舆论，创造良好气氛的活动。这种方式传播面广，推广企业形象效果较好。

2. 征询性公关

这种公关方式主要是通过开办各种咨询业务、制订调查问卷、进行民意测验、设立热线电话、聘请兼职信息人员、举办信息交流会等各种形式，连续不断地努力，逐步形成效果良好的信息网络，再将获取的信息进行分析研究，为经营管理决策提供依据，为社会公众服务。

3. 交际性公关

这种公关方式是通过语言、文字的沟通，为企业广结良缘，巩固传播效果。可采用宴会、座谈会、招待会、谈判、专访、慰问、电话、信函等形式进行。交际性公关方式具有直接、灵活、亲密、富有人情味等特点，能深化交往层次。

4. 服务性公关

这种公关方式主要是通过各种实惠性服务，以行动获取公众的了解、信任和好评，以实现既有利于促销又有利于树立和维护企业形象与声誉的活动。企业可以以各种方式为公众提供服务，如消费指导、消费培训、免费修理等。事实上，只有把服务提到公关这一层面上来，才能真正做好服务工作，也才能真正把公关转化为企业全员行为。

5. 社会性公关

这种公关方式主要是通过赞助文化、教育、体育、卫生等事业，支持社区福利事业，参与国家、社区重大社会活动等形式，来塑造企业的社会形象，提高企业的社会知名度和美誉度。这种公关方式公益性强、影响力大，但成本较高。

12.3.2 网络公共关系的工作程序

网络公共关系活动的基本程序包括调查、计划、实施、检测四个步骤。

1. 网络公共关系调查

公共关系调查是指社会组织通过运用科学方法，收集公众对组织主体的评价资料，进而对主体公共关系状态进行客观分析的一种公共关系实务活动。网络公共关系调查作为公关工作程序的基础步骤和首要环节，对组织的整个公关活动具有重要意义。

(1) 公关调查的内容：主要包括社会环境调查、公众调查和组织形象调查。

①社会环境调查：对社会环境进行调查，主要是为了分析、把握与本组织有关的社会政治、经济、科技、文化等方面的一切动态。

②公众调查：公众是公关部门工作的主要对象，从某种意义上讲，公众也就是公关部门所面对的具体环境。公众是一个经常变化的群体，不断因问题的发展而变迁。因此，公众调查应经常进行，公众调查要掌握的材料包括公众构成、公众态度、公众需求、意见领袖等。

③组织形象调查：组织形象就是组织在公众心目中留下的印象，换言之，组织形象也就是公众对组织的看法和评价。组织形象调查可分成两个方面：一是组织自我期待形象的调查；二是组织实际社会形象的分析。自我期待形象与实际社会形象之间的差距就是公关工作的目标。公关部门可以通过民意测验、舆论监督、与领导面谈等方法，获得自身的实际社会形象。组织的实际社会形象调查可以分成三个部分：

第一，是组织形象地位图。一个组织实际的社会形象需要公众对该组织的认识、看法和评价来反映，这些指标又可概括成知名度和美誉度这两个综合指标。知名度是公众对组织知晓和了解程度，是反映组织社会名气大小的客观指标，其具体内容包括公众是否知道本组织的名称、标志、产品、服务、领导人、成立时间等方面。美誉度则是公众对组织的信任和赞许程度，是组织社会名誉好坏的客观指标，其具体内容包括是否喜欢本企业的产品、服务和销售方式，对本组织的机构设置、人员素质、工作效率的评价如何，本组织的经营方针是否正确，等等。

一个组织的形象好坏，通过知名度和美誉度两个指标就可以反映出来。将调查获得的数据纵横交错，就构成了一个组织形象四象限图，它是公关专家们测定组织实际社会形象的主要工具。组织形象地位图不仅直观地显示了社会组织在公众心目中的形象，初步诊断了公共关系的问题，而且为制定公共关系的方针、策略提供了依据，是公共关系工作决策的必要步骤。

第二，组织形象要素分析。了解了组织实际社会形象在公众心目中的地位后，还必须了解公众为什么会形成这样的印象。因此有必要进一步分析构成组织形象的具体要素，进而确定改进的方针。

组织形象是由多方面原因构成的，主要要素包括组织的服务方针是否正确、产品质量好坏、办事效率高低、服务态度是否诚恳、业务是否有创新、公司规模大小、广告投入是否充足、公关活动是否活跃，等等。前四类指标显然与企业美誉度有关，后四类指标则与企业的知名度有关。为了精确表达公众的意见，这些指标又可以用语义级差法来表现。

第三，组织形象差距分析。将组织自我希望具有的形象与组织实际具有的社会形象进行对比，就可以发现其中的差距。自我期待形象高于实际的社会形象，这并不奇怪，如果组织提出的期待形象与实际社会形象等同或低于实际形象，那就不能达到激励组织前进的目的了。两者之间的差距为企业今后的公关工作指出了前进的方向。如果还以组织形象要素图的指标作为调查的依据，仍以五级级差表现，就可以得到组织期望形象与实际形象差距图。

（2）公关调查的方法：经常使用的有文献调查法、抽样法、问卷调查法等几种。

2. 网络公共关系计划

公共关系是一项长期性工作，合理的计划是公关工作持续高效的重要保证。制定公关计划，要以公关调查为前提，依据一定的原则来确定公关工作的目标，并制定科学、合理而可行的工作方案，如具体的公关项目、公关策略等。

3. 网络公共关系实施

公关计划实施是整个公关活动的“高潮”。为确保公共关系实施的效果最佳，正确地选择公共关系媒介和确定公共关系的活动方式是十分必要的。公关媒介应依据公共关系工作的目标、要求、对象和传播内容以及经济条件来选择；确定公关的活动方式，应根据企业的自身特点、不同发展阶段、不同的公众对象和不同的公关任务来选择最适合、最有效的活动方式。

4. 网络公共关系检测

公关计划实施效果的检测，主要依据社会公众的评价。通过检测，能衡量和评估公关活动的效果，在肯定成绩的同时，发现新问题，为制定和不断调整企业的公关目标、公关策略提供重要依据，也为使企业的公共关系成为有计划的持续性工作提供必要的保证。

12.3.3 网络公关的优势及应注意的问题

1. 网络公关的优势

(1) 网络公关主体的主动性增强。组织能够即时发布信息，可以直接与公众交流对公众产生影响。同时，网络公关可以充当组织的新闻发言人，成为媒体获知组织最新信息的新闻源。

(2) 网络公关客体的能动性提高。

①网络媒体的互动性：在互动过程中，客体不只是单一的信息接收器，也成了信息传播源，公众可以对网络信息自由选择、编辑、加工等。

②"一对一"模式可能实现：在传统媒体传播过程中，受众被动地接收信息，没有发言权，是"一对多"传播。网络媒体使上网的每个人都可以通过论坛、电子邮件等互动形式将自己的观点、看法等传达给很多人，从而实现"多对多"传播。

网络媒体使组织与公众建立起"一对一"互动的新型关系，在"一对一"的接触中，了解公众在使用产品或接受服务时遇到的问题和对产品或服务的意见和建议，实现组织对公众的个性化服务，以此来进行有效的市场运作，甚至拓展新的市场需求；也使得消费者得到了来自组织的更大需求满足，两者相互促进，形成组织与公众良好的动态循环。

(3) 成本低效果佳。传统公共关系策略在实施过程中，财力、物力是制约其发展的重要因素，而网络公关的开展却相当方便，一封友好的电子邮件、一个引人注目的论坛，都可以成为公关开展的方式。

在效果方面，传统公共关系的效果一般都是潜在的、远期的，且很难量化；而网络公关有着立竿见影的效果，且容易进行统计，如一个简单的计数器就可以统计本网页的浏览量。

2. 网络公关应注意的问题

(1) 网络"虚拟性"带来的弊端：

一方面，新型全球化社区通过传播传输技术正在或者已经形成，另一方面，整个社会可能变成一个"熟悉的陌生人"社区，技术可以超越空间，却不能够超越情感，技术可以促进沟通，但却不能保证建立信任，网络技术根本上改变了人际和社会关系的质、量、度，削弱社会作为一个共同体的内在和谐关系，关系的频度虽然增加了，但关系可信度却降低了；关系长度虽然延长了，但关系有效度却减少了。在网络上，组织的真实性、可靠性等方面，由于网络发展过程中存在的一些弊端，更难建立。

目前正在推行的网络实名制、网络新闻规范制度等，都是对这一困境的突破，另外，组织在现实社会中切实的良好口碑也有利于其互联网上建立信誉，组织在网络上长期与公众平等、真诚的沟通，也会使组织逐渐建立公信力。

（2）安全方面存在的问题：

①不利信息传播速度更快，易形成“公关危机”。

不利信息主要来自两个方面：一是网络上的恶意攻击行为，如竞争对手对组织形象的恶意丑化，散布流言，黑客的入侵并对组织网站的恶意涂改等行为；二是组织负面事件形成的不利信息。以日本“东芝事件”为例，一位顾客购买东芝录像机时，因销售人员对他言辞欠妥，结果被顾客录下来并贴到网上，引得五百万人次去听，最后东芝社长不得不亲自出面道歉，但这件事仍对组织产生极为不利的影响。

②网络技术方面的问题：主要是指有针对性的网络犯罪，如电子交易支付中的漏洞等。

12.3.4 网络公关的建立与维护

1. 要处理好与新闻媒体之间的关系

企业应对新闻媒体真诚坦白，提供及时有效的信息服务，充分有效地利用 E-mail，此外，还应积极参与媒体记者、编辑主持的网上闲谈；在新闻组、邮件列表中及时发现记者与编辑的要求；保持资料信息不断更新。

2. 要处理好与商业网络社区关系

社区是指生活在同一个地区、有共同的历史与文化传统的一群人的组合。网络社区是指由于存在共同的兴趣和目的，互相交流，而在网络上形成的互惠互利的一个群体。商业网络社区是围绕网上企业的所有业务关系及其网站的利益而形成的以企业为中心的网络社区。

（1）建立商业网络社区关系的公共关系策略；

（2）通过 E-mail 发展与外界的关系；

（3）在公共论坛建立与用户良好的关系。

12.4 网络公关案例分析

12.4.1 案例一：腾讯网与普天同庆联手炒作北外香水

“香水女孩”（王亭亭）与“90后贱女孩”（包包和阿紫）是现实中的朋友，包包和阿紫都是普天同庆文化传媒（北京）有限公司旗下艺人，由于长期跟“贱女孩”这类人一起玩，受她们的影响，加上高中与大学成绩的巨大落差，她产生了严重的心理失落感，对学习也有严重的厌烦情绪，经过长时间休学，王亭亭更加觉得学校那种生活已不适合自己。王亭亭喜欢写情感方面的文章，成为美女作家是她的梦想，曾经在校内网长期写男女情感方面的文章，还被评为人气之星。于是在包包和阿紫的引荐下，她与普天同庆文化传媒有限公司进行了接触。

在对王亭亭的情况进行了解后，普天同庆文化传媒公司认为她有名牌高校的背景，形象也不差，有很高的炒作价值，一旦将她炒热将为普天同庆带来不小的收益。在这种情况下，普天同庆文化传媒公司许诺王亭亭，将与她签约十年，给她出书十本，共100万字，但要求在出书之前，先炒作一下，然后公司再举办一个公开的签约仪式，以2000万元的高价与她签约，这样书的销售就不用发愁了，她什么都不用管，只需要按照公司吩咐的做就行。这番说辞打动了王亭亭，她同意了。

由于网络炒作成本低、见效快，而且一直是普天同庆文化传媒公司的强项，而且既能有效的提升网站流量，又可以增加腾讯网的社会曝光度，所以腾讯网非常热心，并与普天同庆一起策划“香水女孩”的炒作方案。

以什么样的话题来进行切入，既能取得最好的炒作效果，又显得真实、自然呢？经深入研究，决定以抨击外语教育制度、抨击教育部的话题进行炒作，一方面，从社会大环境看，正好是两会期间，公众和媒体对各种社会民生问题都保持着很高的关注度，以王亭亭北外女大学生的身份来抨击外语教学制度和教育部，容易引起社会各界的关注；另一方面，腾讯网大部分受众都是学生，对外语教育制度的抨击可以引起他们的共鸣，带动他们强烈的不满情绪，而且这些人本身也是很多其他网站、论坛的用户，利用他们的传播，将进一步扩大整个炒作的影响范围和影响力；而对腾讯网来说，把这个事情当做一个娱乐事件来操作肯定是不合适，但是如果是从关注教育的角度来切入，通过支持一个弱势女大学生对现行外语教学制度进行抨击，能迎合社会上同情弱者的普遍心理，使他们认为腾讯网是为民请命的负责任的媒体，使腾讯网能够站在一个道德的制高点上，对王亭亭的支持理所当然化，淡化炒作的痕迹。更重要的是，在两会快结束，其他门户基本没有什么热点的时候，将这个做成腾讯网的一个独家的特色内容，能够很好地宣传一下腾讯网博客，因为腾讯网博客内容基本都是各种煽动性话题，只要把用户吸引来了，肯定会留住很多用户。

在3月11日，王亭亭发表了第一篇博文《我推荐赵本山当教育部长》，腾讯网迅速将该文在博客频道置顶，并同时在腾讯网首页和新闻中心首页进行推荐，引起网友关注。与此同时，王亭亭在公司的指示下，去学校提出退学申请，与她同去的还有普天同庆的2个摄影师，并在学校拍照留念。而在3月12日，王亭亭发表第二篇博文《外语剥夺了中国人的受教育权》，这篇文章实际上是抄袭的广西民族学院民族学与社会学学院龙耀在2006年发表的《我国现行外语教育制度的法律思考》。腾讯网又将该文迅速在博客频道首页，并在网站和新闻中心首页推荐。同时在腾讯网的运作下，广州日报报业集团下属《信息时报》以《北外女生炮轰外语强制教育》的题目进行了报道，该报道被很多报纸和媒体转载，事件的影响开始扩大。

北外的老师和领导开始注意到这个事情，因为王亭亭是以北外学生的身份炮轰教育部和外语教学，为避免给学校带来不利影响，3月13日北外相关老师两次找王亭亭谈话。3月16日凌晨00：36，王亭亭在博客发表文章《妈妈，我被北外强制退学了》，文章写得感情真挚，催人泪下，并在后面贴了自己12日拍的照片。腾讯网在文章发布之后就立刻将文章置顶，同时在首页和新闻中心首页推荐。经腾讯网的操作，整个网友评论显示出一面倒的支持王亭亭的声音，不明真相的网友们愤怒了，有要提供法律援助的，有炮轰教育部和北外校风的，也有开始人肉搜索相关教师的。3 月 17 日，王亭亭在博客又发了一篇文章《怀念蔡元培，做陶行知的好学生》，将网友的愤怒情绪推到了最高潮，也使媒体和网民对这个事情的关注达到最高点。实际上这篇文章根本不是出自王亭亭之手，而是腾讯网和普天同庆商量后，由腾讯网的员工写的。

但随着事态的发展，问题的严重性已经超出腾讯网和普天同庆当初的估计，一方面王亭亭的父母已经到了北京，他们不同意王亭亭退学。而北外也表态她可以重返校园，同时越来越多的网友开始质疑王亭亭炒作，并辱骂她，在这种情况下，王亭亭后悔了，她不愿意继续配合公司的炒作。同时，媒体记者的报道越来越多，信息源越来越多，腾讯网原来控制下的一面之词和各种反常举动引发了社会各界对腾讯网媒体道德的质疑。

3 月 18 日，王亭亭通过腾讯博客宣布封口，并将返校读书，她将以复学的身份继续北外的求学生活。为避免王亭亭的博客成为其他媒体揭露腾讯网的把柄，腾讯网以黑客攻击的理由将王亭亭博客删除，并无法搜索，但还在进行所谓的后续跟踪报道，并在首页推荐。从该反面案例中，我们看到，真正该受到批判的是不负责任的普天同庆文化传媒有限公司和腾讯网，特别是腾讯网，作为此次炒作中的最大受益者，如果能坚守媒体的社会责任和道德，坚持自身的媒体操守，不利用自己媒体的身份制造虚假报道，推波助澜，煽动网友情绪，就不会有这种事情出现。

12.4.2　案例二：汶川地震一周年满园菊花悼逝者

“5·12 就快到了，我们为纪念那些逝者、为了鼓励生者，做些什么吧……

①请在 5 月 9 日在自己菜地种上菊花，68 小时成熟期，刚好可以在 5 月 12 日开放。

②5 月 12 日这一天，请大家不要在任何人的菜地里偷摘菊花。

③请大家把这份帖子转贴下去……”

开心网上一位名叫孙娜的网友发起了菊花行动，号召大家在开心网庄园种植黄色菊花，以此怀念在 5.12 汶川地震中遇难的同胞。短短一周时间不到，该帖已经累计转贴 408811 次，累计浏览 1344565 次。

开心网这个新生的商业机构通过此次事件，极大地提高了其商业品牌价值，同时，为众多企业如何在互联网上展开 CSR 行动提供了成功的案例。病毒式营销是网络公关的核心，也是网络公关从业者所追求的梦想之一，往往我们在构想好一切执行方案和细节之后，却发现是多么的难。从该案例中，我们也许能获取些元素，那就是：一个好的主题，能够触动人的灵魂深处，在一个特定的环境下，面向一个特定的人群，表达一种情绪、情感、信念……从网民角度出发，通过企业需求与网民之间的火花碰撞，最终碰出精髓，还原每一个人的多重社会角色和多重心理需求。

☞知识拓展

当今时代，互联网发展迅速，已成为人们生活的重要组成部分和人类文明传播发展的重要载体。网络传播形成一个影响巨大的新型媒介系统，改变着人们的交往方式和思维方式。

网络传播的迅速发展，给社会带来的影响是双重的。一方面，网络的科学传播有利于统一思想、凝聚人心，促进社会和谐发展，网络已成为民意表达和公众行使监督权的重要渠道；另一方面，为网络犯罪行为和道德失范行为提供了可能。

互联网的快速发展，特别是 Web 2.0 时代信息创造、复制、异化与传播的便利性，使得信息的扩散方式发生了翻天覆地的变化，网络危机信息的加速传播和扩散过程，让网络舆论管理、议题管理和危机管理变得十分困难。

危机传播管理的需求在为网络公关行业创造巨大市场的同时，也滋生非法网络公关行为。近年来，社会上出现了"网络水军"、"网络推手"、"灌水公司"、"删帖公司"、"投票公司"等形形色色的非法网络公关机构，通过话题炒作、网络协同、论坛灌水、SEO、竞价排名等途径、方式，歪曲捏造事实、传播虚假信息、扰乱网络舆论、劫持或者伪装民意，打击竞争对手、敲诈勒索、非法牟利。一些网络公关公司为客户设下局，先大量转发然后再删帖，以获得更多利益。目前，以发帖或删帖为主要业务的网络公关俨然发展成一个产业，不仅对整个社会公共利益产生巨大伤害，而且将网络公关声誉推向深渊。

据统计，我国互联网用户已达到 4.57 亿，手机网络用户达到 3.03 亿，信息传播和媒介结构发生了巨大变化，特别是3G 的应用催生了新媒体的发展，正深刻地改变着媒体传播格局和舆论引导格局，另外，趣味性的重视和突出的网络传播特性，使得颇具"眼球效应"的非法信息得到广泛传播，败坏了网络环境，破坏了市场经济秩序，损害了社会公众利益。对此，不仅互联网产业各单位应积极配合政府整治非法网络公关行为专项行动，加强网络公关自律、规范网络公关行为；还需要网络媒体遵守互联网伦理准则和法律法规，完善网络信息传播管理机制，发挥网络舆情导向的主流作用，为扭转、改善网络公关、网络媒体形象，构建文明诚信的网络传播环境、增强网络经济、优化产业结构作出贡献。

"麻雀"变"凤凰"的故事

2005 年 8 月前，余红艳只是四川阿坝藏族羌族自治州一名淳朴的羌族姑娘。这年8 月，网友"浪兄"开车到四川阿坝州理县旅游，车厢缺水，他去公路边的一个农户家借水，偶然间看到坐在公路边发呆的羌族姑娘余红艳。在得到同意后，这个喜欢旅游和摄影的男人给她拍了很多照片。第二天晚上，他在 TOM 网站汽车论坛发表了这组照片。通过不间断地论坛发帖贴图，3 个月后，"天仙妹妹"红遍网络。"天仙妹妹"一夜之间"麻雀"变"凤凰"，拥有了大批粉丝。企业也瞄准了清纯可爱的天仙妹妹，天仙妹妹成为索爱手机的代言人。据说，一年多后，"天仙妹妹"实现的合同经济收入达 200 多万元。

人们渐渐发现，网络"红人"并非偶然成名，他们的背后是网络推手。"天仙妹妹"的背后是推手浪兄，"芙蓉姐姐"的背后是网络推手陈墨。网络推手，又名网络推客、网络策划师，懂得网络推广并能应用的人。推广的对象包括企业、产品和人。网络推手是运用非传统的方式推广企业品牌。针对某一品牌或产品，网络推手们在各大论坛不断发帖、拍帖、回帖，其目的只有一个：制造舆论漩涡，为事件推波助澜，吸引人们对某品牌的关注。

网络推手对网络红人和企业进行推广并不是兴之所至，而是为了背后巨大的利益。起初，网络推手们并没有看到其中的商机，但找上门的顾客让网络推手们开始将之视为一个有前途的行业，他们纷纷成立自己的网络营销公司。

“一种媒体产生一种文明方式。”中国传媒大学网络口碑研究所副所长杨飞引用麦克卢汉的话来解释网络推手兴起的根本原因。网络推手是杨飞研究的一个方向，他提出，网络媒体的互动、交流、去偶像化、去中心化，直接造就了草根的联欢，也启发了市场的嗅觉。

与传统公关相比，网络公关能够更好地运用网络社会化媒体（论坛、博客），调用更多的网络话题资源，形成直观的网友参与互动，比传统公关的操作空间更大、手段更丰富、效果更易于统计。

关于网络推手的伦理问题，美国的经验教训值得我们借鉴。在美国，沃尔玛幕后操纵的博客曾引起了广泛的恶评。这个由沃尔玛的公关公司爱德曼操作的博客，由一位《华盛顿邮报》摄影记者和另一位业余记者代笔，他们用家用摄像机记录漫游全美的经历。当作者在博客上大谈在沃尔玛的分店遇到那么多感人故事的时候，并未提到他们此行得到了沃尔玛的赞助。

当这个博客的幕后故事被曝光之后，爱德曼首席执行官理查德·爱德曼不得不表示了歉意。他在自己的博客上说，“我们并不完美，我们在沃尔玛博客上的错误并不是新媒体的错误，而是公关的错误。”因此，网络营销要想健康发展，必须加强自律。

“现在需要成立行业协会来规范，确定行业规则，提高从业人员素质。”杨飞说。目前，杨飞所在的中国传媒大学网络口碑中心，正在做这方面的国外方法研究和国内倡议工作。网络推手们也在积极做这方面的努力，具体表现为成立行业性的自律组织，使这个行业进入良性循环，以及为了网络推手能够职业化，而开展培训。

☞实训与思考

◎实训内容

1. 登录西陆社区（http：//www. xilu. net）论坛完成注册，选择“生活休闲/民俗菜馆”发帖。

2. 登录凤凰财智传媒（http：//www. cnprnet. com），了解网络公关的相关案例，学会分析网络公关案例。

3. 登录中国公关网（http：//www. chinapr. com. cn），全面认识当前的典型公关实例，试着分析它们。

4. 以学生为对象，请策划一次网络公关活动，树立学校形象。

◎思考题

1. 什么是网络公关？它有哪些特点？

2. 网络公关的对象是谁？

3. 怎样开展网络公关活动？要注意哪些问题？
4. 网络公关的形式有哪些？各有什么特点？
5. 你怎样看待当前网络公关的问题？谈谈你的解决方法。

第 13 章　网络品牌

☞工作项目

（1）了解网络品牌的建立流程。

（2）了解网络品牌的推广策略。

☞知识目标

（1）掌握网络品牌的定义与特点。

（2）掌握网络品牌建设的流程及方法。

（3）掌握网络品牌的推广方式。

☞技能目标

（1）网络品牌建立的策划。

（2）网络品牌的推广。

☞案例导入

2008 年 12 月“绿盒子”童装进入电子商务市场，当月销售额只有 12 万元，到 2009 年，销售就飙升至 2000 万元，2010 年更是翻了 4 倍。“绿盒子”旗下的第一个子品牌“Miss de Mode 摩登小姐”在短时间内成为一个具有相当影响力的童装品牌，此后相继推出的“M. I. L Boy 爱 · 制造”和“Jenny Bear 珍妮 · 贝尔”也位列童装市场的前茅，“绿盒子”也跃升为淘宝网的第一童装品牌。

在传统的观念中，建立一个品牌往往需要多年的时间，但互联网的出现却打破了固有规律，品牌成长的时间以惊人速度缩短。五芳斋、张小泉这样的商家通过几代人的努力，打造了一批深入人心的百年“老字号”品牌；随着 20 世纪 80 年代改革开放的进行，海尔、联想、华为等一大批企业通过自身的规模化运营及营销渠道的优势，成长为当今社会的品牌主力；而 21 世纪因为互联网平台迅速崛起，让好品牌从百年缩短到了仅需几年。

业内人士指出，网络品牌要寻求长远发展，就要立足于品牌建设，避免同质化竞争，否则将面临被淘汰的危机。据悉，未来的网络品牌将面对更为强大的竞争对手，一些专业化有实力的团队将进入电子商务这一领域，它们中，有的母公司甚至是世界500强企业。

在快速扩张之后，"绿盒子"童装意识到品牌建设的重要性。绿盒子童装总经理认为：网络品牌将从价格战向品牌战升级，为应对这种新趋势，"绿盒子"童装将全面进入品牌战略建设中，不仅要学会差异化竞争，还要学会品牌化运作。

（资料来源：新浪新闻，http：//tech. sina. com. cn/i/2010-12-20/16115005529. shtml）

阅读上述案例，分析以下问题：

（1）为什么"绿盒子"要启动网络品牌战略？

（2）网络品牌对网络企业有什么重要性？

13.1　网络品牌概述

随着网络购物的不断发展，越来越多的企业开始在互联网上开拓市场，网络市场竞争日益白热化，为了在这样的市场竞争中获取优势，企业开始在网上打造自己的网络品牌来获取核心竞争力。

13.1.1　网络品牌的概念

美国市场营销协会这样定义：品牌是一种名称、属性、标记、符号或设计，或是它们的组合运用，其目的是借以辨认某个销售者或某群销售者的产品或服务，并使之同竞争对手的产品和服务区别开来。品牌代表着消费者对产品及其性能的感知和感受，即产品或服务对消费者意味着的任何事物。强大的品牌意味着高额的品牌资产，意味着企业不同于对手的竞争优势。

为了企业的不断发展，越来越多的网络企业开始运用品牌战略，网络品牌由此而生。网络品牌是指在网络上打造的品牌，是企业在互联网上区别于其他企业的符号，它可能是企业网站的域名、企业产品的名称或者是线下已经存在的商品品牌，但是这些都是通过网络来塑造的。网络品牌的建立有利于企业不断拓展自己的核心竞争力，不断培育更多的忠实客户，不断提供客户的终生价值。

13.1.2　网络品牌的特点

相对于传统品牌的特点，网络品牌作为品牌的一个组成部分也具有其特点，同时，由于是在互联网上建立发展的品牌，网络品牌也表现出不同于传统品牌的一些特点。

1. 网络品牌的传播介质主要是互联网

网络品牌的建立及其价值的塑造都是通过互联网来实现的，网络是其主要的信息传播介质。由于互联网上的信息具有长期性，因此品牌信息可以长时间的保存。例如，随着淘宝网的不断发展壮大，一批网络品牌也逐渐成熟，如"御泥坊"、"自然美人"、"零号男”等，这些品牌的信息传播是完全依赖互联网来完成的，网络是其主要的信息传输方式。

2. 网络品牌的建立需要应用多种网络营销手段

网络品牌的建立需要综合应用网站营销、邮件营销、论坛营销等不同的网络营销方法，通过不断加强品牌在用户心中的印象来影响用户的购买行为、塑造品牌的价值、培养忠实用户。

3. 网络品牌是网络营销战略的综合体现

前面章节中所讲授的各种网络推广手段除了用来推广产品本身以外，最主要的就是来推广品牌，不断强化品牌在用户心目中的形象，使用户购买该企业的产品变成习惯。网络营销的效果不仅是短期产品销量的增加数量，也是长期产品在顾客心目中的重要程度。而顾客对产品的感知最重要的部分就是对产品品牌的认同和价值的统一。

4. 网络品牌的用户忠诚度较低

相对于传统品牌而言，网络品牌更难维护用户的忠诚度。由于网络价格的透明性和信息查询的便捷性，用户很容易查询相同产品的信息和竞争对手的网站，这些都为企业建立品牌和维护用户忠诚度增加了难度。

13.1.3 网络品牌的必要性

据2010年中国互联网络发展状况统计报告显示，截至2010年12月，我国上网网民总数为4.57亿人，其中，网络购物用户规模达到1.61亿。同时，伴随着网民和网络购物人群数量的递增，越来越多的企业开始重视网络市场。而随着更多的传统品牌企业进入到网络平台，网络企业面临着巨大的压力和挑战，品牌战略成为了很多网络企业打造核心竞争力的首选。

1. 网络品牌的建立有利于企业获取竞争优势

现代营销活动中，品牌越来越重要的根本原因之一是产品同质化现象严重。随着产品的大规模生产，产品在技术、外形、设计、包装及功能等各个方面的差异越来越小，能够打造的独特卖点越来越少，给用户留下深刻印象变得越来越困难。特别是在互联网上，同一种产品有几十个甚至几百个卖家同时销售，用户可选择余地较大，企业获取竞争优势越来越难。如何能让用户选择你的产品，品牌就成为了一个重要的竞争因素，用户将因为品牌而选择不同企业的产品。因此，建立品牌是网络企业参与竞争的必要手段。

2. 网络品牌建立有利于塑造客户价值

对用户而言，品牌不仅仅意味着产品本身，它还意味着带给用户的价值。比如，很多用户喜欢可口可乐，用户对可口可乐的体验不仅仅是因为它是饮料，能解决口渴的问题，还包括它能体现用户的很多理念，能够迎合用户的价值取向。所以，品牌能带给用户很多东西，而这些靠产品本身是无法实现的。

3. 品牌能方便用户的选择

购物风险一直是制约电子商务发展的瓶颈，很多用户之所以不愿意在网上购物，就是因为商品质量可能存在风险。因为品牌首先是商品质量的保证，所以一个强势的网络品牌可以成为用户在众多网络商品中进行选择的重要判断依据，减少用户的购物风险，还能提高用户网络购物的效率。建立品牌有利于提高用户的网购体验愉悦度，能够更好地发展电子商务购物的整体环境。

品牌是企业发展的需要，特别是互联网上发展起来的企业，更需要有品牌意识。这几年网络市场的发展培植了一批网络企业，随着它们的不断壮大，对品牌的需求越来越浓厚。没有几家企业希望自己一直处于微利的境地，发展自己的品牌才能有稳定的销售地位、渠道和市场。企业的发展壮大必须有品牌的支持。

13.2 网络品牌的建立

网络品牌的必要性证明任何企业在互联网上发展都必须要打造自己的品牌，即使是中小企业也需要在进入市场之初考虑品牌问题。要建立强势品牌，获取更多的价值和利润，大致需要如下步骤。

13.2.1 网络品牌的定位

建立一个强有力的网络品牌，首先需要仔细研究产品的细分市场，结合网络营销的宏观、微观环境，对品牌进行精准定位。

1. 网络品牌定位的步骤

企业在选择品牌战略的第一步就是为品牌进行定位，品牌定位的成功与否会直接影响到品牌在市场中运营的成败。如今的信息社会最大的问题不是信息量不足，而是对信息的处理速度远远赶不上信息生成的速度，因此人脑在选择记忆时倾向于那些独特的、规则的、不断得到强化的信息。品牌定位要遵循人脑的记忆特点，打造一个能让用户产生强烈记忆的网络品牌。

(1) 品牌定位要立足于细分市场，分析行业环境和用户需求。企业的产品是有一定的细分市场的，是有相应的目标客户的，而品牌就是为这些目标客户打造的，是为他们服务的。详细分析目标客户的特点等信息，提炼目标用户的需求，同时结合网络营销的宏微观环境分析，提炼出用户需要的品牌定位。

(2) 品牌定位要塑造差异性，即提炼独特卖点。互联网经济表明，在网络经济中，人们只承认第一不承认第二。因此，在进行品牌定位时，一定要塑造自己品牌与竞争对手品牌的差异性，也就是提供用户选择本企业商品的依据和理由。例如，“绿盒子”的品牌定位于时尚、流行的韩版童装，突出了自己与竞争对手的不同。

(3) 建立品牌的实际支撑点，即建立产品与品牌定位的统一性。塑造了品牌的差异性后，一定要在产品或服务本身寻找到品牌定位的依据，使用户从产品的体验中能够认同品牌的定位，从而对品牌产生强烈的记忆与联系。比如，海飞丝将自己定位于“去屑洗发水”，在产品的设计上就强化去屑的效果，得到了消费者的认同；再如，沃尔沃品牌定位于“最安全的车”，沃尔沃的车第一个为汽车配置安全气囊、第一个开发安全气帘等行为向用户证明了产品本身与品牌定位的一致性。

（4）通过品牌管理不断强化品牌定位，使用户产生强烈的印象。企业可以在其网站、网络广告、论坛甚至线下营销中不断强化品牌定位，加深其在用户心中的形象，打造强势的网络品牌。

2. 品牌定位的策略

网络品牌是在互联网上建立的，因此，品牌定位也遵循互联网的一些规律。进行网络品牌定位时，可考虑如下策略：

（1）塑造市场上的“第一”。任何事情最吸引用户目光的就是“第一”，“第一”就是与别人不同的差异性。比如，当当网是国内第一个在互联网上卖书的网站，许多用户只要一想到要买书就首选当当网，因为它第一个进入这个市场。“当当”这个品牌在用户心目中就是网上卖书的开拓者，尽管后来又出现了很多网上卖书的网站，但是市场份额都不能与“当当”相比。

（2）创造和拥有产品新的特性。在当今产品同质化严重的时代，任何新的产品特性都能体现品牌的差异性。百度利用三段视频表示出自己与谷歌等国外网站的差异性，百度用“I”和“我”来打造品牌与其他搜索引擎的不同，“I”只有一种意思，而中文的“我”有将近38种说法，如“我”、“俺”、“洒家”、“寡人”……百度赋予品牌的“更懂中文”的特性使百度一举成为国内最大的搜索引擎。

（3）营造一种品牌文化。根据传统营销学理论，品牌定位可以在三个层次上进行。在最底层，可以根据产品属性定位；第二层是通过品牌名称与合适的利益建立关联，从而进行品牌定位；最高层的定位建立在坚定的信念和价值的基础上，它们形成了品牌独特的文化。一般来说，最底层的定位竞争对手容易模仿，而最高层的定位有利于企业建立与竞争对手不同的独特卖点。例如，苹果将自己的品牌定位于个性化、与众不同、追求创新，它所营造的品牌文化正符合了当今年轻人越来越追求个性化的需求理念，因此，无论何时苹果推出新产品，都有忠实的粉丝排队购买。网络企业在进行品牌定位时，更要考虑到网络用户的情感及价值诉求，赋予品牌合适的文化内涵，吸引更多的忠实用户。

13.2.2 选择网络品牌名称

在确定了网络品牌定位后，接下来的工作就是选择一个合适的网络品牌名称，这个品牌名称可能是网站域名，也可以是产品自身的品牌。网络品牌名是用户在茫茫网络中找到企业的重要标志，因此，选择一个合适的、能够让用户产生深刻记忆的网络品牌名称，无疑为企业的品牌战略奠定了坚实基础。

1. 网络品牌名称应当简短且容易记忆

品牌名称就如同人的名字，越简单越容易记忆，传播范围就会越广。例如，我们耳熟能详的一些网络品牌无一不是简单短小的，如“新浪”、“搜狐”、“凡客诚品”、“天涯”等。

2. 网络品牌名称应具有一定的意义

应赋予网络品牌名称一定的实际意义，有利于用户从字面上联想品牌形象。比如，百度取自于中国古诗词“众里寻他千百度”，将自己的搜索引擎功能完美地隐含于品牌名称之中，给用户无尽的联想；“淘宝”意味着在互联网世界里寻找宝贝，代表着该网站上能找到性价比更高的商品；“天涯”社区来源于“天涯若比邻”。这些有意义的网络品牌给用户很多联想，更有利于用户对品牌的认知和记忆。

3. 网络品牌名称要有个性化，不要取通用名称

品牌名称是用来帮助网络用户识别和传播的，是提示用户该品牌与竞争对手的差异性，因此，选择个性化有特色的品牌名称更有利于品牌的传播和识别。有些企业选择一些通用性名称作为自己的品牌，即用代表某个行业或某类产品的通用名字作为品牌名称，显然是很难有较高知名度的，如家具网、中国服装网、玩具网、毛巾网，这样的网络品牌很难在用户头脑中产生深刻，只会淹没在大量的互联网信息中。而我们众所周知的那些品牌，无疑都是个性化的、极具特色的，如阿里巴巴、慧聪、京城商城等。

随着社会的不断发展，网络用户对个性化的需求越来越高，因此个性化的网络品牌才能迎合用户的需求、提高用户的价值、创造更大的效益。

13.2.3 网络品牌的管理

在确定了网络品牌定位以及选择了富有个性化的品牌名称后，需要进行网络品牌的管理及运营，详细的网络推广方式将在下一节进行探讨，这里主要论述日常的网络品牌管理策略。网络品牌管理是一个长期的过程，需要采用各种方法来维护品牌的形象和定位，获取用户的认知和记忆，培养他们的购买习惯。

1. 传递品牌的信息，强调品牌的价值

今天，在互联网上运营的企业无论是自己建站还是依靠第三方平台网站，都是通过网站来进行经营管理活动的，因此，在日常的网站或网店建设中，突出品牌形象必不可少。品牌的日常管理需要从网站的美化或网店的装修中传播品牌的信息，通过建立统一的品牌标志及形象，来不断加深用户的印象从而产生强烈的记忆；依靠网站的一些与用户互动的页面，来传达品牌的定位，获取目标用户的认同，培养他们的消费习惯。例如，“钻石小鸟”就是利用自身网站的社区建设来不断维护老客户的利益，传递自己品牌的定位及价值，再获取越来越多的老客户的认同，不断有新客户通过老客户的介绍加入到“钻石小鸟”的用户群中，为企业积累了丰富的客户资源，带来了丰厚的利润。

2. 建立每个员工的品牌意识，通过对客户的服务来传递网络品牌形象及价值

虽然互联网上的销售活动是通过网络渠道来进行的，但是每笔交易的背后仍然是人与人的沟通与交流，因此在品牌维护及管理活动中，不断强化每个员工的品牌意识将有利于品牌的长久建设及运营效果。品牌价值及定位可以通过员工为客户服务时传递到目标客户的头脑中。要提高员工的品牌意识，企业需要从以下几个方面入手：首先，建立新进员工的品牌意识，通过培训，使他们理解企业品牌的定位及价值，认识企业品牌的文化内涵，同时了解目标客户的特点及需求，将品牌价值与目标客户需求进行统一；其次，企业通过日常的管理不断强化员工对品牌的重要程度的认识，一旦建立强有力的品牌认知度，员工就会将品牌意识贯彻于平时的日常工作中，在各种工作行为中体现品牌的价值；再次，企业还可以将内部的文化建设与品牌文化统一，建立一致的文化内涵，从更高的层次上获取员工对企业品牌价值的感知和认同，通过他们日常的工作，将这种认同传递给目标客户，在维护客户关系时，从更高的层面上获取用户的认同。

3. 网络品牌建设是一个长期的过程，需要企业高层的认同和支持

品牌战略是企业在越来越白热化的网络竞争中打造自己的优势、击败竞争对手的有效方式之一，但是品牌建设不是一朝一夕，而是一个长期的过程。企业高层对品牌战略的应用应当持有认同及支持态度，通过自身的各种管理手段来体现对品牌建设的重视度，来加强员工及企业整体对品牌的认知度。高层的重视及支持必然会营造企业品牌意识的氛围、培养员工维护品牌的习惯。

4. 网络品牌建设需要企业建立一系列规则来进行管理

要想将品牌建设变成企业的日常行为，很重要的一种方式就是建立相应的规章制度来保证企业的品牌建设活动。比如，在每天的网站维护中，应考虑怎样突出品牌来吸引消费者的眼球；在日常的客户沟通中，应考虑通过什么样的语言传递品牌的价值定位，等等。将品牌意识蕴含于日常的一些管理活动规则中，有利于员工在品牌建设行为中的统一，可以在用户心目中建立一致的品牌形象，有利于品牌的传播和扩散。比如，有些网店就制定了统一的客服工作人员手册，通过对用户的一些相似问题的一致性解答来传递品牌价值，建立用户心目中完全一致的品牌形象，从而获取了更多的客户。

总之，网络品牌建设是一个长期的过程，需要企业员工共同的努力，只有持续不断地对品牌的维护和建设，才能在互联网市场的激烈竞争中立于不败之地。

13.3 网络品牌的推广

网络品牌要想获得用户的认同，需要将品牌的价值、理念、定位、内涵等信息传播到用户的头脑中，推广是品牌建立后需要完成的第一步工作。只有行之有效的推广方式才能保证目标用户对品牌信息的接收和记忆。

13.3.1 网站建设

互联网上的网站就是传统市场上的商店，是用户购物交流的主要窗口，企业进行网络品牌推广，首先离不开对网站的建设，网站的建设包括内容、设计、与用户的交流等方面，这些均会影响品牌的推广效果。

1. 网站内容建设

前面章节中已经涉及了企业网站的建设，强调了要打造一个营销型网站，翔实的内容必不可少。从品牌推广的角度而言，网站内容不仅需要足够多，还需要与品牌的定位保持一致。比如，在首页上用精练的语言和醒目的颜色将品牌定位显示出来，让用户能够一眼看到；撰写一些软文传递品牌内涵，等等。

2. 网站设计

网站设计时需要考虑品牌因素，根据品牌的定位确定网站的颜色及风格。比如，迪斯尼网站的整体风格就是卡通，色彩丰富、充满童话色彩，这与该品牌的定位是完全一致的；又如，将品牌的 Logo 放置于网站中，可随时深化品牌在用户头脑中的印象。

3. 与用户交流要体现品牌意识

很多网站都有与用户交互的界面，这也是企业与用户沟通的重要途径。企业在与用户沟通交流时，可以在合适的时候将品牌的意识和定位传递给用户，使用户能够产生深刻记忆和情感认同。

网站是企业的第一窗口，要打造强势品牌，网站需要发挥重要作用。因此，在网站设计之初需要强调品牌意识，通过网站对品牌进行推广。

13.3.2 线上营销方法

前面章节中所讲授的各种网络营销推广方式对品牌推广也同样有用，只是在综合应用这些工具时，可考虑引入网络品牌，强化用户的品牌意识。比如，在搜索引擎营销中，网站的关键词选取时应考虑品牌关键字以及品牌定位的关键字，方便用户搜索；在邮件营销中，邮件应采用含有企业品牌的统一模板，利用签名档突出企业品牌或者在重要位置突出品牌 Logo；在论坛营销中可通过撰写软文传达品牌定位，利用签名档突出品牌，等等。

总之，利用线上营销的各种方法时将品牌体现其中，通过品牌的推广来带动产品销量的提升。

13.3.3 线下营销方法

除了常用的线上营销以外，网络品牌的推广还可以利用线下营销方法来进行，如报纸、杂志、媒体广告、参与一些活动等。这些也和前面章节的内容基本一致，就是在利用这些方法时，注意保持与线上品牌的名称、Logo、定位的一致性。

品牌推广是一个长期的过程，需要企业整合线上及线下各种资源来完成。同时，强化企业整体的品牌意识，利用各种机会宣传品牌、推广品牌、壮大品牌，通过建设网络品牌来提升企业，增强竞争力。

13.4 网络品牌案例分析

13.4.1 案例简介

随着电子商务的快速崛起，一批全新的网络品牌就开始浮出水面，开辟了一个打造品牌的全新时代。很多电子商务品牌在1~2年时间内单日交易量迅速破万，用户群达到10万级水准，佐卡伊钻石从登录淘宝到成长为知名网络品牌，其成长是珠宝行业的品牌发展的典范，成为津津乐道的品牌成长故事。

佐卡伊钻石始创于1989年，从OEM代工起家，为欧美品牌珠宝商加工多年，2001年布局国内地面零售终端，2004年正式转战淘宝，开始电子商务，并确定品牌发展，历经6年成长，已华丽转身为国内珠宝电子商务的知名品牌，得到广大消费者与众多权威机构的一致肯定与嘉许，并多次获得各项顶级品牌殊荣。

佐卡伊钻石深知一个品牌必须要拥有属于自己特色的东西，才能在如此激烈的品牌大战中站稳脚跟并发展壮大。2004年就确立了品牌发展方向。树立“这一刻，感受爱”的品牌理念，明确“传递爱”的责任与方向。发展中通过不断创新扩大自己的知名度，同时把自己的品牌渗透到每个细节中，不断提高企业的综合水平，确立以诚信为基准、“传递爱”为使命的顶级品牌的建设方案。建立起自己特色的品牌后，2010年更是开展一系列的品牌传播活动。活动内容包括：赞助四川灾后重建青年集体婚礼“缘定四川，情满天下”；5克拉钻石创单笔交易额139万元的网购新纪录；200颗克拉钻2小时疯狂网络团购；20克拉巨钻“佐卡伊之星”网络1元拍卖。

经过一系列的优势改革，整合外部资源，扩大品牌影响，佐卡伊在2010年已经实现了品牌的快速建立与发展。

13.4.2 案例分析

佐卡伊钻石是一个伴随着互联网产生的网络品牌，创立于1998年，正式进入电子商务在2004年。短短几年就发展了十万客户，取得这样好的成绩和企业的品牌战略是息息相关的。

佐卡伊2001年开始打造自己的品牌。2004年，正式开始电子商务战略，品牌名字“佐卡伊”，文字简短、朗朗上口、容易记忆，并符合网络年轻消费者的喜好，因此，赢得了众多目标用户的好感和深刻记忆。

品牌定位也围绕目标用户展开，佐卡伊选择淘宝作为电子商务平台的一个原因是淘宝的用户基本是年轻人，观念时尚，喜好个性化的商品和服务。而珠宝钻石是很多年轻人结婚时的必备之物。佐卡伊将一些时尚的设计产品和满足个性化需求的服务展示在网络平台上，吸引了大量的目标客户。通过比实体市场性价比更好的商品和更具个性化的服务，得到一批忠实的目标用户。

佐卡伊还确立了品牌“这一刻，感受爱”的品牌理念和“传递爱”的企业责任，这两个“爱”的定义赋予了品牌独特的内涵和价值，并通过企业的一系列推广活动，将品牌的内涵和价值传达到了目标用户，获取了他们的认同和价值取向的统一。

佐卡伊的品牌推广活动也是通过线上和线下的配合来展开的。线上综合应用了网络广告、邮件营销、搜索引擎营销、论坛营销等多种方式；线下通过广告灯箱、参与众多的公益活动等方式来推广品牌，获得了较好的用户口碑。

☞知识拓展

网络品牌新动向：网络品牌扩容“局中局”

继2010年网络渠道商大规模拓展品类后，网络品牌“跑马圈地”也开始上演。不久前，男装品牌玛萨玛索开始涉足女装，而上海的女装品牌梦芭莎不仅上马男装，也开始涉足化妆品和童装，而凡客诚品V+的上线，则从一个网络品牌转战成为渠道品牌。

这是一个电子商务疯狂的时代，在飞速催生品牌的同时，也在不断催生出新的商业模式。面对快速增长的网购市场，品牌商也在想方设法把盘子迅速做大。他们在做大规模的时候并不能像渠道商一样，只要做简单的加法就行。品牌商的价值在于品牌本身，比如用户对“玛萨玛索”的认识就是一个男装品牌，并不是网上销售商。在这方面，还有更多的难题等待品牌商去应对。

网络品牌商必须面临扩张考题，力量首先来自于用户的需求。比如，凡客有着超强的互联网营销能力，营销的结果就是带来了大量用户，但是很多用户却反映，在凡客诚品上买不到自己想要的东西。或者说，对于用户来说，不可能从头到脚都是凡客的产品。

凡客诚品遇到的问题就是用户的潜在需求无法得到满足。对于电子商务企业来说，很容易分析用户构成，分析的结果就会带给决策者一个诱惑：我可以给用户更多的东西以满足其更多的需求。这意味着单价的提高，意味着转化率的提升。

传统意义上，品牌的打造是品质、设计、文化缺一不可的。但是，电子商务飞速发展的大潮下，规模成了第一要务。

另外，资本也是个重要的推手，网络品牌在创建的短短两三年之内都获得了至少两轮融资。资本进入，一定会推动品牌的规模化发展。因为规模对于资本来说意味着价值。

V+业务负责人钟恺欣认为，在传统的线下百货商场，男装和女装是分开的。如果一个男装品牌想做女装，除了设计、团队、生产线上的投入，渠道上的投入也是个大头。这个品牌需要到新的女装区租店，雇佣店员，加上场租、进店费，一个店一年的成本就得上百万元。对于网络品牌，页面上的累加不需要任何成本，而企业现有的核心资源都可以共用。以凡客诚品为例，凡客已经建立一个标准化的后台系统以及物流队伍，包括货到付款的机制。V+的增加，并不需要大规模的投入人力和物力成本，甚至呼叫中心和仓储，最初都可以与凡客共用。也就是说，V+只要并入原先的供应链体系就好。

对于网络品牌来说，生意链条基本是透明的：用户是谁，广告入口在哪儿，哪个广告投放最有效，平均每个订单的成本是多少，等等，都是有据可查的。

正是因为如此，电子商务企业会发现，今年自己获得订单的成本增加了，一是入口价格大幅上涨，门户的广告位涨了30%，导航网站涨了50%；二是，新电商企业不断出现，用户有了更多选择，忠诚度也降低了。于是，网络品牌花高价好不容易导引来的流量是万万不可浪费的。

增加新品牌给了用户更多的选择，对于新用户，选择更多，意味着转化率也会相应提升。对于老用户，有了新的选择可能会增加其二次转化率。也就是说，新增品牌成为老品牌流量转化的一个可能。新品牌最初不需要花更多的营销费用，只要共享老品牌流量就可以将销量做起来，这实际上是一个低成本的品牌运营方式。当时V+刚刚上线的时候，就是在凡客诚品的页面弹出一个窗口。钟恺欣介绍，直到现在，V+ 90%的流量来自凡客的用户。在流量转化上，V+可能会深化到更细分的品类，比如，用户在凡客诚品上购买POLO衫时，页面下方有一个“你还可以选择更多”的关联产品或者同类产品，这些推荐产品中就会有V+的产品。用户点击进入，就进入了V+页面。这样一来，凡客的某个产品页面也可能成为V+的子入口。

☞实训与思考

◎实训内容

1. 实训目标

掌握网络品牌的建立流程，能策划品牌的推广方式。

2. 实训工作任务

完成www.91tejia.net网站的品牌建立及推广。

3. 实训平台

www.91tejia.net、Internet。

4. 操作步骤

（1）分析www.91tejia.net的目标客户；

（2）提取www.91tejia.net的独特卖点；

（3）根据提炼卖点，对www.91tejia.net进行品牌定位；

（4）结合品牌定位的情况，策划www.91tejia.net的线上和线下推广策略。

5. 实训评分标准（以一个月为周期）

（1）客户增长数量（25分）；

（2）老客户重复购买情况（25分）；

（3）品牌客户知晓率（25分）；

（4）品牌定位客户认同情况（25分）。

◎思考题

1. 网络品牌有什么作用？为什么网络企业要进行品牌战略？
2. 网络品牌如何定位？
3. 常用的网络品牌推广方法有哪些？

参考文献

吴晓萍．网络营销［M］．北京：北京交通大学出版社，2009.

潘维琴．网络营销［M］．北京：机械工业出版社，2005.

［美］杰里米莱特．博客营销［M］．洪慧芳，译．北京：中国财政经济出版社，2007.

熊学发，王旭．网络营销［M］．武汉：武汉大学出版社，2008.

刘喜敏，马朝阳．网络营销［M］．大连：大连理工大学出版社，2007.

罗家德．网络网际关系行销［M］．北京：社科文献出版社，2001.

［美］弗雷德里克．网络时代的顾客关系管理［M］．北京：华夏出版社，2001.

田同生．客户关系管理的中国之路［M］．北京：机械工业出版社，2001.

［美］哈维·汤普森．创造顾客价值［M］．北京：华夏出版社，2003.

冯英健．Email 营销［M］．北京：机械工业出版社，2003.

加里·阿姆斯特朗，菲利普·斯科特．市场营销学［M］．北京：中国人民大学出版社，2010.

杨小辉．当品牌遇上网络［M］．北京：电子工业出版社，2010.

吴长坤．赢在网络营销［M］．北京：企业管理出版社，2010.

王宜．赢在网络营销——经典案例与成功法则［M］．北京：人民邮电出版社，2008.

［美］Miguel Todaro. 网络营销的奥秘［M］．吴业臻，译．北京：人民邮电出版社，2010.

冯英健．网络营销基础与实践［M］．北京：清华大学出版社，2007.

邓少灵．网络营销学［M］．广州：中山大学出版社，2009.

刘兴发．决胜网络营销［M］．北京：人民邮电出版社，2010.

陈明．网络营销［M］．广州：广东高等教育出版社，2004.

周宇辰．下一代电子商务［M］．北京：电子工业出版社，2010.

［美］莱特福特．搜索引擎优化宝典［M］．陈钢，译．北京：清华大学出版社，2009.

王方华，陈洁．数据库营销［M］．上海：上海交通大学出版社，2006.

杨昌宇．营销的魔方［M］．北京：机械工业出版社，2005.

费建平．数据库营销方案设计［M］．北京：人民邮电出版社，2006.

姚青，屈志强，乔静．浅析数据挖掘［J］．科技信息，2010（24）：534.

彭英．数据挖掘综述［J］．德宏师范高等专科学校学报，2009，18：94-97.

［美］丹尼尔·戴扬，伊莱休·卡茨．媒介事件［M］．麻争旗，译，北京：北京广播学院出版社，2000.

郑伶俐．“凡客体”与网络事件营销及传播策略［J］．新闻前哨，2010，12.

王念．网络事件营销特点的重构［J］．魅力中国，2009，7.

http：//www. 91tejia. net

http：//baike. baidu. com/view/3486579. htm

http：//china. cycbiz. com

http：//www. honeywell-lk. com

http：//www. emarketer. cn

http：//www. marketingman. net

http：//blog. sina. com. cn

http：//weibo. com

http：//blog. 163. com

http：//blog. 163. com/showMultiUser. do

http：//www. blogchina. com

http：//wenku. baidu. com/view/9d303e1aa8114431b90dd838. html

http：//www. 1to1. com. cn

http：//www. cs. waikato. ac. nz/ml/weka

http：//blog. sina. com. cn/gv2010

http：//blog. china. alibaba. com/blog/ae2ku702/article/b0-i19940681. html

http：//www. siwom. com/52. html

http：//www. jiujiujiaju. com

http：//www. cnnic. net. cn/uploadfiles/pdf/2009/1/13/92458. pdf

http：//news. 163. com/11/0301/09/6U24IQQ800014AED. html

http：//news. 163. com/11/0301/09/6U24IQQ800014AED. html

http：//www. douban. com/group/topic/2164321

http：//www. xiansem. com/sem/em/8. html

http：//sdseo. com. cn/Guanggao/2010070811004. html

http：//www. adminvc. com/view_ 105331_ 2. html

http：//www. hudong. com/wiki/% E7% 99% BE% E5% BA% A6% E8% 81% 94% E7%9B%9F

http：//www. cnprnet. com

http：//tech. sina. com. cn/i/2010-12-20/16115005529. shtml
http：//ec. iresearch. cn/html/20110117/131783. shtml
http：//finance. ifeng. com/roll/20110409/3841869. shtml

高职高专财经类能力本位型规划教材

本书作者名单

主　编

谢　刚　武汉铁路职业技术学院

副主编

吴　瑰　长江职业学院

李晶晶　湖北经济学院

魏亚萍　廊坊职业技术学院

黎　军　武汉工业职业技术学院

其他参编者

王　旭　荆州职业技术学院

王玉红　黄冈职业技术学院

姚春蓉　武汉大学珞珈学院

朱剑锋　湖北经济学院

杨　浩　广东松山职业技术学院

王圆圆　武汉商贸职业学院

张栋梁　长江职业学院

刘智雄　鄂东职业技术学院

翟培甫　湖北省教育信息化发展中心

冯益鸣　深圳市博伦职业技术学院